Barbara Beck

Die Wittelsbacher

Barbara Beck

Die Wittelsbacher

Vom 12. bis ins 20. Jahrhundert

marixverlag

Inhalt

Vorwort

Die Wittelsbacher, die zu den bedeutendsten Herrscherfamilien in Europa gehören, können unter den großen Fürstenhäusern zugleich auf eine der längsten kontinuierlichen dynastischen Traditionen zurückblicken. Über 700 Jahre lang entschieden sie über die Geschicke ihres Stammlandes Bayern, in dem sie seit der Belehnung des Grafen Otto von Wittelsbach mit dem bayerischen Herzogtum im September 1180 in ununterbrochener Folge als Herzöge, Kurfürsten und Könige bis zur Revolution von 1918 regierten. Obwohl es in ihrer Geschichte Phasen gab, in denen sie dieses Land gegen ein größeres und somit auch prestigeträchtigeres Territorium eintauschen wollten, blieben sie letztlich eng mit Bayern verbunden und prägten diesen Staat nachhaltig. Selbst im 21. Jahrhundert genießt die ehemalige Herrscherfamilie weiterhin so hohes gesellschaftliches Ansehen im Freistaat Bayern, dass ihre Vertreter bei vielen staatlichen und öffentlichen Veranstaltungen als Ehrengäste anwesend sind.

Nicht ganz so lange, fast 600 Jahre, haben die Wittelsbacher in ihrem anderen wichtigen Machtzentrum geherrscht, der einstigen Kurpfalz, die 1803 von der politischen Landkarte verschwand. Hier spielt die Erinnerung an die Dynastie anders als in Bayern eine vergleichsweise geringere Rolle. Noch weniger präsent sind die Wittelsbacher heute in ihren übrigen vormaligen Nebenterritorien, in denen sie für unterschiedlich lange Zeit regierten.

Die Wittelsbacher waren nicht nur die Landesherren in zwei zentralen Territorien des Heiligen Römischen Reichs, sondern sie stellten auch drei seiner Könige bzw. Kaiser. Auch außerhalb der deutschen Grenzen gelang es ihnen, zeitweilig Königsthrone zu besetzen. Während sie etwa drei Generationen lang die Geschicke des Königreichs Schweden bestimmten, blieb es in Griechenland bei einem einzigen Throninhaber, der noch dazu ins Exil gehen musste.

Wegen der ungeheuren Aufmerksamkeit, die der »Star« des Hauses, der sogenannte »Märchenkönig« Ludwig II. von Bayern erfährt, gerät leider häufig die beachtliche Vielfalt an verschiedenartigen und interessanten Persönlichkeiten, die dieses Herrschergeschlecht in all seinen Verästelungen über die Jahrhunderte auszeichnete, aus dem Blickfeld der breiteren Öffentlichkeit. Die anscheinend grenzenlose Faszination, die Ludwig II. ausübt, sorgt nicht selten in unangemessener Weise dafür, dass andere Familienmitglieder von Belang wie auch die Gesamtgeschichte der Dynastie in den Hintergrund gedrängt werden.

Das vorliegende Buch widmet sich der abwechslungsreichen Historie der Wittelsbacher in der Zeit vom 12. bis zum frühen 20. Jahrhundert, als sie den Gang der Geschichte sowohl in politischer, kultureller und religiöser Hinsicht maßgeblich beeinflusst haben. Angesichts der großen Anzahl an Mitgliedern der Dynastie in diesem langen Zeitraum konzentriert sich die Darstellung weitgehend auf die in Bayern und der Kurpfalz regierenden Fürsten. Aus Platzgründen und um die Übersichtlichkeit für die Leserschaft zu bewahren, werden daher weder die zahlreichen Erzbischöfe und Bischöfe, die dem Haus entstammten, noch die nicht an die Regierung gekommenen Prinzen berücksichtigt, die durchaus auch mitunter beeindruckende Lebensgeschichten vorweisen können. Ebenso muss wegen des begrenzten Umfangs des Bandes darauf verzichtet werden, die verschiedenen wittelsbachischen Nebenlinien in ihrer Entwicklung im Einzelnen einzubeziehen. Um jedoch den weit verzweigten Einfluss der Familie zu veranschaulichen, sind einige bemerkenswerte wittelsbachische Prinzessinnen, die an anderen deutschen und europäischen Höfen zu Bedeutung gelangten, genauso mit einem knapp gefassten Porträt gewürdigt worden wie zwei Herrscher aus dem Hause Wittelsbach, die auf ausländischen Königsthronen saßen. Bei allen hier mit einer Kurzbiografie bedachten Personen handelt es sich um Persönlichkeiten, die der Autorin als besonders interessant und vielsagend für diese Dynastie erscheinen. Die Reihe der Lebensläufe beginnt mit dem Pfalzgrafen Otto von Wittelsbach, der 1180 mit dem Herzogtum Bayern belehnt wurde, wodurch der Aufstieg der Familie in den Kreis der europäischen Hocharistokratie seinen Anfang nahm. Ihren zeitlichen Abschluss findet die Serie bei dem letzten bayerischen König Ludwig III. und seiner

Schwester Therese, die beide 1918 das Ende der Monarchie erlebten. Der 1718 unter nie ganz geklärten Umständen gefallene schwedische »Kriegerkönig« Karl XII. und der 1862 gestürzte König Otto von Griechenland runden den Porträtreigen ab. Eingebettet sind die insgesamt 27 Kurzbiografien in mehrere überblicksartige Einführungstexte, die die jeweiligen historischen Zusammenhänge verdeutlichen bzw. ergänzen sollen.

Anfänge und Aufstieg

Die Herkunft der Wittelsbacher ist bis heute nicht eindeutig geklärt. Es gibt zwar verschiedene Mutmaßungen über ihre Abstammung, aber urkundlich nachweisbar ist die Familie erstmals seit dem 11. Jahrhundert in Bayern. In Anbetracht der Tatsache, dass die Wittelsbacher bis in die Gegenwart hinein ihren Lebensmittelpunkt in Bayern haben, bekunden sie damit im Vergleich zu anderen Hochadelsgeschlechtern eine bemerkenswerte Bodenständigkeit.

Der erste namentlich bekannte Vorfahre der Dynastie, zugleich auch der Ahnherr aller späteren Wittelsbacher, ist ein Graf Otto von Scheyern. Um 1030 fungierte er als Vogt des reich begüterten Hochstifts Freising. Dies spricht dafür, dass seine Familie bereits damals zu den vornehmsten Geschlechtern des Landes zählte. Weil das Kirchenrecht es Geistlichen untersagte, selbst Krieg zu führen oder Todesurteile zu verhängen, benötigte ein Bischof hierfür einen weltlichen Vertreter, den Vogt, der gebührend entlohnt werden musste. Bei den großen Diözesansprengeln bot das Amt seinem jeweiligen Inhaber daher einträgliche Einkünfte. Wie viele andere Adelshäuser wussten die Wittelsbacher hieraus offensichtlich ihren Nutzen zu ziehen und dies ihrem Machtstreben dienstbar zu machen; denn entsprechend abfällig äußerte sich Bischof Otto von Freising über sie. Dieser hochbedeutende Geschichtsschreiber aus der Mitte des 12. Jahrhunderts vermerkte nämlich missfällig, dass diesem Geschlecht »zahlreiche Gewaltmenschen« entstammten.

Graf Ottos Eigenbesitz befand sich wahrscheinlich südlich von Kelheim. Die Burg Scheyern bei Pfaffenhofen an der Ilm, nach der sich die Familie für einige Jahrzehnte nannte, hatte ihm seine Ehefrau Haziga eingebracht. Um 1115 erscheint erstmals der Name »Wittelsbach« in den Quellen. Zu diesem Zeitpunkt war die Burg Wittelsbach bei Aichach, die an der Straße von Augsburg nach Regensburg lag, zum namengebenden Hauptwohnsitz der Familie geworden. Ihre Burg Scheyern hatte sich hingegen in der Zwischenzeit zu ihrem Hauskloster gewandelt. Bis 1253 diente ihnen, wie dies für hochadelige Dynastenfamilien üblich war, die Kirche dieser Benediktinerabtei auch als Begräbnisstätte.

Bereits im frühen 12. Jahrhundert gelang es den Wittelsbachern, mittels Erbschaften und dem Erwerb weiterer Kirchen- und Klostervogteien zu einem der mächtigsten Adelsgeschlechter in Bayern aufzusteigen. Dank ihrer ausgedehnten Vogteigewalt konnten sie große Gebiete, die ihnen nicht gehörten, kontrollieren und beherrschen. Es war deshalb nur folgerichtig, dass Kaiser Heinrich V. im Jahr 1120 Graf Otto V. das Amt eines Pfalzgrafen von Bayern übertrug, die zweithöchste weltliche Würde des Landes nach der des Herzogs. Als Pfalzgrafen überflügelten die Wittelsbacher schließlich ihre gräflichen Rivalen im Herzogtum Bayern.

Der nächste wichtige Karrieresprung für die Wittelsbacher stellte im September 1180 die Belehnung mit dem Herzogtum Bayern dar. Ihre Loyalität gegenüber dem Königsgeschlecht der Staufer zahlte sich auf diese Weise aus. Kaiser Friedrich I. Barbarossa setzte mit Graf Otto VIII. von Wittelsbach einen Mann an die Spitze des Herzogtums Bayern, der zu seiner engsten Umgebung gehörte und als Pfalzgraf von Bayern immer bedingungslos für ihn eingetreten war. Der Belehnungsakt im thüringischen Altenburg wirkte dynastiegründend. Von nun an verblieb Bayern im Besitz der Wittelsbacher bis 1918. Seit Herzog Otto I. führte das Geschlecht den Namen Bayern.

Durch geschicktes Agieren zwischen den um die Macht im Heiligen Römischen Reich ringenden Dynastien der Staufer und der Welfen gelang es den Wittelsbachern, ihre Position auszubauen und zum Kreis der Führungselite des Reichs zu zählen. Innerhalb nur weniger Jahrzehnte kam im Oktober 1214 mit der Pfalzgrafschaft bei Rhein bereits ein weiteres Fürstentum von Belang in ihren Besitz. Abgesehen von Altbayern, dessen Erblichkeit ihnen 1208 auch formell bestätigt wurde, kann die Pfalz als ihre bedeutendste und dauerhafteste Erwerbung betrachtet werden.

Unter den drei ersten Herzögen aus dem Hause Wittelsbach – Otto I., Ludwig I. und Otto II. – wurde das bayerische Herzogtum zu einem für mittelalterliche Verhältnisse straff organisierten Staatswesen umgewandelt. Als Herzog Otto II. 1253 starb, gab es erstmals zwei überlebende Söhne, Ludwig und Heinrich. Die nach dem Willen des Vaters vorgesehene gemeinsame Regierung der beiden jungen Herzöge funktionierte nicht gut, was wahrscheinlich an den sehr verschiedenen Charakteren der Brüder lag. 1255 schritten sie deshalb zu einer Teilung, womit die zahlreichen Landesteilungen im Herzogtum Bayern für die nächsten 250 Jahre ihren Anfang nahmen. Sie schufen damit einen Präzedenzfall im Reich, der zahllose Nachahmer fand. Ludwig II. »der Strenge« behielt die Pfalz und das nachmalige Oberbayern mit der Hauptstadt München. Der jüngere Bruder, Heinrich XIII., bekam das spätere Niederbayern mit der Hauptstadt Landshut. Die beiden Brüder teilten somit die Regierungsgeschäfte und Einkünfte auf. Insgesamt blieb Bayern jedoch als Reichslehen bestehen. Nachdem das Teilungsprinzip einmal in Bayern in Gebrauch genommen worden war, folgten weitere Teilungen nach. Mitunter existierten vier Teilherzogtümer gleichzeitig.

Während sich Ludwig II. stark in der Reichspolitik engagierte, lagen die Interessen seines Bruders mehr im Südosten. Die Linie Heinrichs XIII. starb 1340 in der vierten Generation wieder aus. Herzog Ludwig der Strenge hinterließ bei seinem Tod 1294 zwei Söhne. Die von ihm geplante gemeinsame Regierung seiner Söhne war allerdings von Anfang an zum Scheitern verurteilt, da die beiden Brüder schon aus persönlichen Gründen nicht miteinander auskamen, was erhebliche Differenzen zur Folge hatte. Der Jüngere von ihnen, der als Ludwig der Bayer in die Geschichte eingehen sollte, sah sich selbst als den Befähigteren und strebte nach der alleinigen Führung. Ihm gelang es tatsächlich, den älteren Bruder Rudolf beiseitezuschieben, zum König und dann zum römisch-deutschen Kaiser aufzusteigen.

Um den ständigen Erbstreitigkeiten in seinem Haus ein Ende zu bereiten, kam Kaiser Ludwig IV. mit den Nachkommen seines 1319 verstorbenen Bruders Rudolf im 1329 geschlossenen Hausvertrag von Pavia zu jener weittragenden Lösung, dass die Pfalzgrafschaft bei Rhein samt den Gebieten um Amberg, Neumarkt und Sulzbach an Rudolfs Nachfahren ging, während Oberbayern samt Lengenfeld, Schwandorf, Kallmünz und den Burggrafenrechten von Regensburg bei ihm und seinen Söhnen blieb. Diese Aufteilung in zwei Linien kam auch der letztlich bestehenden Unvereinbarkeit der bayerischen und pfälzischen Interessen entgegen. Als bedeutsam für die Zukunft sollte es sich erweisen, dass in dem Hausvertrag eine gegenseitige Beerbung der beiden Linien festgeschrieben wurde. Dass die Kurstimme im Wechsel zwischen ihnen ausgeübt werden sollte, wurde jedoch durch die Goldene Bulle Kaiser Karls IV., die das Kurrecht zur Verbitterung der bayerischen Linie dauerhaft den Pfälzern verlieh, hinfällig.

Wichtiger als die jahrzehntelange scharfe Auseinandersetzung zwischen Ludwig dem Bayern und den Päpsten von Avignon, die das letzte Kapitel im 250-jährigen Kampf zwischen Kaiser und Papst bildete, war für die wittelsbachische Dynastie, dass Ludwig seine Position an der Spitze des Heiligen Römischen Reichs entschlossen und erfolgreich zur Vergrößerung seiner Hausmacht zu nutzen verstand. Dieser »Landhunger« Ludwigs ist auch in der Tatsache begründet, dass er mehrere Söhne mit angemessen großen Herrschaften ausstatten musste. Das seit 1340 durch das Aussterben der niederbayerischen Linie in seiner Hand wieder vereinigte Herzogtum Bayern war dafür einfach nicht weiträumig genug. Ludwig wollte außerdem eine abermalige Teilung Bayerns unbedingt verhindern. Neben Reichspfandschaften in Schwaben brachte er die Markgrafschaft Brandenburg nebst deren Kurstimme an sein Haus, indem er seinen Sohn Ludwig 1323 damit belehnte. Durch seine zweite Heirat erlangte der Kaiser 1324 Erbansprüche auf die Grafschaften Holland, Seeland und Hennegau sowie die Herrschaft Friesland. Mit dem Erwerb der Gefürsteten Grafschaft Tirol mittels Verheiratung seines Sohnes Ludwig von Brandenburg mit der Tiroler Erbin Margarete »Maultasch« 1342 überreizte er jedoch das Blatt. Dass er sich anmaßte, die bereits bestehende Ehe Margaretes mit einem Prinzen aus dem Hause Luxemburg kraft kaiserlicher Macht mit dem Einverständnis der Tiroler Fürstin zu scheiden, wurde nicht allein von der päpstlichen Kurie als ein unglaublicher Eingriff in den kirchlichen Rechtsbereich empfunden, sondern erboste auch viele Bischöfe des Reichs. Hinzu kam die Empörung der Luxemburger, die er zuvor schon durch sein Hinweggehen über deren Ansprüche auf die Mark Brandenburg verprellt hatte, über diese Demütigung eines Mitglieds ihres Hauses. Nicht minder missfiel den anderen Reichsfürsten immer mehr die anwachsende Machtkonzentration bei den Wittelsbachern. Die Wahl eines Gegenkönigs in der Person des Luxemburgers Karl von Mähren stellte 1346 somit eine logische Konsequenz dar. Nach dem unerwarteten Tod Ludwigs des Bayern im Jahr 1347 dauerte es nicht lange und die von ihm beträchtlich erweiterte wittelsbachische Ländermasse wurde unter seinen sechs überlebenden Söhnen wieder aufgeteilt. Auch Bayern wurde 1349 wieder in Ober- und Niederbayern getrennt. In den folgenden Generationen intensivierte sich die Linienbildung noch. Für eine erfolgversprechende deutsche Königspolitik wurde die Machtbasis der Wittelsbacher damit im Gegensatz zu jener der Luxemburger und der Habsburger zu schmal.

Otto I.

* um 1117 vermutlich in Kelheim
† 1183 in Pfullendorf

Herzog von Bayern

»Im Jahre des Herrn 1180 hat Kaiser Friedrich Herzog Heinrich von Bayern und Sachsen seines Amtes enthoben und im gleichen Jahr am 16. September den Pfalzgrafen Otto als Herzog in Bayern eingesetzt. Das ist geschehen zu Altenburg.« Mit diesen nüchtern-knappen Sätzen hielten die Regensburger Annalen jenes wahrlich bedeutsame historische Ereignis fest, dass die Geschichte Bayerns über Jahrhunderte hinweg nachhaltig prägen sollte. Durch die Belehnung des Pfalzgrafen Otto von Wittelsbach mit dem Herzogtum Bayern stieg sein Haus in den exklusiven Zirkel der Reichsfürsten auf, der höchst einflussreichen Führungselite im Heiligen Römischen Reich, womit eine eindrucksvolle dynastische Erfolgshistorie ihren Anfang nahm. Für 738 Jahre entschieden die Wittelsbacher seitdem in ununterbrochener Folge als Herzöge, Kurfürsten und Könige über die Geschicke des Landes. In dieser langen Zeitspanne wurde die wittelsbachische Geschichte zur bayerischen Geschichte.

Herzog Otto I. von Bayern stammte aus einem alteingesessenen bayerischen Adelshaus, das auf eine gut fundierte Machtgrundlage im Land verweisen konnte. Die Wittelsbacher zählten zu dem Kreis der mehr als zwanzig Hochadelsgeschlechter im damaligen Bayern. Geboren wurde der Dynastiegründer um 1117 wahrscheinlich auf der Burg Kelheim an der Donau. Er war der Sohn des Grafen Otto IV. von Scheyern-Wittelsbach, der mit Heilika von Lengenfeld eine reiche Erbin geheiratet hatte und seit etwa 1120 als Pfalzgraf von Bayern fungierte. Mit dem Amt des Pfalzgrafen war die zweithöchste weltliche Würde des Landes nach der des Herzogs verbunden. Ihm oblag die Aufsicht über das

Reichsgut. Als bedeutendste pfalzgräfliche Funktion hat die übergeordnete Gerichtsbarkeit zu gelten.

Nach dem Tod seines Vaters 1156 konnte Otto nicht nur dessen Besitzungen übernehmen, sondern ihm auch als Pfalzgraf von Bayern nachfolgen. Er setzte den von seinem Vater begonnenen Ausbau der wittelsbachischen Hausmacht erfolgreich fort. Entscheidend für seine weitere »Karriere« wurde, dass er sich immerzu als treuer und tatkräftiger Parteigänger der Staufer an herausgehobener Stelle positionierte. Für ihn und seine Nachkommen sollte sich dieser einsatzfreudige Königsdienst auszahlen.

Mehrfach übernahm Otto wichtige diplomatische Missionen für den Stauferherrscher Friedrich I. Barbarossa, zu dessen engsten Räten er gehörte und dessen Politik als römisch-deutscher König bzw. Kaiser er seit 1152 stets unterstützte. Konstant findet sich sein Name in den Zeugenreihen der Kaiserurkunden. Am bekanntesten wurde jedoch jener kühne Einsatz Ottos für den Kaiser, als er für diesen auf dem Rückweg vom ersten Italienzug 1155 die Veroneser Klause erstürmte. An dieser Engstelle im Etschtal wurde das kaiserliche Heer durch den Veroneser Ritter Alberich in einen Hinterhalt zwischen den steil aufragenden Felsen und der Etsch gelockt. Für den Weitermarsch wurde Lösegeld gefordert. Zusammen mit 200 klettergewandten Soldaten bestieg Otto von Wittelsbach als kaiserlicher Bannerträger daraufhin die Höhenzüge. Die Wegelagerer konnten nun von oben und unten in die Zange genommen und völlig überwunden werden. Durch diese Aktion sicherte der Wittelsbacher dem kaiserlichen Heer den Rückzug nach Deutschland, den nördlichen Reichsteil. Seine unbedingte Kaisertreue stellte Pfalzgraf Otto erneut eindrucksvoll 1157 unter Beweis, als er auf dem Reichstag von Besançon den päpstlichen Legaten Kardinal Roland von Siena, den zukünftigen Papst Alexander III., mit dem gezogenen Schwert bedrohte. Die dort um den Kaiser versammelten Fürsten hatten bereits empört reagiert, als der in dem überreichten päpstlichen Schreiben verwendete Begriff »beneficium«, der sich auf die Kaiserkrone bezog, vom Reichskanzler Rainald von Dassel tendenziös mit »Lehen« übersetzt wurde. Dieses Wort konnte allerdings auch die Bedeutung von »Wohltat« haben. Der päpstliche Gesandte Roland von

Siena verhielt sich in dieser aufgeheizten Situation mehr als undiplomatisch. Durch einen unklugen Zwischenruf goss er nämlich noch zusätzlich Öl ins Feuer, indem er diese provokante Interpretation vom Kaisertum als einem bloßen Lehen des Papstes bestätigte. Nur das rasche Eingreifen von Kaiser Friedrich Barbarossa bewahrte den Kardinal davor, von dem erzürnten Pfalzgrafen Otto erschlagen zu werden.

Für einen Mann seines Standes und Ranges in jener Zeit scheint Pfalzgraf Otto vergleichsweise spät geheiratet zu haben. Erst um 1169 vermählte er sich mit der jungen Agnes von Loon, einer aus dem Lütticher Raum stammenden Grafentochter. Von den neun Kindern aus dieser Ehe sicherte jedoch lediglich ein einziger ihn überlebender Sohn die Nachfolge, der spätere Herzog Ludwig I., genannt »der Kelheimer«. Die sieben Töchter des Fürstenpaares konnten unter dynastischen Gesichtspunkten geschickt verheiratet werden.

Belohnt wurde Ottos langjährige Loyalität, bedingungslose Treue und fortgesetzter Einsatz für die Staufer schließlich am 16. September 1180, als ihn Kaiser Friedrich I. Barbarossa in der thüringischen Pfalz Altenburg mit dem Herzogtum Bayern belehnte. Einige Monate zuvor waren dem bisherigen Herzog von Sachsen und Bayern, dem der Acht verfallenen Welfen Heinrich dem Löwen, seine Reichslehen entzogen worden. Zwischen dem Welfen und Barbarossa war es wegen Heinrichs Weigerung, den fünften Italienzug des Kaisers 1176 zu unterstützen, zum endgültigen Bruch gekommen. Im Zusammenwirken mit Heinrichs zahlreichen norddeutschen Gegnern entledigte sich Friedrich Barbarossa daraufhin dieses Konkurrenten, der ihm inzwischen vor allem wegen seiner großen Machtfülle gefährlich gewordenen war, und ersetzte ihn etwas später durch einen zuverlässigeren Parteigänger seines Hauses. Um den neuen Herzog nicht auch zu mächtig werden zu lassen, wurde das Herzogtum Bayern allerdings vorher noch um die Steiermark verkleinert, die zu einem eigenen Herzogtum erhoben wurde.

Dem neuen bayerischen Herzog Otto I., der sich bereits in einem fortgeschrittenen Lebensalter befand, blieb nur eine dreijährige Regierungszeit beschieden. Auf seinem ersten Landtag am

23. November 1180 in Regensburg, der für die Huldigung der Großen des Landes bestimmt war, glänzte die Mehrzahl der bayerischen Grafen und Edelfreien durch Abwesenheit. Der höhere weltliche Adel zeigte damit unmissverständlich, dass er mit Ottos Erhöhung nicht einverstanden war, und verweigerte ihm die Anerkennung. Der bayerische Episkopat nahm hingegen unter der Führung von Ottos Bruder, Erzbischof Konrad von Salzburg, eine loyale Haltung gegenüber dem neuen Herzog ein. Otto I. gelang es trotzdem in der ihm verbliebenen knappen Zeit, sein Haus als die maßgebliche Macht in Bayern zu etablieren und die herzogliche Autorität zu behaupten. Der Abt Konrad von Scheyern aus dem 13. Jahrhundert vermerkte daher lobend: »Zu seiner Zeit genoß Bayern Frieden und ungestörten Wohlstand«.

Wie von Kaiser Friedrich Barbarossa bezweckt, blieb Otto auch als Herzog weiterhin auf das Engste mit der staufischen Reichspolitik verbunden. Bis kurz vor seinem Tod war er unermüdlich im Auftrag des Kaisers unterwegs bzw. befand sich in dessen näherer Umgebung. Im Frühjahr 1183 hielt sich Otto zum letzten Mal in Norditalien auf, weil er zu Barbarossas Unterhändlern gehörte, die mit der Vorbereitung eines Friedensvertrags mit den lombardischen Städten befasst waren. Im Juni war der alte Herzog zusammen mit dem Kaiser in Konstanz, wo der von ihm mit ausgehandelte Friedensvertrag unterzeichnet werden konnte. Auf dem Rückweg vom Bodensee in sein Herzogtum starb Otto I. am 11. Juli 1183 auf der staufischen Burg Pfullendorf. Der im Mittelalter so gefürchtete jähe Tod blieb dem Wittelsbacher aber offensichtlich erspart, da er noch verschiedene Verfügungen vor seinem Ableben treffen konnte. Auf seinen Wunsch hin wurde Otto im Benediktinerkloster Scheyern, dem einstigen Stammsitz und nunmehrigen Hauskloster der Wittelsbacher, beigesetzt. Auch zwei Söhne des Kaisers nahmen an den Begräbnisfeierlichkeiten teil – ein Beleg für die damals enge Verbindung zwischen den Staufern und den Wittelsbachern.

Herzog Ottos Sohn Ludwig konnte ihm, obwohl er noch ein unmündiges Kind war, nachfolgen. Die Erblichkeit des Herzogtums war den Wittelsbachern demnach vermutlich schon 1180 zugestanden worden. Trotz seiner kurzen Regierungszeit als Herzog hatte es Otto I. verstanden, die Position des Herzogs in Bayern dank seines Durchsetzungsvermögens soweit zu stärken, dass sich sein Sohn Ludwig I. nach dem Ende seiner langen Vormundschaftszeit erfolgreich darauf beziehen konnte.

Ludwig I., der Kelheimer

* 1173 in Kelheim (?)
† 1231 in Kelheim

Herzog von Bayern

Der am 23. Dezember 1173 geborene bayerische Herzog Ludwig I., genannt der Kelheimer, gilt als der eigentliche Begründer des bayerischen Herzogstaates. Darüber hinaus gelang es ihm, 1214 die Pfalzgrafschaft bei Rhein an sein Haus zu bringen, mit der wichtige reichsfürstliche Funktionen verbunden waren. Ihren Aufstieg zu einem der führenden Fürstengeschlechter im Heiligen Römischen Reich verdanken die Wittelsbacher daher zu einem nicht geringen Teil dem geschickten Agieren von Ludwig dem Kelheimer.

Ludwig war der einzige überlebende Sohn des ersten Wittelsbacher Herzogs von Bayern, Otto I., der allerdings schon am 11. Juli 1183 verstarb. Der minderjährige Ludwig konnte ihm trotzdem im Herzogsamt nachfolgen. Die Erblichkeit muss demnach seit 1180 für Ottos Nachkommen verbürgt gewesen sein. Zusammen mit den beiden Brüdern des verstorbenen Herzogs übernahm dessen Witwe, die aus den Niederlanden stammende Gräfin Agnes von Loon, die Regentschaft für Ludwig. Die energische Herzoginwitwe verstand es offenbar, die politischen Geschäfte klug zu führen und ihren Sohn gut auf seine künftigen Aufgaben vorzubereiten. Als sie 1191 starb, hatte Ludwig wenige Jahre zuvor die Volljährigkeit erlangt. Von 1187 an zählte er seine Regierungsjahre als Herzog.

In den Anfängen seiner selbstständigen Regierung sah sich Ludwig I. mehrfach durch Aufstände konkurrierender Adelsfamilien und Widerstände seitens der Bischöfe in seiner Herrschaft gefährdet. Nur dank des Eingreifens von Stauferkaiser Heinrich VI. konnte er sich gegen eine vom Grafen Albert III. von Bogen angeführte bedrohliche Adelsopposition behaupten. Wie einst sein Vater gehörte er seitdem zur engeren staufischen Gefolgschaft. Er begleitete Heinrich 1194 nach Unteritalien und Sizilien, 1196 zu den Reichstagen in Würzburg und Mainz sowie 1197 nochmals nach Sizilien. Nach Heinrichs Tod im Herbst 1197 wurde Ludwig ein wichtiger Parteigänger von dessen jüngstem Bruder Philipp von Schwaben und unterstützte diesen im Thronstreit gegen den Welfen Otto von Braunschweig.

Um das Herzogtum Bayern in ein geschlossenes Staatsgebiet ohne fremde Gewalten innerhalb seiner Grenzen umzubilden, verfolgte Ludwig I. konsequent die politische Linie, durch Todesfälle frei werdende Lehen und Grafschaften auf dem Weg des sogenannten Heimfallrechts einzuziehen, diese dem eigenen Territorium einzugliedern und so seine Machtposition zu stärken. Es erwies sich für ihn dabei als ausgesprochen vorteilhaft, dass während seiner Regierungszeit viele große Adelsgeschlechter ausstarben. Geschickt setzte er bei seiner Territorialpolitik auf die Gründung von Städten. Diese neuen Städte – Landshut, die Straubinger Neustadt und Landau an der Isar – dienten hauptsächlich als Stützpunkte und Landesfestungen, aber auch als Zentren der Territorialverwaltung. Weniger erfolgreich verliefen seine Versuche, in der reichen Königs- und Herzogsstadt Regensburg seine Position auszubauen. Zunehmend gelang es den dortigen Bürgern, sich vom Kaiser in größerem Umfang Privilegien und Freiheitsrechte zu sichern. Ludwig selbst erlebte nicht mehr, dass Regensburg 1245 »Freie Reichsstadt« wurde. Der Umwandlung Bayerns in einen wittelsbachischen Territorialstaat kam auch die von ihm betriebene Einrichtung einer herzoglichen Kanzlei zustatten. Aus den von ihm geschaffenen Ämtern in jenen Teilen des Herzogtums, die direkt seiner Gerichtsgewalt unterstanden, entwickelten sich seit der Mitte des 13. Jahrhunderts die Herzoglichen Landgerichte. Um 1228 sorgte er für eine Erneuerung des früheren Chorherrenstifts am alten Pfalzort Altötting, womit die jahrhundertelange enge Verbindung der Wittelsbacher zu diesem später wichtigen Wallfahrtsort seinen Anfang nahm.

Von Beginn seiner Herrschaft an bediente sich Ludwig I. zur Unterfütterung seiner Politik einer zielgerichteten Heiratspolitik.

Nicht nur konnten seine sieben Schwestern erfolgreich mit Vertretern bedeutender Dynastenfamilien verheiratet werden, auch er selbst vermählte sich geschickt. Im Oktober 1204 heiratete er Ludmilla von Böhmen, die Witwe seines ärgsten politischen Widersachers, des Grafen Albert III. von Bogen. Als Gatte der Přemyslidin Ludmilla fand Ludwig Rückhalt in Böhmen und damit ein Gegengewicht zu den sich von Wien ausbreitenden Babenbergern. Gegenüber den Söhnen, die seine Ehefrau aus ihrer ersten Ehe mitbrachte, erwies sich Ludwig als fürsorglicher Stiefvater. Ihm selbst schenkte seine Gattin nur einen einzigen Sohn, seinen späteren Nachfolger Otto II., der 1206 geboren wurde.

Als der Stauferkönig Philipp im Juni 1208 von einem Verwandten Ludwigs, dem Pfalzgrafen Otto von Wittelsbach, in Bamberg ermordet wurde und zwei Mitglieder des bedeutenden bayerischen Adelsgeschlechts derer von Andechs der Mitwisserschaft der Tat verdächtigt wurden, wusste Herzog Ludwig die Situation zu seinen Gunsten zu nutzen. Er gab die in seinem Haus übliche staufische Gefolgschaft auf und unterstützte als erster der deutschen Fürsten den bisherigen Gegenkönig Otto aus der Dynastie der Welfen. Der nun einstimmig gewählte Welfenkönig Otto IV. belohnte den Bayernherzog für seine Hilfe großzügig, indem er ihm am 15. November 1208 zahlreiche Reichslehen zuerkannte, die bis dato der der Reichsacht verfallene Königsmörder Pfalzgraf Otto und die beiden ebenso geächteten Andechser, der Bischof Ekbert von Bamberg und der Markgraf Heinrich IV. von Istrien, in Besitz hatten. Ludwig I. hatte jetzt die Möglichkeit, das Haus Andechs, seinen bis dahin größten weltlichen Kontrahenten in Bayern, in den Hintergrund zu drängen. Selbst als sich die Unschuld der beiden Andechser am Königsmord herausstellte, gab er deren Gebiete nicht mehr heraus. Außerdem erhielt Ludwig vom neuen König noch die Bestätigung der Erblichkeit des bayerischen Herzogtums für seine Nachkommen. Otto IV. verzichtete damit auf welfische Ansprüche auf Bayern. Um die Beziehung zwischen den Welfen und Wittelsbachern zu festigen, kam es an Pfingsten 1212 zu einer Verlobung zwischen Herzog Ludwigs einzigem Sohn, dem sechsjährigen Otto, mit Agnes, der rund fünf Jahre älteren Nichte des Welfenkönigs und Tochter des damaligen welfischen Inhabers der rheinischen Pfalzgrafschaft.

Die große Nähe zu den Welfen stellte für Ludwig I. jedoch bloß ein Intermezzo dar. Nachdem der junge Staufer Friedrich II. im Herbst 1212 erfolgreich in Süddeutschland auf den Plan trat, wandte er sich diesem zu und wählte ihn in Frankfurt zusammen mit den anderen Fürsten zum Römischen König. Seitdem hielt sich der Bayernherzog meistens in der engsten Umgebung Friedrichs auf, den er 1220 auch zur Kaiserkrönung nach Italien begleitete. 1221 brach er in kaiserlichem Auftrag zu einem Kreuzzug nach Ägypten auf, der wegen Ludwigs geringem Geschick in Kriegsdingen zu einem Misserfolg wurde. In Ägypten geriet der Herzog sogar vorübergehend in die Geiselhaft des Sultans.

Sein erneuter Wechsel auf die staufische Seite zahlte sich für den Wittelsbacher wiederum bestens aus. Er bescherte Ludwig einen beachtlichen Machtzuwachs außerhalb Bayerns und einen grandiosen Aufstieg in der reichsfürstlichen Rangfolge. Nach dem kinderlosen Tod des letzten rheinischen Pfalzgrafen aus dem welfischen Fürstenhaus 1213 war die Pfalzgrafenwürde an das Reich zurückgefallen. Im Oktober 1214 wurde Ludwig für seinen unmündigen Sohn Otto, der seit zwei Jahren mit der Schwester des verstorbenen Pfalzgrafen verlobt war, von Friedrich II. mit der Pfalzgrafschaft bei Rhein belehnt. Ludwig wurde damit der Lehensvormund seines noch keine neun Jahre alten Sohnes. Durch diese zeitweise Vereinigung der bayerischen Herzogswürde mit dem Amt des Pfalzgrafen bei Rhein, des vornehmsten weltlichen Reichsfürsten nach dem König, stand Ludwig an der Spitze der weltlichen Fürsten im Reich. Diese mehr oder weniger enge Verknüpfung zwischen Bayern und der Pfalzgrafschaft bei Rhein hatte bis ins 20. Jahrhundert hinein Bestand. 1222 fand Ottos Heirat mit der Welfin Agnes statt, wodurch der Dynastiewechsel in der Pfalzgrafschaft auch erbrechtlich legitimiert wurde. 1228 übernahm Ludwigs Sohn selbst die Regierung am Rhein.

Im Juli 1226 bestimmte Kaiser Friedrich II. den Bayernherzog während seiner Abwesenheit zum Reichsverweser, zu seinem bevollmächtigten Vertreter in Deutschland, und zum Vormund seines 15 Jahre alten Sohnes, des Königs Heinrich (VII.). Wegen der vielfältigen Komplikationen, die dieses ehrenvolle Amt mit sich brachte, entschloss sich Ludwig erst nach einigem Zögern zur Annahme dieser Aufgabe. Dank der dem Reichsverweseramt innewohnenden herausgehobenen Stellung sah sich Ludwig in alle Probleme der Reichspolitik, vor allem in den heftigen Gegensatz zwischen Papsttum und Kaisertum verstrickt. Seine Rolle als Vormund über den jungen König bot zudem Konfliktstoff, da der heranwachsende Heinrich und Herzog Ludwig I. nicht gut miteinander auskamen. Heinrich (VII.) strebte in Süddeutschland vehement nach einer eigenen Einflusssphäre, was zwangsläufig zu Auseinandersetzungen führen musste. Ludwigs außenpolitische Manöver, mit denen er auf den staufischen Druck zu reagieren versuchte, scheiterten. Nachdem es im Dezember 1228 zum offenen Bruch zwischen den beiden Fürsten gekommen war, rückte Heinrich (VII.) im Sommer 1229 überraschend in Bayern ein und schloss sich mit den innerbayerischen Feinden Ludwigs zusammen. Insbesondere Ludwigs Hauptgegner, die Andechser, fanden sich unter den Verbündeten Heinrichs. Der für ihn äußerst bedrohlichen Situation konnte der Herzog nur Herr werden, indem er sich zu erheblichen Zugeständnissen gegenüber dem Adel und den Bischöfen von Salzburg und Freising bereitfand. Außerdem griff Kaiser Friedrich II., der seine Italienpolitik durch die Aktivitäten seines Sohnes gefährdet sah, zu Ludwigs Gunsten ein.

Die über weite Strecken hin gute Beziehung Ludwigs zu Friedrich II. wurde allerdings durch die abermalige Zuspitzung im Konflikt zwischen Kaisertum und Papsttum getrübt. Seit Papst Gregor IX. 1227 den Kirchenbann über Friedrich verhängt hatte, schwelte Misstrauen zwischen dem Kaiser und den deutschen Fürsten. Ludwig sah sich bald dem Verdacht der Illoyalität und des Verrats gegenüber dem Kaiser ausgesetzt. Gegen ihn wurde das Gerücht in Umlauf gebracht, er konspiriere heimlich mit dem Papst, unterhalte dubiose Verbindungen zum päpstlichen Legaten und liebäugele mit einem Gegenkönigtum.

Völlig unerwartet fand das Leben Herzog Ludwigs I. ein tragisches Ende. Am 15. September 1231 wurde er von einem Unbekannten auf der Donaubrücke von Kelheim niedergestochen, womit eine mehr als 40 Jahre dauernde Herrschaft jäh abbrach. Aus der Sicht seiner Zeitgenossen wurde ihm damit ein schrecklicher Tod zuteil; denn ein plötzliches Ende ließ dem Sterbenden keine Zeit für eine ausreichende innerliche Vorbereitung auf den Tod, wodurch sein Seelenheil in höchstem Maße gefährdet war. Zum Gedächtnis an dieses in der bayerischen Geschichte beispiellose Geschehen wurde Ludwig deshalb später der Beiname »der Kelheimer« beigelegt. Da der Mörder noch am Tatort sofort von den Begleitern des Herzogs niedergestreckt wurde, blieben sowohl das Motiv als auch die Hintergründe für den Mordanschlag im Dunkeln. Ein näherer Augenzeugenbericht zum Tathergang ist nicht überliefert. In verschiedenen zeitgenössischen, aber auch späteren Quellen wurde die Vermutung geäußert, dass Kaiser Friedrich II. oder sein Sohn, König Heinrich (VII.), darin verstrickt seien. In dem nach 1250 begonnenen Geschichtswerk des antikaiserlich eingestellten Abtes Hermann von Niederaltaich etwa heißt es, dass dieses Attentat »durch die Tücke des Herrn Kaisers Friedrich« geschah. Auf jeden Fall kühlten danach zeitweilig die Beziehungen zwischen den Wittelsbachern und Staufern ab, bevor es 1235 zu einer Aussöhnung zwischen Ludwigs Sohn, Herzog Otto II., und dem Kaiser kam. Seine letzte Ruhestätte fand Ludwig I. im Hauskloster der Wittelsbacher, dem Benediktinerkloster Scheyern, wo er neben seinem Vater bestattet ist.

Ludwig IV., der Bayer

* wohl Ende 1281/Anfang 1282 in München
† 1347 bei Kloster Fürstenfeld

Römisch-deutscher Kaiser, Herzog von Bayern

Unter den wittelsbachischen Herrschern gebührt Ludwig dem Bayern ein herausgehobener Platz, nicht nur weil er als erster Fürst des Hauses die Krone des Heiligen Römischen Reichs gewann, sondern auch weil er ein bedeutender Landesfürst und ein äußerst umtriebiger Hausmachtpolitiker war. Als nicht selten sehr widersprüchlich wahrgenommene, aber darum umso interessantere Herrscherpersönlichkeit nimmt Ludwig IV. darüber hinaus einen besonderen Rang unter den deutschen Königs- und Kaisergestalten des Mittelalters ein. Kurioserweise ist der ihm schon zu Lebzeiten beigelegte Beiname »der Bayer«, der von Papst Johannes XXII. bewusst herabwürdigend gedacht war, längst zu einem positiv aufgeladenen Identifikationsbegriff geworden. Hatte der Papst im Streit mit dem Wittelsbacher diesem nicht einmal mehr seinen bayerischen Herzogstitel zugestanden, sondern ihn bloß »Ludwig der Bayer« genannt, so klingt das inzwischen geradezu wie eine Ehrenbezeichnung.

Über Ludwigs Kindheit und Jugend ist so gut wie nichts bekannt. Selbst über sein Geburtsjahr besteht keine Gewissheit. Der zweitgeborene Sohn von Ludwig II. dem Strengen, Herzog von Oberbayern und Pfalzgraf bei Rhein, und dessen dritter Ehefrau Mechthild, einer Tochter König Rudolfs I. von Habsburg, kam entweder um 1281/1282 oder um 1286 zur Welt. Wohl nach dem Tod des Vaters im Jahr 1294 wurde der Prinz für einige Zeit zur standesgemäßen Erziehung nach Wien geschickt, wo er am verwandten Habsburger Hof in den ritterlichen Tugenden und in höfischer Sitte unterwiesen wurde. Er stand damals noch unter der Vormundschaft seiner Mutter und seines älteren Bruders Rudolf. Die beiden Brüder kamen zeitlebens nur schlecht miteinander aus und rivalisierten fast ständig um die Macht. Ludwig gelang es, sich gegenüber dem Älteren zu behaupten und letztendlich die Oberhand zu gewinnen: Auf seine 1302 erkämpfte Mitregierung folgte acht Jahre später die Herrschaftsteilung Oberbayerns. Mit der alleinigen Wahrnehmung der Vormundschaft über die minderjährigen niederbayerischen Herzöge stellte er Rudolf bereits in den Schatten, bevor er ihn 1317 endgültig von der politischen Bühne verdrängte.

Mit Ludwigs niederbayerischer Vormundschaftsregierung endeten seine bis dahin guten Beziehungen zu den Habsburgern, die dort eigene Interessen verfolgten. Die Differenzen wurden mit Waffengewalt entschieden. In der Schlacht bei Gammelsdorf am 9. November 1313 siegte Ludwig über Friedrich den Schönen von Habsburg. Dieser Sieg wirkte sich bei der anstehenden römisch-deutschen Königswahl für Ludwig günstig aus. In den Augen der luxemburgischen Partei sprach für ihn, dass er in der Lage war, die Habsburger militärisch in die Schranken zu weisen, und dass er über keine zu große Hausmacht verfügte. Sie wählten ihn daher am 20. Oktober 1314 zum König. Es kam jedoch zu einer Doppelwahl, weil sich beinahe gleichzeitig die übrigen Wahlberechtigten für Friedrich den Schönen aussprachen. Am 25. November erfolgte Ludwigs Krönung in Aachen, Friedrichs in Bonn. Da sich beide Fürsten als rechtmäßig gewählte Könige fühlten, mündete der Thronstreit in jahrelange Auseinandersetzungen. Diese Unruhe spiegelte sich in den zeitgenössischen Chroniken: »Als so zwei Könige gewählt und gekrönt worden waren, hörte jede Ordnung auf, und der Friede wurde aller Orten empfindlich gestört; das römische Reich schien auf die Spitze des Schwertes gestellt aus den Fugen zu geraten.« Die Entscheidung brachte am 28. September 1322 die Schlacht von Mühldorf am Inn, in der Ludwig abermals über seinen einstigen Wiener Spielkameraden triumphierte. Friedrich der Schöne geriet dabei in Gefangenschaft. Angeblich soll ihn sein siegreicher Kontrahent, der nun sein Anrecht auf die Königskrone ungefährdet durchsetzen konnte, mit den Worten begrüßt haben: »Vetter, es freut uns, Euch hier zu sehen.«

Bevor sich Ludwig IV., der den Papst um keine Approbation seiner Wahl gebeten, sondern sie diesem nur bekannt gegeben hatte, der Verwirklichung seines Anspruchs auf das Kaisertum widmete, führte er im September 1325 einen Ausgleich mit den Habsburgern herbei. Er erkannte Friedrich den Schönen als Mitregenten an. Laut dem Münchner Vertrag wollten beide Könige das Heilige Römische Reich gemeinsam regieren. Diese Aussöhnung war wichtig, denn Ludwig befand sich bereits in einem schweren Konflikt mit dem Papst. Es kam zum letzten Mal zu einem mit aller Schärfe geführten Machtkampf zwischen Kaisertum und Papsttum.

Der in Avignon residierende Papst Johannes XXII. hatte sich während des deutschen Thronstreits bewusst einer Parteinahme enthalten. Er betrachtete den Thron als vakant und sah sich als Reichsvikar in Oberitalien, wo er den päpstlichen Machtanspruch auszubauen gedachte. Als Ludwig nach dem Sieg von Mühldorf die traditionelle Italienpolitik der römisch-deutschen Könige aufgriff, reagierte der Papst darauf im Oktober 1323 mit einer Anklageschrift. Er erklärte Ludwigs Königswürde für ungültig, weil der apostolische Stuhl dessen Wahl nicht bestätigt habe, und eröffnete einen kirchenrechtlichen Absetzungsprozess gegen ihn. Damit setzte ein über zwei Jahrzehnte dauernder Streit ein. Ludwig IV. antwortete mit insgesamt drei Appellationen, in denen er die päpstlichen Ansprüche zurückwies und die Entscheidung darüber einem künftigen Konzil zusprach, vor dem er sich rechtfertigen wolle. Er betonte, dass sein Herrschaftsrecht allein auf dem Wahlakt der Kurfürsten beruhe. Ohne auf die Appellationen einzugehen, verkündete Johannes XXII. am 23. März Ludwigs Exkommunikation und am 11. Juli 1324 dessen Absetzung. Jeder, der ihm Beistand gewährte, verfiel dem Bann. Die meisten Fürsten, deren Wahlhoheit der Papst in Zweifel gezogen hatte, verblieben auf Seiten Ludwigs.

In diesem geistigen Schlagabtausch erhielt Ludwig IV. wertvolle theologisch-juristische Unterstützung durch Vertreter einer strengen Richtung des Franziskanerordens, die sich wegen des »Armutsstreits« mit dem verweltlichten Papsttum von Avignon in offenem Konflikt befanden. Sie und andere Kritiker der Papstkirche versammelten sich im Umfeld Ludwigs. Unter ihnen waren so herausragende und progressive Köpfe wie Wilhelm von Ockham, Michael von Cesena, Bonagratia von Bergamo und Marsilius von Padua.

Im Januar 1326 bot Ludwig der päpstlichen Kurie in einem klugen Schachzug an, auf sein Königtum zu verzichten, wenn der Papst dafür Friedrich den Schönen als Herrscher im Reich anerkennen würde. Auf dieses Angebot konnte und wollte Johannes XXII. nicht eingehen, denn der Habsburger gehörte zu jenen Personen in Ludwigs Umkreis, die der Papst mit der Exkommunikation bedroht hatte. In der öffentlichen Meinung stieß die päpstliche Ablehnung auf wenig Zustimmung. 1327 brach Ludwig IV. zum Italienzug auf. Es gelang ihm, große Teile Oberitaliens unter seine Herrschaft zu bringen. Zu Pfingsten wurde er gemeinsam mit seiner Gattin Margarete in Mailand mit der »Eisernen Krone« der Lombardei gekrönt. Anfang des Jahres 1328 erfolgte Ludwigs Einzug in Rom, wo er zusammen mit seiner Frau am 17. Januar im Petersdom durch zwei vom Papst exkommunizierte Bischöfe zum Kaiser gekrönt wurde. Es war ein rein liturgischer Akt, wodurch die Unabhängigkeit des Kaisertums vom Papst unterstrichen wurde, was eine radikale Neuerung war. Ansonsten verlief laut dem Chronisten Giovanni Villani »alles nach der gewohnten Ordnung«. Aus imperialer Autorität heraus erklärte Ludwig am 18. April Papst Johannes XXII. für abgesetzt und setzte den Gegenpapst Nikolaus V. ein, der ihn zu Pfingsten erneut zum Kaiser krönte. Lange konnte sich der Gegenpapst allerdings nicht halten.

Nachdem seine Ressourcen erschöpft waren, kehrte Ludwig IV. zu Beginn des Jahres 1330 aus Italien zurück. In der Zwischenzeit war sein Mitkönig Friedrich verstorben. Abgesehen vom Papst schien niemand mehr Ludwigs Macht als gewählter römischer König und gekrönter Kaiser zu bestreiten. Die päpstliche Strenge sorgte bei vielen Gläubigen für Unmut. Eine Art neues Reichsbewusstsein bildete sich heraus. Ludwig konnte sich seinen eigentlichen Herrscheraufgaben widmen. Er förderte die Reichsstädte und bemühte sich um die Gewährleistung der Friedenswahrung im Reich mit der Errichtung von Landfrieden. Die Reichsverfassung entwickelte sich zukunftsweisend weiter. Während der Einfluss des Papsttums auf die weltlichen Hoheitsrechte zurückgedrängt wurde, erhielt das Heilige Römische Reich einen mehr »föderalen« Charakter. Wichtig war hierbei das »Rhenser Weistum« von 1338, in dem die Kurfürsten festlegten, dass sich die Herrschaftsrechte des Königs allein aus dem Willen der Wahlfürsten herleiteten. Es gelte die Mehrheitsentscheidung. Im Reichsgesetz »Licet iuris« von 1338 ließ Kaiser Ludwig verkünden, der mehrheitlich gewählte Kandidat sei der wahre Kaiser, dessen Gewalt unmittelbar von Gott komme. In seinem Herzogtum sorgte Ludwig IV. mit dem »Oberbayerischen Landrecht« von 1346 für eine Vereinheitlichung des Rechts und stärkte damit zugleich die landesherrliche Autorität.

Um seine machtpolitischen Einflussmöglichkeiten im Reich zu festigen, betrieb Ludwig wie seine Vorgänger auf dem römisch-deutschen Königsthron eine Stärkung seiner Hausmacht, indem er frei gewordene Reichslehen an Familienmitglieder vergab. 1323 setzte er seinen ältesten Sohn Ludwig als Markgrafen von Brandenburg ein und brachte dadurch die mit der Mark verbundene Kurstimme an sein Haus. Der böhmische König Johann fühlte sich hierdurch verprellt, da er Brandenburg für seine Unterstützung Ludwigs im Thronstreit erwartet hatte. Nach dem Tod des letzten niederbayerischen Herzogs konnte Ludwig IV. 1340/41 Ober- und Niederbayern erstmals wieder miteinander vereinen. Mit dem Zugriff auf die reiche Grafschaft Tirol im Jahr 1342 beschädigte der Kaiser freilich nachhaltig sein Ansehen im Reich, weil die Erwerbungsumstände fragwürdig waren. Um seinen damals verwitweten Sohn Markgraf Ludwig von Brandenburg mit der Erbin Tirols, Margarete Maultasch, verheiraten zu können, erklärte er die bestehende, wenngleich kinderlose und offenbar unglückliche Ehe der Gräfin mit einem Sohn des böhmischen Königs für ungültig. Durch diese kraft kaiserlicher Macht vollzogene Ehescheidung erzürnte er nicht nur die Luxemburger, die ihm die Demütigung eines Mitglieds ihres Hauses nicht verziehen, sondern empörte mit diesem Eingriff in den kirchlichen Rechtsbereich auch viele Bischöfe im Reich. Zusätzlich trug dies zur Verschärfung seines Konflikts mit der päpstlichen Kurie bei.

Abermals erfuhr der wittelsbachische Hausmachtbereich eine Vergrößerung, als Ludwigs kinderloser Schwager Graf Wilhelm IV. von Holland-Hennegau im Kampf fiel. Der Kaiser nutzte die sich ihm bietende Chance und belehnte seine zweite Gattin Margarete, die älteste Schwester des Verstorbenen, im Januar 1346 mit dessen Besitzungen, den Grafschaften Holland, Hennegau, Seeland und Friesland. Er hatte die Grafentochter im Februar 1324 geheiratet, nachdem seine erste Frau Beatrix von Schweidnitz im August 1322 gestorben war. Ludwig IV. hatte somit fast ein Drittel des Reichs unter wittelsbachische Herrschaft gebracht.

Mit dem am 4. August 1329 geschlossenen Hausvertrag von Pavia führte Ludwig IV. den Familienfrieden im Haus Wittelsbach herbei. Es kam dabei zu einer Trennung der Pfalz von Bayern. Er überließ den Nachkommen seines inzwischen verstorbenen Bruders Rudolf die Pfalzgrafschaft bei Rhein nebst der späteren Oberpfalz als eigenes Landesfürstentum. Oberbayern verblieb dagegen bei Ludwig und seinen Söhnen. Die Kurstimme sollte im Wechsel zwischen der pfälzischen und der bayerischen Linie geführt werden. Wichtig für die Zukunft wurde, dass ein gegenseitiges Erbrecht beim Aussterben einer der beiden Linien im Mannesstamm festgeschrieben wurde. Dieser Erbfall trat 1777 ein, als Kurfürst Karl Theodor von der Pfalz die Nachfolge im Kurfürstentum Bayern antreten konnte.

Nach dem herrscherlichen Höhepunkt in den Jahren 1338/39 traten vermehrt die Spannungsfelder in den Vordergrund. Mit seiner rücksichtslosen Hausmachtpolitik erregte Ludwig zunehmend Unbehagen und Missfallen unter den Reichsfürsten. Vor allem das Haus Luxemburg fühlte sich herausgefordert. Hieran knüpfte das Avignoneser Papsttum an. Der 1342 auf den Stuhl Petri erhobene Papst Clemens VI. setzte auf einen ihm genehmeren Nachfolger im Reich. Für Ludwig den Bayern hatte er nur noch die endgültige Verdammung übrig. Am Gründonnerstag des Jahres 1346 verfluchte er diesen öffentlich: »Der Erdkreis kämpfe gegen ihn. Die Erde öffne sich und verschlinge ihn lebendig. In einer Generation werde sein Name zunichte und verschwinde sein Gedächtnis von der Erde. Alle Elemente seien wider ihn.« Im Juli 1346 wählte eine Mehrheit der Kurfürsten den von Clemens VI. favorisierten Luxemburger Karl von Mähren zum Gegenkönig.

Angesichts eines erneuten Doppelkönigtums drohte dem römisch-deutschen Reich wieder ein mit Waffengewalt ausgetragener Thronkampf. Inmitten der Vorbereitungen für einen Feldzug starb Kaiser Ludwig unerwartet am 11. Oktober 1347 auf der Bärenjagd in der Nähe des Klosters Fürstenfeld bei München. Er erlag wohl einem Herzschlag. Seine letzten Worte galten der Überlieferung nach der Gottesmutter Maria: »Süzze Künigin, unser fraue, bis pei meiner schidung«. Ludwig starb unbesiegt, aber im Kirchenbann. Seine immer wieder unternommenen Versuche, mit der Kurie zu einer Verständigung zu kommen, waren erfolglos geblieben. Sein plötzlicher Tod ohne Beichte und Absolution erschien seinen Gegnern geradezu als ein Zeichen für ewige Verdammnis. Wie andere mittelalterliche Herrscher hatte Ludwig bereits zu Lebzeiten mit zahlreichen Stiftungen für sein Seelenheil vorgesorgt. Seine bedeutendste Stiftung ist das Kloster Ettal, das er 1330 nach seiner Rückkehr aus Italien gegründet hatte. Im Reich konnte sein Gegenkönig Karl IV. weitgehend ungehindert seine Nachfolge antreten. Obwohl Ludwig der Bayer bei seinem Tod sechs erwachsene Söhne hinterließ, konnte sich das Haus Wittelsbach nicht als Königsdynastie durchsetzen. Ebenso wenig konnten seine Erben den von ihm erworbenen territorialen Besitz langfristig bewahren.

Die Zeit der Landesteilungen in Bayern

Zwei Jahre nach dem Tod Kaiser Ludwigs IV. des Bayern teilten seine sechs damals noch lebenden Söhne die von ihrem Vater zusammengeführte wittelsbachische Ländermasse im Landsberger Vertrag von 1349 wieder auf – eine dauerhafte gemeinsame Regierung wäre wohl auch kaum zweckmäßig gewesen. Diese und die ihr nachfolgenden Landesteilungen schwächten zwar einerseits die Wittelsbacher in machtpolitischer Hinsicht gegenüber ihren Konkurrenten im Heiligen Römischen Reich, doch in den dadurch entstandenen kleineren Territorien begünstigte es andererseits den Ausbau staatlicher Strukturen.

Bei der Teilung von 1349 fielen Oberbayern, Tirol und die Mark Brandenburg an Ludwig V. den Brandenburger und seine zwei jüngeren Halbbrüder Ludwig VI. den Römer und Otto V. den Faulen, die übrigen drei Brüder Stephan II., Wilhelm I. und Albrecht I. übernahmen Niederbayern und die niederländischen Grafschaften. Es dauerte nicht lange und beide Familienteile trennten sich nochmals untereinander auf. Es bildeten sich auf diese Weise vier selbstständige Linien.

Die bedeutenden Neuerwerbungen Kaiser Ludwigs des Bayern – die Mark Brandenburg, Tirol und die holländischen Territorien – gingen dem Haus Wittelsbach mehr oder weniger rasch wieder verloren. Die Grafschaft Tirol kam schon 1369 an die Habsburger und blieb seitdem bei Österreich. Die verwitwete Margarete Maultasch von Tirol, deren letzter verbliebener Sohn Meinhard aus ihrer Ehe mit Ludwig dem Brandenburger bereits 1363 verstorben war, ließ sich auf einen entsprechenden Vertrag mit Erzherzog Rudolf IV. von Österreich ein. Die Mark Brandenburg konnte Kaiser Karl IV. dem kinderlosen Kurfürsten Otto V. im Jahr 1373 abkaufen, nachdem er die Wittelsbacher zuvor geschickt gegeneinander ausmanövriert hatte. Zwar brachte Otto dieserart eine Aussöhnung mit den Luxemburgern zustande, doch fiel dies fast gar nicht ins Gewicht, weil die Angehörigen seines Hauses inzwischen keine ernsthaften Rivalen mehr für Karl IV. darstellten.

Die gemeinschaftliche Regierung der niederbayerischen Herzöge endete 1353. Seit diesem Zeitpunkt beschritten jene Nachkommen Ludwigs des Bayern, die die niederländischen Grafschaften samt dem sogenannten Straubinger Ländchen regierten, eigene Wege. Sie konzentrierten sich dabei vor allem auf Holland. Nach drei Generationen starb 1425 die meist in innerfamiliäre Konflikte verstrickte Linie Straubing-Holland aus, als ihr letzter männlicher Vertreter, Herzog Johann III., Opfer eines Giftmordes wurde. Ihre niederländischen Gebiete sicherte sich daraufhin – von den bayerischen Wittelsbachern hieran kaum gestört – der mächtige Herzog Philipp der Gute von Burgund.

Das im Kern unter Herzog Stephan II., dem zweitältesten Sohn Kaiser Ludwigs des Bayern, im Jahr 1363 wieder zu einer Einheit zusammengeführte Herzogtum Bayern wurde nach dessen Tod 1375 für fast 20 Jahre von dessen drei Söhnen Stephan III., Johann II. und Friedrich gemeinsam regiert, bevor die Konkurrenzkämpfe zunahmen. Im November 1392 erfolgte daher eine erneute Teilung des Herzogtums, aus der die Teilherzogtümer Bayern-Ingolstadt, Bayern-München und Bayern-Landshut hervorgingen. Diese Teilung zog schwerwiegende Folgen nach sich; denn dank der traditionellen Familienzwietracht der Wittelsbacher lieferte sie reichlich Anlässe zu einer Reihe von »Hauskriegen«, die ein ständiger Quell der Unruhe wurden und das Haus Wittelsbach weitgehend seiner außenpolitischen Bedeutung beraubten. Während die niederbayerischen Gerichte und Ämter – abgesehen vom Straubinger Ländchen – ungeteilt bei ihrem bisherigen Nutznießer, Herzog Friedrich, blieben, wurde Oberbayern von den Landständen in zwei nach fiskalischen Gesichtspunkten gleichwertige Hälften aufgeteilt. Es entstanden so jener verhältnismäßig kompakte Landesteil mit München als Hauptstadt und jener in mehrere Gebietsteile zerfallene Landesteil mit der Residenz Ingolstadt. Das Los entschied über die Vergabe. Herzog Johann II. erhielt Bayern-München, wohingegen Bayern-Ingolstadt an Herzog Stephan III. den Kneißl fiel. Aufgrund des ungünstigen Zuschnitts des Ingolstädter Herzogtums, das wegen seiner fehlenden Geschlossenheit schwer zu verwalten und zu verteidigen war, zeigten sich Herzog Stephan III. und sein Sohn Ludwig VII. im höchsten Maße unzufrieden. Dies führte zu gravierenden Zerwürfnissen und den eben genannten Hauskriegen, wofür in erster Linie Herzog Ludwig VII. der Gebartete verantwortlich war.

Der erste Hauskrieg, den Herzog Ludwig VII. gegen die Münchner Herzöge Ende Dezember 1394 begann, endete 1395 mit einem Ausgleich. 1398 brach der nächste Kleinkrieg zwischen Ingolstadt und München aus, bevor ihn ein Waffenstillstand im Dezember abschloss. Vier Jahre später folgte eine weitere militärische Auseinandersetzung zwischen den oberbayerischen Herzögen, die aber in der Wiederherstellung der alten Teilung von 1392 resultierte, was auch die oberbayerischen Landstände befürwortet hatten, deren Macht sich wegen des Familienstreits vergrößerte.

Seit 1405 richtete sich der Ärger Herzog Ludwigs VII. hauptsächlich auf die Landshuter Linie, an deren Anteil er jetzt mehr Anstoß nahm als an jenem der Münchner Verwandten. Nachdem er mit seinen Ansprüchen auf juristischem Weg gescheitert war, löste dies 1420 einen neuen Hauskrieg aus, bei dem die Münchner Vettern die Landshuter Linie unterstützten. Nach seiner Niederlage im September 1422 bei Alling in der Nähe von Fürstenfeldbruck musste Ludwig VII. in die Friedensvermittlung durch König Sigismund einwilligen.

Der nächste Streitpunkt war rasch gefunden, als das Straubinger Ländchen durch das Aussterben der Linie Straubing-Holland an die noch verbliebenen bayerischen Linien zurückfiel. Zu seiner maßlosen Enttäuschung musste Ludwig VII., der gehofft hatte, das Erbe im Ganzen zu bekommen, erleben, dass Kaiser Sigismund es 1429 unter den bayerischen Herzögen aufteilte, um den Frieden angesichts der akuten Hussitengefahr zu sichern. Ingolstadt wurde erneut nur Streubesitz zugewiesen.

Die kommenden Jahre waren wieder von zähen Verhandlungen und militärischen Auseinandersetzungen zwischen den Familienzweigen geprägt. Erst nachdem Ludwig der Gebartete 1443 durch seinen Sohn Ludwig VIII. gefangen gesetzt worden war, kehrte mehr Ruhe ein. Dass sein kinderloser Sohn vor ihm starb, brachte den alten Ingolstädter Herzog auch nicht in die Freiheit zurück.

Nach dem Tod des streitlustigen Herzogs Ludwig VII. Anfang Mai 1447 verstand es Herzog Heinrich XVI. von Bayern-Landshut, sich schnell dessen gesamtes Territorium ohne Rücksicht auf die Ansprüche des Münchner Herzogs Albrecht III. einzuverleiben. Im März 1448 setzte er bei König Friedrich III. seine Belehnung mit dem Teilherzogtum Bayern-Ingolstadt durch. Das Landshuter Herzogtum stieg damit zur dominierenden Macht im süddeutschen Raum auf. Dass es keinen offenen Kampf um das Ingolstädter Erbe gab, lag am Münchner Herzog Albrecht III., der es unter keinen Umständen dazu kommen lassen wollte, obwohl er im Recht war. Um den Streit um das Ingolstädter Erbe zu entschärfen, schloss Herzog Ludwig IX. der Reiche von Bayern-Landshut, der seinem Vater Heinrich XVI. 1450 nachfolgte, zu Beginn seiner Regierung einen Vertrag mit Herzog Albrecht III., der dadurch eine geringfügige Abfindung erhielt.

In der zweiten Hälfte des 15. Jahrhunderts gab es bloß noch die beiden Teilherzogtümer Bayern-München und Bayern-Landshut, die weitgehend friedlich nebeneinander bestanden. Das Landshuter Herzogtum brachte seinem Regenten dabei doppelt so viel an Einnahmen ein wie das Münchner Herzogtum seinem Fürsten. Nicht umsonst regierten in Landshut die sogenannten Reichen Herzöge, deren Reichtum sich hauptsächlich auf die Erträge der niederbayerischen Landwirtschaft gründete. Außerdem lag das Fürstentum günstig zu den internationalen Handelswegen. Auch die Reichenhaller Salzsieden lieferten gute Einkünfte. Nach der Einverleibung von Bayern-Ingolstadt flossen überdies die Gewinne aus den Rattenberger und Kitzbüheler Silberbergwerken nach Landshut. Der beachtliche Reichtum des dortigen herzoglichen Hauses spiegelte sich zum Beispiel in der mit enormem Aufwand zelebrierten Hochzeit von Herzog Georg, dem dritten und letzten der Reichen Herzöge, mit der polnischen Königstochter Hedwig im Jahr 1475. Doch auch die wenige Jahre vorher erfolgte Gründung der Ingolstädter Universität durch Herzog Ludwig IX. den Reichen kann als Beleg für den großen Wohlstand der niederbayerischen Herzöge verstanden werden.

Weil Herzog Georg der Reiche von Bayern-Landshut über keinen erbberechtigten Sohn verfügte, waren die Münchner Herzöge, seine nächsten Verwandten in männlicher Linie, gemäß der seit 1329 geschlossenen Haus- und Teilungsverträge seine Erben. Schon lange zuvor hatte die Sorge um das Erbrecht, das auf gar keinen Fall aufs Spiel gesetzt werden durfte, die Politik in München bestimmt. Um die Legitimität der Nachfolge nicht zu gefährden, nahm etwa Herzog Ernst von Bayern-München sogar einen Justizmord billigend in Kauf, als er 1435 die morganatische und nicht standesgemäße Ehefrau seines einzigen legitimen Sohnes Albrecht III., die angebliche Augsburger Baderstochter Agnes Bernauer, in der Donau ertränken ließ.

Mit dem Gedanken, dass ihn dereinst seine Münchner Verwandten beerben würden, konnte sich Herzog Georg von Bayern-Landshut gegen Ende seines Lebens überhaupt nicht anfreunden. Entgegen der Erbverträge und unter Nichtachtung des Reichslehenrechts setzte er 1496 durch ein privatrechtliches Testament seine Tochter Elisabeth und deren künftigen Ehemann Ruprecht, einen jüngeren Sohn des Pfälzer Kurfürsten, zu seinen Erben ein. Georg lag an einer Fortsetzung der eigenständigen niederbayerischen Staatlichkeit. Die Münchner Linie zeigte sich erwartungsgemäß nicht gewillt, auf das reiche Niederbayern, ihr angestammtes Erbe, zugunsten der Pfälzer Verwandtschaft zu verzichten. Schon bald nach Herzog Georgs Tod brach deshalb 1504 der Landshuter Erbfolgekrieg aus, der sich über mehrere Monate hinzog und sowohl in Bayern als auch in der Pfalz weiträumig für schwere Verwüstungen sorgte, bevor es im Februar 1505 zu einem Waffenstillstand kam. Mit dem »Kölner Schiedsspruch« vom 30. Juli 1505 endete der Krieg, der für die pfälzische Partei einen schlechten Verlauf genommen hatte, in einem Kompromiss. Das Erbe Georgs des Reichen wurde aufgeteilt. Der Hauptteil fiel den Münchner Herzögen zu, womit nach langer Zeit die Landeseinheit wiederhergestellt war. Für die beiden minderjährigen Söhne der inzwischen verstorbenen Landshuter Erbtochter Elisabeth und ihres ebenfalls verstorbenen Ehemannes Ruprecht, Ottheinrich und Philipp, wurde aus schwäbischen, oberpfälzischen und oberbayerischen Gebieten ein neues kleines Fürstentum nördlich der

Donau geschaffen, das spätere Herzogtum Pfalz-Neuburg. Die Territorien dieses Staates kamen erst im 18. Jahrhundert unter Kurfürst Karl Theodor wieder an Bayern. Außerdem gingen durch den Kölner Spruch recht beträchtliche Gebiete an den römisch-deutschen König Maximilian I., u. a. die von diesem im Vorfeld der innerwittelsbachischen Auseinandersetzung geforderten drei Gerichte Kufstein, Rattenberg und Kitzbühel. Der Habsburger hatte damit äußerst erfolgreich in der Rolle eines Schiedsrichters in den internen Machtkampf der Wittelsbacher eingreifen und seinen Herrschaftsbereich auf deren Kosten weiter ausdehnen können. Das Gesamthaus Bayern, ein gefährlicher Rivale der Habsburger auf Reichsebene, ging aus dem Krieg geschwächt hervor.

Ein Jahr nach dem Ende des unseligen Erbfolgekriegs wurde am 8. Juli 1506 zwischen Herzog Albrecht IV. und seinem kinderlosen jüngeren Bruder Herzog Wolfgang ein Vertrag geschlossen, der für Bayerns weitere Entwicklung von größter Tragweite war. Dieser Vertrag, der als sogenanntes Primogeniturgesetz in die Geschichte einging und von den Landständen Ober- und Niederbayerns mitbesiegelt wurde, sah für die Zukunft die Unteilbarkeit des Herzogtums vor. Albrecht IV. setzte damit seine schon früher vertretene Auffassung durch, dass sich für das Haus und Fürstentum Bayern »nichts Besseres und Füglicheres erfinden lasse, als daß dasselbe [...] in eines einzigen Fürsten [...] Gewalt und Regierung komme«. Landesteilungen wie auch der Vorstellung von einer gemeinsamen Regierung, die sich in der Vergangenheit nur selten bewährt hatte, erteilte Albrecht IV. hierdurch eine deutliche Absage. Er verfolgte eine neuzeitlichere Anschauung des Staates. Lediglich der jeweils älteste Sohn des regierenden Herzogs war nun laut diesem Vertrag als Erbe des Fürstentums vorgesehen, über das er allein regieren sollte. Die jüngeren Söhne sollten sich mit dem Grafentitel und einer jährlichen Apanage zufriedengeben. Für die nachgeborenen Prinzen des Hauses bot sich aus diesem Grund im Allgemeinen bloß noch die Chance auf einen fürstlichen Rang, wenn sie in den geistlichen Stand eintraten und das Amt eines Fürstbischofs erlangten.

Ludwig VII., der Gebartete

* 1368
† 1447 in Burghausen

Herzog von Bayern-Ingolstadt

Unter den drei Herzögen des lediglich 55 Jahre bestehenden Teilherzogtums Bayern-Ingolstadt stellt Ludwig VII. sicher die interessanteste Persönlichkeit dar, aufgrund seiner zum Teil sehr widersprüchlichen Züge. Er selbst sah sich als »der eltist und wirdigst fürst von Bayrn«. Zu seinem Beinamen »der Gebartete« oder »der Bärtige« verhalf ihm sein nach französischer Mode getragener Bart, der offenbar in Bayern beeindruckte.

Das genaue Geburtsdatum und der Geburtsort Ludwigs VII., des einzigen legitimen Sohnes und Erben aus Herzog Stephans III. erster Ehe mit Thaddäa Visconti, einer reichen Mailänder Herzogstochter, ist nicht bekannt. Sein Vater, dem man wegen seiner Prachtliebe den Beinamen »der Kneißl« verlieh, war der erste Herzog des ziemlich zersplitterten Herzogtums Bayern-Ingolstadt, das aus der Teilung von 1392 hervorgegangen war. Schon früh war Ludwig an der väterlichen Regierung beteiligt, mit der er aber schließlich immer weniger übereinstimmte. Zu Beginn engagierte er sich – noch ganz den Bahnen der väterlichen Politik folgend – für die italienischen Interessen seines Hauses. Das angedachte Ehebündnis mit dem Königreich Neapel ließ sich allerdings nicht realisieren. Wie sein Vater gehörte er zu den Unterstützern seines Pfälzer Verwandten Ruprecht bei der Wahl zum römisch-deutschen König, bevor er sich wenige Jahre später von diesem wieder abwandte.

Ähnlich wie sein Vater Stephan III. zeigte sich auch Ludwig mit dem Zuschnitt des Ingolstädter Landes äußerst unzufrieden und sah seine Linie gegenüber den Münchner und Landshuter Herzögen nicht zu Unrecht benachteiligt. Die daraus resultierenden heftigen Familienstreitigkeiten, bei denen Ludwig seinen Vater immer mehr in den Hintergrund zu drängen wusste, sorgten nicht nur ständig für politische Spannungen, sondern steigerten sich zeitweise sogar bis zur militärischen Gewaltanwendung. Trotz aller dabei an den Tag gelegten Rücksichtslosigkeit waren Ludwigs verschiedene über die Jahre hinweg unternommenen Versuche, eine Änderung zugunsten Ingolstadts herbeizuführen, letztlich zum Scheitern verurteilt.

Größten Einfluss auf Ludwigs Leben übten mehrere langjährige Aufenthalte in Frankreich aus. Seit seine Schwester Elisabeth, besser bekannt als Isabeau, 1385 König Karl VI. von Frankreich geheiratet hatte, verbrachte er einen Großteil seiner Zeit am dortigen Königshof. Vor allem anfänglich trieb ihn hierbei die Hoffnung an, in Frankreich zu »Ehre und Gut« zu gelangen. Als während seines ersten Aufenthalts von 1391 bis 1393 bei seinem Schwager Karl eine Geisteskrankheit ausbrach, die diesen nahezu ganz in seiner Regierungsfähigkeit einschränkte, wurde Ludwig in den vierköpfigen Vormundschaftsrat berufen. Ab 1402 lebte er sogar hauptsächlich in Frankreich, das seit Ausbruch der schweren Krankheitsschübe seines Königs von bürgerkriegsartigen Kämpfen erschüttert wurde. Schuld daran waren die Rivalitäten unter König Karls männlichen Verwandten. Nach der Ermordung Ludwigs von Orléans, des Bruders des Königs, im November 1407 nahm Ludwig der Gebartete als engster Vertrauter seiner Schwester und als Mitglied des königlichen Rats eine immer wichtigere Position am französischen Hof ein. 1408 wurde er zum Gouverneur des Hofes des Thronfolgers bestellt. Zwei Jahre später wurde er mit der reichen Herrschaft Marcoussis und den dazugehörigen Seigneurien im Süden von Paris belehnt. Dank seiner üppigen französischen Einkünfte konnte er von seinem Vater verpfändete Besitzungen wieder einlösen, neue Orte erwerben und auf diese Weise zu einer größeren Geschlossenheit des Ingolstädter Herzogtums beitragen. Zu Ludwigs einflussreicher Stellung am französischen Königshof trugen auch seine zwei Eheschließungen bei, die ihn eng mit dem französischen Hochadel verbanden: 1402 heiratete er Anna von Bourbon und nach deren Tod 1413 Katharina von Alençon. Beide Frauen waren Verwandte des Königshauses und Hofdamen seiner Schwester Elisabeth. Jede brachte Ludwig eine reiche Mitgift ein, was zusammen mit den Einnahmen aus seinen französischen Staatsämtern und Kronlehen seinen Reichtum begründete. Anfangs bemühte er sich um eine neutrale Haltung zwischen den um die Macht kämpfenden Parteien der Burgunder und der Orleanisten (Armagnaken). Nachdem er jedoch 1413 für einige Zeit im Louvre inhaftiert war und zeitweise sogar befürchten musste, hingerichtet zu werden, positionierte er sich gegen die Burgunder, die gegen ihn intrigierten. 1415 kehrte er der französischen Politik endgültig den Rücken und kam für immer in das Heilige Römische Reich zurück. Seine Ehefrau Katharina beließ er dabei in Paris und zeigte sich auch später nicht bereit, sie an seinen Hof zu holen.

Auf dem Konzil von Konstanz führte Herzog Ludwig VII., der nach dem Tod seines Vaters 1413 die Herrschaft in Bayern-Ingolstadt übernommen hatte, zunächst noch die französische Delegation an. Das Konzil wurde zu einem Wendepunkt in seinem Leben. Hier kulminierte der ständige Streit mit seinem Vetter, Herzog Heinrich dem Reichen von Bayern-Landshut, über die Teilung von 1392. Mit seiner Streitsucht und seinem Mangel an Bereitschaft zur Aussöhnung mit den Verwandten erreichte der Ingolstädter vor allem, dass sich während des Konzils viele deutsche Fürsten unter der Federführung des Landshuter Herzogs in der Konstanzer Liga 1415 zu einem Defensivbündnis gegen ihn zusammenfanden. Ihre Mitglieder reichten von Innerösterreich bis in die Kurpfalz. Ludwig war damit politisch nahezu gänzlich isoliert. Im Herbst 1417 ließ sich der Ingolstädter, der in Konstanz eine weitere Prozessniederlage hinnehmen musste, in seinem Zorn dazu hinreißen, den Landshuter Herzog in Gegenwart von König Sigismund und anderen hohen Adeligen auf einem Bankett wüst als einen Bastard zu beschimpfen. Der tödlich beleidigte Heinrich XVI. sann auf Rache und ließ einen Mordanschlag auf Ludwig den Gebarteten verüben, den dieser schwer verwundet überlebte. Seither bestand nur mehr blanker Hass zwischen den beiden Fürsten, wodurch sich der bayerische Hausstreit zusätzlich verschärfte. Ludwig bezeichnete den Vetter danach als »Heinrich, der fahrige Mörder, der sich nennet Herzog von Bayern«.

Der Konflikt zwischen Ludwig und der Konstanzer Liga entlud sich 1420 im sogenannten Bayerischen Krieg. Nach zwei Kriegsjahren, die ohne militärische Entscheidung blieben, aber zur Zerstörung zahlreicher Dörfer und Verwüstung weiter Landstriche führten, endete die Auseinandersetzung mit der Ingolstädter Niederlage in der Schlacht bei Alling am 19. September 1422. Herzog Ludwig VII. war gezwungen, sich der Gnade des römisch-deutschen Königs Sigismund zu unterwerfen, an dessen Hof er sich die nächsten Jahre aufhielt. Sein Herzogtum wurde in dieser Zeit einem königlichen Landeshauptmann unterstellt.

Die langen am französischen Königshof verbrachten Jahre wirkten sich auf Ludwigs Herrschaftspraxis im Herzogtum Bayern-Ingolstadt aus. Die dort kennengelernte moderne Verwaltungsform nahm er sich zum Beispiel. Zur besseren Aufzeichnung des herzoglichen Besitzes ließ er neue Urbarbücher erstellen. Naturalleistungen wurden in Geldabgaben überführt. Vollkommen neu war die Einführung der eigenhändigen Unterschrift; denn nach französischem Vorbild unterzeichnete Ludwig nun die auf seinen Namen ausgestellten Urkunden mit seinem Vornamen. Die von ihm zielstrebig umgesetzten Verwaltungsreformen stießen bald auf Widerstand bei den Landständen und vor allem bei den Klöstern, die sich gegen die Umwandlung der dinglichen Leistungen in Geldabgaben wehrten. Während seiner gesamten Regierungszeit sah sich der Herzog daher mit Prozessen überzogen. Die Beschneidung der Rechte der Klöster brachte ihm den Kirchenbann und zuletzt die Reichsacht ein.

Von Ludwigs umfangreicher Bautätigkeit profitierten seine Land- und Amtsstädte, besonders aber seine Hauptstadt Ingolstadt, die er zu einem Zentrum höfischer Kunst und Kultur umgestalten wollte. Ab 1417/18 ließ er das Neue Schloss erbauen. Hinzukam ab 1425 der Bau des kathedralartigen Liebfrauenmünsters, das als Familiengrablege für die Linie Ingolstadt vorgesehen war und von ihm mit liturgischen Stiftungen reich ausgestattet wurde. 1434 gab Ludwig VII. bei dem bedeutenden Ulmer Bildhauer Hans Multscher seine eindrucksvolle Grabplatte in Auftrag, die allerdings bloß bis zum Entwurf gedieh.

Eine tragische Wendung nahm sein Leben, als sich das Verhältnis zu seinem einzigen legitimen Sohn und Erben Ludwig dramatisch verschlechterte. Dieser jüngere Ludwig, der aus der ersten Ehe Ludwigs des Gebarteten mit Anna von Bourbon stammte, sollte wegen einer Wirbelsäulenverkrümmung als Ludwig der Bucklige in die bayerische Geschichte eingehen. Offenbar stand Herzog Ludwig VII. sein unehelicher, aber körperlich wohlgeformter Sohn Wieland von Freyberg näher als sein missgestalteter Nachfolger. Der Herzog setzte Wieland nämlich nicht nur als Kammermeister ein und versah ihn großzügig mit Besitz, sondern plante sogar, ihn zum Miterben zu bestimmen. Als weitere Belastung kam dazu, dass der nüchtern abwägende Ludwig der Bucklige nicht mehr bereit war, die bedenkliche väterliche Politik länger hinzunehmen. Ihm lag an einer Verständigung mit den Gegnern seines Vaters, um den ständigen Konflikt zu beenden. Die Differenzen zwischen dem alten Herzog und seinem offiziellen Erben mündeten 1439 in die offene Rebellion Ludwigs des Buckligen. Der Herzogssohn fand dabei Unterstützung bei Herzog Albrecht III. von Bayern-München sowie bei dem Markgrafen Friedrich von Brandenburg-Ansbach und seinen Söhnen. Der Hohenzoller Friedrich bot ihm zudem seine Tochter Margarete als Ehefrau und die Rückgabe all jener Gebiete an, die er im Krieg gegen Herzog Ludwig den Gebarteten gewonnen hatte. Herzog Ludwig VII. musste erleben, dass sowohl seine Hauptstadt Ingolstadt als auch weitere Städte und Märkte zu seinem Sohn hielten, indem sie sich für neutral erklärten. Der Kleinkrieg zwischen den Parteien nahm trotz des Todes von Wieland von Freyberg im Jahr 1439 seinen jahrelangen Fortgang. 1443 gelang es Ludwig dem Buckligen mit der Hilfe seines Schwagers, des Markgrafen Albrecht Achilles von Brandenburg-Ansbach, Neuburg an der Donau, wohin sich sein Vater zurückgezogen hatte, in die Hand zu bekommen und diesen gefangen zu setzen. Lange konnte sich Ludwig VIII. nicht seiner Herzogswürden erfreuen, da er bereits am 13. April 1445 kinderlos starb. Ludwig VII. kam dadurch nicht wieder frei; denn gegen eine Erstattung seiner Kriegskosten und die Witwenversorgung seiner Schwester Margarete »verkaufte« Markgraf Albrecht Achilles den alten Herzog 1446 an den Landshuter Herzog Heinrich. Ludwig der Gebartete lebte seitdem als Gefangener seines langjährigen Erzfeindes auf dessen Festung in Burghausen. Weder die Bemühungen der Ingolstädter Landschaft noch die Proteste des französischen Königs Karl VII. brachten ihm wieder die Freiheit. Hauptsächlich lag dies allerdings an seiner beharrlichen Weigerung, für seine Freilassung zu zahlen. Auch seine Landschaft wies er an, für ihn »weder Heller noch Pfennig« zu zahlen. Am 2. Mai 1447 starb Herzog Ludwig VII. daher auf der Burghausener Festung. Trotz reger Bautätigkeit und ständiger Kriegsbereitschaft hinterließ er anders als sein Vater, der ihm hohe Schulden vermacht hatte, einen reichen Staatsschatz. Herzog Heinrich der Reiche von Bayern-Landshut wusste die Gunst der Stunde zu nutzen, um das Ingolstädter Erbe rasch – unter Missachtung der Ansprüche des Münchner Herzogs Albrecht – an sich zu bringen.

Elisabeth (Isabeau)

* 1370 wohl in München
† 1435 in Paris

Königin von Frankreich

Das von Glanz und Elend gleichermaßen geprägte Leben der bayerischen Prinzessin Elisabeth, die Frankreich als Königin Isabeau phasenweise stellvertretend für ihren geisteskranken Ehemann König Karl VI. in einer unruhigen und intrigenreichen Krisenzeit regierte, erfuhr in der Nachwelt meist eine negative Beurteilung. Zwar inspirierte sie jahrhundertelang Literaten und Künstler, doch häufig diente sie dabei lediglich als lasterhaftes Gegenbild zu der zu einer Lichtgestalt verklärten französischen Nationalheiligen Jeanne d'Arc, der Jungfrau von Orléans. Ihren Anfang nahm die schwarze Legende schon im Jahr 1405, als sich die öffentliche Meinung in Frankreich gegen die Königin stellte.

Elisabeth kam 1370 wohl in München zur Welt. Ihre Eltern waren Herzog Stephan III. von Bayern-Ingolstadt, dem man wegen seiner ausgeprägten Prachtliebe den Beinamen »der Kneißl« verlieh, und Thaddäa Visconti, eine Mailänder Fürstentochter. Über ihre Kindheit und Jugend ist kaum etwas bekannt. Nachdem eine erste Anfrage aus Frankreich 1383 abgelehnt worden war, wurde die Prinzessin im Alter von 15 Jahren aus dynastisch-politischen Erwägungen am 17. Juli 1385 mit dem noch nicht mündigen französischen König Karl VI. in der Kathedrale von Amiens verheiratet. Der junge Valois-König zeigte sich von seiner schönen Braut entzückt, obwohl sie bei ihrer Ankunft in Frankreich nicht des Französischen mächtig war. Das jugendliche Königspaar stimmte vor allem in seiner Leidenschaft für prunkvolle höfische Spiele und Feste bestens überein, sodass sich die Verbindung anfänglich offenbar glücklich entwickelte. Aus der Ehe entstammten insgesamt zwölf Kinder, die zwischen 1386 und 1407 geboren wurden. Neun ihrer Kinder verlor Isabeau jedoch bereits früh.

1388 übernahm Karl VI. selbst die Regierung, erwies sich aber als sprunghafte und labile Persönlichkeit. Im August 1389 erfolgte Isabeaus unter großem Prachtaufwand zelebrierter offizieller Einzug in Paris, wo sie in der Sainte-Chapelle gekrönt wurde. Abgerundet wurde der prächtige Empfang durch ein mehrtägiges Festprogramm. In den Anfangsjahren ihrer Ehe hielt sich die Königin entsprechend den Gepflogenheiten der Zeit von den Staatsgeschäften fern. Ihr Interesse galt hauptsächlich der Kunst und Literatur. Zu den von ihr geförderten Künstlern gehörte auch die berühmte Dichterin und frühe Frauenrechtlerin Christine de Pizan, die ihr einzelne Werke widmete.

Im Sommer 1392 machten sich bei König Karl VI. erstmals Anfälle von Wahnsinn in der Öffentlichkeit bemerkbar, die ihn bis an sein Lebensende immer öfter heimsuchen sollten. Isabeau sah sich in dieser kritischen Situation von den Onkeln des Königs beiseitegeschoben. Ihr und ihren Kindern drohte die Gefahr, zum Spielball der um die Macht rivalisierenden Herzöge zu werden. 1393 ordnete der vorübergehend wieder genese König an, dass seine Gemahlin die Vormundschaft über die gemeinsamen Kinder bekommen sollte. Unterstützt werden sollte sie dabei von den drei Onkeln des Königs, den Herzögen von Burgund, Berry und Anjou, von dem jüngeren Bruder des Königs, Herzog Ludwig von Orléans, und von ihrem eigenen Bruder, Herzog Ludwig (VII.) »dem Gebarteten« von Bayern-Ingolstadt. Außerdem wurden der Königin zu ihrer Absicherung umfangreiche Ländereien als Witwenapanage zugesprochen. Dank dieser Regelungen erhielt Isabeau eine gefestigte Position für die Zukunft. Von der Regierungsverantwortung wurde sie zunächst ausgeschlossen. Erst im März 1402 wurde ihre Machtstellung weiter ausgebaut, als sie mit der Vertretung ihres Gatten in den Zeiten seiner Krankheitsschübe betraut wurde: »[...] im Falle der Abwesenheit des Königs oder einer anderen Verhinderung [...], will und befiehlt der König, daß von jetzt ab und in diesem Fall [...] und während der ganzen Dauer der Abwesenheit oder der anderen Verhinderung des Königs alles so gemacht würde, als wenn er in Person anwesend wäre.

Und um dies zu tun, gibt er von jetzt an und für immer der Königin volle Gewalt und Autorität.« Etwas später wurden Isabeau auch die Oberaufsicht über die Finanzverwaltung sowie die Aufsicht über die Krondomänen übertragen. Im April 1403 erhielt sie noch den Vorsitz im Kronrat. Bei der Leitung der Regierung wurde sie von den Herzögen unterstützt. Es handelte sich dabei jedoch um eine Regentschaft, die stets nur dann galt, wenn König Karl VI. geistig umnachtet war, ansonsten lag die Staatsgewalt bei ihm.

Im April 1404 starb Herzog Philipp II. der Kühne von Burgund, der bisher mit großem taktischen Geschick die Politik am französischen Königshof dominiert hatte. Danach nahm der Machtkampf zwischen den Herzögen von Burgund und Orléans sowie ihren jeweiligen Anhängern am Königshof eine neue Dimension an. Als Bruder des Königs gedachte Ludwig von Orléans nun seinen Regierungsanspruch durchsetzen zu können. Die Königin, die auf einen einflussreichen Unterstützer angewiesen war, wandte sich ihrem Schwager zu. Ludwigs schlechter Ruf als hemmungsloser Spieler und Verschwender sowie als Frauenheld schadete allerdings Isabeaus Ansehen und gab Anlass zu allerlei Gerüchten über ihr Verhältnis zueinander. Der Verfasser der Chronik von Saint-Denis etwa monierte: »Sie vergaßen so sehr die Regeln und Pflichten des Königtums, daß sie für Frankreich zum Gegenstand eines Skandals und für fremde Länder zum Märchen geworden waren.« Tatsächliche Beweise für eine Liaison existieren nicht. Erstmals wurden der Wittelsbacherin von ihren Gegnern Sittenlosigkeit, Verschwendungssucht und Frivolität vorgeworfen.

Der Streit zwischen den Häusern Burgund und Orléans eskalierte im November 1407, als der neue Herzog von Burgund, der äußerst ehrgeizige Johann Ohnefurcht, seinen politischen Widersacher Ludwig von Orléans durch einen Mordanschlag ausschalten ließ. Isabeaus engster Vertrauter wurde danach ihr drei Jahre älterer Bruder Herzog Ludwig, der sich in den Jahren 1407 bis 1415 meistens in Paris aufhielt und sie in ihrer Regierung mit wechselnden Allianzen unterstützte. Der Bayernherzog zählte dadurch zu den bestimmenden Figuren am Königshof. Um 1410 nahm die

Auseinandersetzung zwischen den beiden politischen Lagern bürgerkriegsähnliche Formen an. Weite Teile Frankreichs wurden verwüstet, die Bevölkerung war Willkür und Gewalt ausgesetzt. Isabeau hatte dieser Entwicklung mit ihren unermüdlichen Vermittlungsbemühungen wenig entgegenzusetzen.

Die chaotischen Zustände in Frankreich stellten für den englischen König Heinrich V. aus dem französischstämmigen Haus Plantagenet geradezu eine Einladung zum Griff nach der französischen Krone dar. Ihm schwebte eine Vereinigung der beiden Länder in seiner Hand vor. Der seit 1337 mit Unterbrechungen andauernde Hundertjährige Krieg zwischen England und Frankreich erfuhr deshalb im Sommer 1415 seine Fortsetzung, als Heinrich mit seinen Truppen in Frankreich landete. Am 25. Oktober 1415 unterlag das zahlenmäßig weit überlegene französische Heer den Engländern in der Schlacht von Azincourt. Der bisher neutral gebliebene Herzog Johann von Burgund schloss mit England einen Bündnispakt gegen Frankreich. 1417 wurde Königin Isabeau, unter dem Verlust aller Vollmachten, von der orléanistischen Partei nach Tours verbannt. Ihr einziger damals noch lebender Sohn Karl, der Dauphin, wurde mit der Regentschaft in Vertretung des Königs und dem Vorsitz im Kronrat betraut. Der burgundische Herzog Johann Ohnefurcht befreite die Königin aus ihrer Gefangenschaft, die wieder die Regentschaft für sich reklamierte. Sie war nun aber dem Burgunder Herzog verpflichtet. Der Dauphin, der sich inzwischen völlig von seiner Mutter distanzierte, bildete daraufhin eine Gegenregierung in Bourges.

Isabeaus Bemühungen um Friedensverhandlungen wurden 1419 durch den Mord an Herzog Johann Ohnefurcht zunichtegemacht. Als Drahtzieher hinter dieser Tat vermutete die Königin ihren Sohn Karl. Der Bürgerkrieg ging weiter, sodass kein Widerstand gegen die englische Übermacht möglich war. Der neue Herzog von Burgund, Philipp III. der Gute, der nach Burgunds Unabhängigkeit von Frankreich strebte, suchte das Bündnis mit Englands König Heinrich. Da sich das französische Königspaar in vollständiger Abhängigkeit von der burgundischen Schutzmacht sah, wurde in Troyes am 21. Mai 1420 ein Vertrag unterzeichnet, der den englischen Herrscher zum Regenten für den geisteskranken Karl VI. einsetzte und ihm den Anspruch auf Frankreichs Thron nach dessen Tod bestätigte. Auf diese Weise sollte eine englisch-französische Doppelmonarchie begründet werden. Der französische Thronfolger, der nachmalige Karl VII., wurde enterbt. Isabeau wurde die Beibehaltung ihres Rangs und ihrer Privilegien auf Lebenszeit zugesichert. Kurze Zeit später heiratete Heinrich V. die jüngste Tochter des französischen Königspaares, Katharina von Valois. Die Zustimmung Isabeaus zu dem Vertrag von Troyes war der letzte politische Akt von Bedeutung, den sie vollzog und der ihr Ansehen endgültig schädigte. Ihr »Verrat« an ihrem Sohn Karl ruinierte ihre Reputation über weite Strecken in der französischen Nationalgeschichtsschreibung zur Gänze.

Mit den knapp hintereinander erfolgten Toden des englischen Königs Heinrich V. und des französischen Königs Karl VI. im Jahr 1422 trat Isabeau von der politischen Bühne ab, weil sie jetzt über keinerlei Einfluss mehr verfügte. Die einst in ihrer Jugend wegen ihrer Schönheit gefeierte Fürstin hatte sich inzwischen längst zu einer unförmigen und wenig attraktiven Matrone gewandelt. Ihren Lebensabend verbrachte sie zurückgezogen und verarmt in Paris, wo sie am 30. September 1435 verstarb. Sie wurde in der alten Königsgrablege in Saint-Denis an der Seite ihres früher verstorbenen Ehemannes beerdigt.

Georg, der Reiche

* 1455 in Landshut
† 1503 in Ingolstadt

Herzog von Bayern-Landshut

Der am 15. August 1455 geborene Herzog Georg, einziger Sohn von Herzog Ludwig IX. und der sächsischen Kurfürstentochter Amalia, war der letzte Vertreter der sogenannten Reichen Herzöge von Bayern-Landshut. Bis zu seinem 13. Geburtstag erfolgte Georgs Erziehung in erster Linie bei seiner Mutter, die in Burghausen residierte. Danach holte Herzog Ludwig seinen Erben nach Landshut, wo er ihn in die Regierungsgeschäfte einweisen und ihm 1470 durch die Landstände huldigen ließ.

Fünf Jahre später fand Mitte November Georgs prunkvolle Hochzeit mit Hedwig, einer Tochter des polnischen Königs Kasimir IV., statt. Das junge Paar, das sich an seinem Hochzeitstag zum ersten Mal persönlich sah, benötigte anfänglich einen Dolmetscher, um sich verständigen zu können. Herzog Ludwig hatte für seinen Sohn nach einer eindrucksvollen Eheverbindung mit einer europäischen Großmacht gesucht. Ungewöhnlicherweise orientierte er sich nach Osten, was bei den auswärtigen Eheschließungen der Wittelsbacher im 15. Jahrhundert unüblich war. Georgs Verehelichung mit einer Prinzessin aus dem polnischen Königsgeschlecht der Jagiellonen stellte für die Landshuter Herzöge einen enormen Reputationsgewinn dar. An dem Hochzeitsfest in Landshut nahm außer den fürstlichen Nachbarn und der gesamten Wittelsbacher Verwandtschaft auch Kaiser Friedrich III. mit seinem Sohn Maximilian teil. Die einwöchigen Feierlichkeiten schlugen mit 60 766 rheinischen Gulden und 73 Pfennigen zu Buche, was weit über den jährlichen Einnahmen des Landshuter Herzogtums lag. An dieses Großereignis des ausgehenden Mittelalters wird in Landshut seit 1903 mit der »Landshuter Hochzeit

1475« gedacht, einem mehrwöchigen Historienspektakel. Aktuell geht das historische Fest alle vier Jahre vonstatten. 2018 wurde es in das »Bundesweite Verzeichnis des Immateriellen Kulturerbes« aufgenommen.

Wie einst seine Mutter residierte auch Georgs Gattin Hedwig meist in Burghausen, wo sie eine eigene und aufwendige Hofhaltung unterhielt. Von den Kindern des Herzogspaares blieben nur zwei Töchter am Leben. Angeblich neigte Georg zu außerehelichen Affären. Bekannt ist eine Favoritin namens Anna Grünbacher, der er testamentarisch das Schloss Zangberg bei Mühldorf hinterließ. Für die gemeinsame Tochter bestimmte er ein Heiratsgut in Höhe von 1000 Gulden.

Der große Reichtum der niederbayerischen Herzöge, die über eine sehr effiziente Finanzverwaltung verfügten, basierte hauptsächlich auf den Erträgen aus der Landwirtschaft ihres Herzogtums sowie auf Zolleinnahmen. Hinzukamen noch die Erträge der Rattenberger Silberbergwerke. Als Georg nach dem Tod seines Vaters Ludwig IX. im Januar 1479 die Regierung antrat, führte er ein straffes Regiment. Bereits 1482 erließ er eine Gerichtsordnung. 1491 folgte eine neue Landesordnung, die zehn Jahre später grundlegend ergänzt wurde. Sie regelte das Verhältnis zwischen der Obrigkeit und dem Land. Nicht so sehr positiv zu bewerten ist dagegen sein oft kleinlicher Geiz, der ihm und seinem Herzogtum letztlich nachteilig war.

Am 22. Mai 1480 ließ sich der junge Herzog in Wien persönlich von Kaiser Friedrich III. mit dem Herzogtum Bayern-Landshut belehnen. Der Kaiser bewilligte ihm darüber hinaus weitere Privilegien und Ehren. Weniger Erfolg war Georgs Vorhaben beschieden, den Habsburger mit dessen Gegner, dem ungarischen König Matthias Corvinus, auszusöhnen. Ebenso wenig konnte er ihn für einen gemeinschaftlichen Feldzug gegen die Türken gewinnen. Von vornherein gab es zwischen ihnen Differenzen um die Hochstifte Salzburg und Passau, in denen sowohl Georg als auch der Kaiser nach Einfluss strebten. Hier war es dem Landshuter kurze Zeit nach seinem Regierungsantritt gelungen, seinen Kanzler Friedrich Mauerkircher als Bischof von Passau gegen den Kandidaten des Kaisers durchzusetzen.

In den nächsten Jahren wandte sich Georg seinem Verwandten Herzog Albrecht IV. von Bayern-München zu. Die beiden Herzöge wirkten auf außenpolitischem Gebiet eng zusammen und verfolgten eine gemeinsame Hausmachtpolitik zulasten der Habsburger. 1485 setzten sie sich für den möglichen Fall, ohne legitime Söhne zu bleiben, gegenseitig als Erben ein. Verheißungsvolle Aussichten auf beträchtlichen Landgewinn zeichneten sich ab, als sie dem kinderlosen und hoch verschuldeten Herzog Sigmund von Tirol große Summen Geldes zur Verfügung stellten, die dieser nie würde zurückzahlen können. Der Besitz von Tirol, Vorderösterreich und der Markgrafschaft Burgau schien für sie damit in greifbare Nähe zu rücken. Ende 1486 zeigte sich der senile Habsburger zum Verkauf bereit. Für 52 000 Gulden konnte Georg die Markgrafschaft Burgau und Günzburg erwerben. Wenig später ging der Rest der habsburgischen Vorlande für 50 000 Gulden gemeinsam an die beiden Herzöge Albrecht und Georg. In Tirol durchkreuzten die Stände jedoch ihre Pläne, indem sie unter Aufbietung aller Kräfte und durch die Aufnahme von Krediten alle bayerischen Forderungen beglichen. Georg, der sich inzwischen in einen Kleinkrieg mit dem Schwäbischen Bund verstrickt hatte, zog es nun vor, zu einem Übereinkommen mit dem Kaiser zu kommen und Albrecht sich selbst zu überlassen. Georg zahlte Friedrich III. 36 000 Gulden und verzichtete auf die Markgrafschaft Burgau, die aus eigenen Mitteln die notwendige Pfandsumme beschafft hatte und wieder habsburgisch wurde. Auch seinen Anteil an den Vorlanden gab der Landshuter auf. Seit 1489 gingen die zwei bayerischen Herzöge getrennte Wege, was sich zudem in einer Unterstützung König Maximilians I. durch Georg niederschlug. Zur Entfremdung zwischen den beiden Wittelsbachern hatte auch die Heirat Albrechts IV. beigetragen, der 1487 Erzherzogin Kunigunde, die einzige Tochter Kaiser Friedrichs III., geheiratet hatte. Als Albrecht Vater lebensfähiger Söhne wurde, fühlte sich Herzog Georg, dessen Söhne bereits verstorben waren, offenbar in seinen Erwartungen getäuscht.

Mit seinem Testament vom September 1496 vollzog Georg einen grundlegenden Politikwechsel gegenüber Albrecht IV., den er nun nicht mehr als Erben vorsah. Er vertrat die Meinung, die

Münchner sollten lieber eine Pferdekrankheit als »einen Pfennig meins Guts« bekommen. Georgs Testament begünstigte jetzt die Pfälzer Verwandtschaft. Einer der Söhne des Pfälzer Kurfürsten Philipp des Aufrichtigen sollte Georgs Tochter Elisabeth heiraten und laut testamentarischer Verfügung dann dessen Nachfolge im niederbayerischen Herzogtum antreten. Mit diesem Vorhaben verstieß Georg gegen die innerbayerischen Erbverträge von 1392 und 1450. Außerdem war die Weitergabe eines Reichsfürstentums in weiblicher Linie nur mit der ausdrücklichen Zustimmung des Reichsoberhaupts möglich. Mit einer solchen im Erbfall eintretenden pfälzischen Vormachtstellung in Süddeutschland wäre König Maximilian I. allerdings niemals einverstanden gewesen. Trotz dieser absehbaren Konfliktsituation kam es 1499 zur Heirat von Prinzessin Elisabeth mit Pfalzgraf Ruprecht, der eigentlich für eine geistliche Laufbahn vorgesehen gewesen war. Eine vorzeitige Mitregierung seines Schwiegersohnes, der überdies sein Neffe war, lehnte Georg freilich ab, obwohl dies unter Umständen den Erbschaftsübergang hätte erleichtern können. Um sicherzugehen, dass Georgs jüngere Tochter Margarete keinen Anknüpfungspunkt für Erbansprüche bieten konnte, hatte man für diese vorsorglich ein Leben als Nonne bestimmt. Im Alter von 13 Jahren kam sie in das Dominikanerinnenkloster Altenhohenau am Inn. In späteren Jahren lebte diese letzte Vertreterin der Linie Bayern-Landshut im Benediktinerinnenkloster in Neuburg an der Donau.

Dass sein Testament voraussichtlich auf Widerstand stoßen würde, war Herzog Georg bewusst, denn er ließ sein Herzogtum auf einen kriegerischen Konflikt vorbereiten und Truppen werben. Zwischen 1500 und 1503 verfügte er sechs Rüstungsausschreiben. Ungeachtet der heraufziehenden Kriegsgefahr bekräftigte er die Erbfolgeregelung von 1496 nochmals unmittelbar nach dem Tod seiner Gattin Hedwig mit einer Urkunde vom März 1502. Mit diesem politischen Kurs waren nicht alle seine Räte einverstanden. Seinen bewährten langjährigen Kanzler Wolfgang Kolberger, der Georgs Plänen offenbar ebenfalls nicht zustimmte, ließ der misstrauische Herzog an Ostern 1502 kurzerhand verhaften und ohne Verurteilung einkerkern. Kolberger kam erst nach 17 Jahren Haft wieder frei.

Georg, der früher mit Begeisterung an Ritterturnieren teilnahm, litt gegen Ende seines Lebens unter schweren gesundheitlichen Beeinträchtigungen. Ende September 1503 verließ der 48-jährige Herzog daher Landshut, um nach Wildbad im Schwarzwald zu reisen, wo er sich von den dortigen Thermalquellen »hilff und bessrung [...] seiner swaheit« erhoffte. Wegen der rapiden Verschlechterung seines Zustands musste die Reise abgebrochen werden. Man brachte ihn stattdessen in die Nebenresidenz Ingolstadt, wo er am 1. Dezember 1503 starb. Bei der Sektion wurde festgestellt, dass Georgs Herz gesund war, seine Leber sah aber laut dem Ingolstädter Stadtschreiber Andreas Zayner aus, »als sey sy ersotten und foller beser blattern [Blasen, Wucherungen] gewesen«. Seinen Schwiegersohn Ruprecht hatte Georg noch mit allen herzoglichen Vollmachten versehen als »verwallter« Niederbayerns bestimmt. Den von ihm geforderten Treueid für Ruprecht lehnten die niederbayerischen Stände jedoch ab.

Die testamentarische Übertragung des Landshuter Herzogtums an Georgs Erbtochter Elisabeth und deren Gatten wurde wie erwartet von den Münchner Herzögen Albrecht IV. und Wolfgang nicht hingenommen. Der innerwittelsbachische Konflikt eskalierte und löste im April 1504 den sogenannten Landshuter Erbfolgekrieg aus. Der gesamte altbayerische Raum sowie große Teile der Kurpfalz wurden von diesem mit brutaler Härte geführten Kleinkrieg erfasst und weiträumig verwüstet. Der Krieg endete mit der Niederlage der pfälzischen Wittelsbacher. Da Elisabeth und Ruprecht von der Pfalz 1504 kurz hintereinander verstorben waren, blieben nur ihre kleinen Söhne Ottheinrich und Philipp zurück. Der Hauptteil von Georgs Territorium fiel an die Münchner Linie, wodurch das Herzogtum Bayern wiedervereinigt war. Dies wurde mit erheblichen Gebietsverlusten erkauft, von denen in erster Linie die Habsburger profitierten. König Maximilian I., der die Differenzen innerhalb des Hauses Wittelsbach zur Stärkung der eigenen Position und zur Schwächung der wittelsbachischen Rivalen zu nutzen verstanden hatte, sorgte im »Kölner Schiedsspruch« vom Juli 1505 dafür, dass ihm die Gerichte Kitzbühel, Rattenberg und Kufstein, das Zillertal, die Grafschaft Kirchberg, Stadt und Herrschaft Weißenhorn und noch andere Besitzrechte zufielen. Für Georgs Enkel Ottheinrich und Philipp wurde aus Splitterbesitzungen ein neues kleines Fürstentum gebildet, das spätere Herzogtum Pfalz-Neuburg.

Albrecht IV., der Weise

* 1447 in München
† 1508 in München

Herzog von Bayern-München bzw. von Bayern

Für die Entwicklung des bayerischen Staates ist der mit dem Beinamen »der Weise« versehene Herzog Albrecht IV. einer der wichtigsten Wittelsbacher Herrscher. Ursprünglich war er gar nicht zur Regierung vorgesehen. Als Drittältester unter den fünf überlebenden Söhnen des Herzogs Albrecht III. von Bayern-München und der Prinzessin Anna von Braunschweig-Grubenhagen war er eigentlich für eine geistliche Laufbahn bestimmt. Die Herrschaft über das Herzogtum sollten nach dem Willen des Vaters seine zwei älteren Brüder Johann und Sigmund übernehmen.

Wie alle Söhne Herzog Albrechts III. erhielt auch Albrecht IV., der am 15. Dezember 1447 zur Welt gekommen war, am väterlichen Hof Unterricht in Lesen, Schreiben und Rechnen sowie eine Einführung in die Anfänge der lateinischen Grammatik und das Lesen lateinischer Texte. Nach dem Tod des Vaters im Februar 1460 traten die beiden ältesten Söhne dessen Nachfolge im Herzogtum Bayern-München an, während die drei jüngeren Söhne bald danach zur Fortsetzung ihrer Ausbildung nach Italien geschickt wurden. Als Herzog Johann IV. im November 1463 kinderlos der Pest erlag, zeichnete sich bereits deutlich ab, dass Albrecht nach der Mitregierung in München strebte. Zwei Jahre später konnte er dies mit Unterstützung der Landstände durchsetzen. Am 3. September 1467 überließ schließlich Herzog Sigmund, ein großer Kunstförderer, der des politischen Geschäfts inzwischen müde war, dem jüngeren Bruder auf Drängen der Landstände ganz die Regierung des Herzogtums und zog sich nach Schloss Blutenburg bei München zurück. Hier konnte er »sich ein geruhiges Wesen ohne alle Bekümmernis« machen. Gegen die mehrfachen Versuche der beiden jüngeren Brüder Wolfgang und Christoph, ebenfalls an der Regierung beteiligt zu werden, konnte sich der machtbewusste Albrecht IV. letztlich jedoch behaupten und weiterhin die Alleinherrschaft ausüben. Er musste allerdings für einen Ausgleich sorgen, über den es vor allem mit Christoph immer wieder zu neuen Streitigkeiten und Auseinandersetzungen kam. Da traditionell allen ebenbürtigen volljährigen männlichen Mitgliedern des Herrscherhauses das Recht zur Regierung zustand, fanden die jüngeren Brüder gerade im Ritterstand Unterstützer, die für den hauptsächlich vom Schreibtisch aus regierenden Albrecht wenig übrig hatten.

Erst relativ spät für einen regierenden Fürsten seiner Zeit ging Albrecht IV. im Alter von beinahe 40 Jahren eine standesgemäße Ehe ein, um den Fortbestand seines Hauses zu sichern. Er hatte zwar schon früher vielversprechende Eheprojekte verfolgt, doch diese hatten sich am Ende zerschlagen. Eine mögliche Heirat mit einer Tochter König Kasimirs IV. von Polen stand im Raum, auf die Jahre später Verhandlungen mit dem Mailänder Hof folgten. Die Verbindung mit der jungen und reichen Mailänderin Bianca Maria Sforza war wohl an den unverhältnismäßigen Forderungen von bayerischer Seite gescheitert. In der Habsburgerin Kunigunde, der einzigen Tochter Kaiser Friedrichs III., fand sich zuletzt jedoch eine viel attraktivere Braut für den Herzog.

Noch vor dem Abschluss der Heiratsvereinbarung gelang es dem Bayernherzog, die seit Längerem geführten Verhandlungen mit der Reichsstadt Regensburg zu einem erfolgreichen Ende zu bringen. Durch den Vertrag vom 6. Juli 1486 begab sich die in große wirtschaftliche Schwierigkeiten geratene Stadt freiwillig unter bayerische Herrschaft. Die Inbesitznahme der Reichsstadt gehörte zu der von Albrecht verfolgten expansiven Territorialpolitik, bei der er vor allem danach strebte, einst verlorengegangene Herrschaftsgebiete zurückzugewinnen. Mit diesem Gewinn seines Schwiegersohnes in spe war Friedrich III. allerdings ebenso wenig einverstanden wie mit den von Albrecht getroffenen finanziellen Transaktionen und Absprachen mit dem hochverschuldeten Erzherzog Sigmund von Tirol, die auf eine Übernahme des Landes durch den Wittelsbacher hinausliefen und somit den Besitz des Hauses Habsburg bedrohten. Er änderte deshalb seine Haltung zu der geplanten Heirat völlig. Als Albrecht IV. Anfang Januar 1487 trotzdem und mit Unterstützung Erzherzog Sigmunds in Innsbruck die offenbar über die Entwicklung ahnungslose Kaisertochter Kunigunde, die damals am Hof des Tiroler Verwandten lebte, ohne Friedrichs Zustimmung heiratete, bahnte sich ein längerer Konflikt zwischen dem Kaiser und dem Herzog an. Als Vermittler fungierte hierbei Kunigundes älterer Bruder, der römisch-deutsche König Maximilian I., der von Anfang an diese Heirat befürwortet hatte.

Letztlich kam es zu einer Versöhnung mit Kaiser Friedrich III. Albrecht IV. musste im Gegenzug jedoch 1492 auf Regensburg verzichten. Auch mit seinem Versuch, Tirol auf finanziellem Weg zu erwerben, scheiterte er an Kaiser Friedrich III. und den Tiroler Ständen. Aus seiner anscheinend glücklich verlaufenen Ehe mit Erzherzogin Kunigunde gingen acht Kinder hervor, drei Söhne und fünf Töchter, von denen alle bis auf ein im Kleinkindalter verstorbenes Mädchen das Erwachsenenalter erreichten.

Den Rückschlägen im Hinblick auf Regensburg und Tirol stand allerdings Albrechts wichtiger Erfolg in der Frage der bayerischen Einheit gegenüber: Im Landshuter Erbfolgekrieg gelang es ihm, die Wiedervereinigung von Ober- und Niederbayern, wenngleich unter Gebietsverlusten, durchzusetzen.

1485 hatten sich Herzog Albrecht IV. von Bayern-München und Herzog Georg der Reiche von Bayern-Landshut gegenseitig zugesichert, dass sie im Fall eines söhnelosen Todes den jeweils anderen zum Erben bestimmen würden. In seinem Testament von 1496 sah aber Herzog Georg, der keinen ihn überlebenden legitimen Sohn hatte, seine Tochter Elisabeth und deren Ehemann Ruprecht, einen jüngeren Sohn des wittelsbachischen Kurfürsten Philipp von der Pfalz, als seine Erben vor. Dies stellte sowohl eine Missachtung des Reichsrechts als auch der alten wittelsbachischen Hausverträge seit 1329 dar. Bayern war ein Mannlehen, für das das Reichslehenrecht die weibliche Erbfolge ausschloss. Als die Landshuter Linie im Dezember 1503 mit Georg dem Reichen in männlicher Linie ausstarb, standen sich die oberbayerische und pfälzische Linie der Wittelsbacher als Widersacher um das niederbayerische Erbe gegenüber. Das Scheitern der Vermittlungsversuche von König Maximilian I. löste 1504 den Landshuter Erbfolgekrieg aus, der sich zu einem mit brutaler Härte geführten Kleinkrieg in großen Teilen Bayerns und der Kurpfalz entwickelte. Noch einige Jahrzehnte später stellte der bayerische Geschichtsschreiber und Hofratspräsident Wiguläus Hundt angesichts der Verwüstungen fest: »Thet Bayrn grossen schaden«. Der Landshuter Erbfolgekrieg endete 1505 mit dem Sieg Albrechts und seiner Parteigänger. Der Bayernherzog musste es allerdings hinnehmen, dass im Kölner Spruch vom 30. Juli 1505 aus bayerischen Gebieten für die beiden Söhne des inzwischen verstorbenen Pfalzgrafenpaares Ruprecht und Elisabeth, Ottheinrich und Philipp, das kleine pfalzgräfliche Fürstentum Neuburg an der Donau gebildet wurde. Zudem musste er Maximilian I. für die Unterstützung und Waffenhilfe außer den Gerichten Kufstein, Rattenberg und Kitzbühel noch Teile des Zillertals, die Grafschaft Kirchberg, die Stadt und Herrschaft Weißenhorn sowie weitere Besitzrechte abtreten. Sein »merkliches Interesse und Anspruch« hatte der Habsburger bereits im Vorfeld des Kriegs gegenüber seinem Schwager deutlich formuliert. Auch die übrigen Verbündeten forderten eine Belohnung ein. Dem Herzog von Württemberg fiel daher Heidenheim a. d. Brenz und der Reichsstadt Nürnberg die Ämter Lauf, Altdorf und Hersbruck zu. Im Kern hatte Albrecht IV. aber Niederbayern an sein Haus gebracht und somit die Teilung von 1255 beendet.

Diese mit großen Opfern erkaufte Wiedervereinigung Altbayerns sicherte Herzog Albrecht IV. am 8. Juli 1506 durch einen mit seinem einzigen noch lebenden, kinderlosen Bruder Wolfgang geschlossenen Vertrag ab, der von den Landständen mitbesiegelt wurde. Um fortan Erbstreitigkeiten und erneute Teilungen auszuschließen, sollte das Land gemäß dieser später so bezeichneten Primogeniturordnung nicht mehr geteilt werden dürfen. In Zukunft sollte der jeweils älteste Sohn allein regieren, während die jüngeren Brüder nur noch den Grafentitel tragen und mit Apanagen abgefunden werden sollten. Dieses Gesetz stand freilich im Widerspruch zu den bayerischen Traditionen, die eine Regentschaft der beiden ältesten Söhne eines Herzogs kannten. Albrecht IV. sah den Staat aber nicht mehr als reinen Privatbesitz des Fürsten. Ihm ging es um die dauerhafte Einheit des Staates. Er steht damit für ein neuzeitliches Denken. Die Primogeniturordnung stellt einen Meilenstein für Bayerns Begründung als frühmodernes Staatswesen dar.

Als Herzog Albrecht IV. keine zwei Jahre später nach dieser Regelung zur Unteilbarkeit des Herzogtums Bayern am 18. März 1508 starb, war sein ältester Sohn Wilhelm IV. erst 15 Jahre alt, sodass für ihn ein Vormundschaftsrat unter seinem Onkel Herzog Wolfgang die Regierungsgeschäfte führte. Erst 1511 wurde das geänderte Erbrecht aktuell, weil der nun volljährige Wilhelm die Herrschaft übernahm. Seine bald auftretenden heftigen Differenzen mit den bayerischen Landständen begünstigten die Forderung von Wilhelms nächstjüngerem Bruder Ludwig nach Mitregierung. Ludwig, der darauf verwies, dass die Primogeniturordnung erst nach seiner Geburt erlassen worden sei, wurde dabei von seiner Mutter unterstützt. Herzoginwitwe Kunigunde missfiel vor allem, dass ihre jüngeren Söhne laut Primogeniturgesetz lediglich Rang und Titel von Grafen tragen sollten, was sie wie Bastarde aussehen ließ. Damit eine Einmischung des Kaisers vermieden und das Verlangen der Stände nach mehr Mitsprache zurückgedrängt werden konnte, einigten sich die beiden Brüder 1514 auf eine gemeinsame Regierung, aber ohne eine Teilung des Landes vorzunehmen. Um etwaigen Mitregierungswünschen ihres jüngsten Bruders Ernst einen Riegel vorzuschieben, wurde dieser mit einer kirchlichen Laufbahn versorgt. Erst nach dem Tod des unverheirateten Herzogs Ludwig X. wurde das Primogeniturgesetz 1545 vollumfänglich gültig und das Erstgeburtsrecht in Bayern endgültig durchgesetzt.

Das Kurfürstentum Pfalz

Nachdem es der bayerischen Dynastenfamilie der Wittelsbacher 1180 gelungen war, von Kaiser Friedrich Barbarossa mit dem Herzogtum Bayern belehnt zu werden, gelangte bereits wenige Jahrzehnte später ein weiteres bedeutendes Fürstentum in ihren Besitz, als ihnen der Stauferkönig Friedrich II. die Pfalzgrafschaft bei Rhein übertrug. 1214 konnten die Wittelsbacher in diesem an Rhein und Neckar gelegenen Territorium die Herrschaft antreten, in dem sie fast 600 Jahre lang regieren sollten. Diesen raschen Aufstieg in die Führungselite des Heiligen Römischen Reichs verdankten sie ihrem geschickten Agieren zwischen den um die Macht im Reich kämpfenden Fürstengeschlechtern der Staufer und Welfen.

Die Pfalzgrafschaft bei Rhein bot wegen ihrer zentralen Lage im Herzen des Reichs große politische, aber auch wirtschaftliche und kulturelle Vorteile. Obwohl es sich bei ihr um ein eher kleines und aufgesplittertes Herrschaftsgebiet handelte, nahm sie im Gefüge des Heiligen Römischen Reichs einen herausgehobenen Rang ein, da mit dem Pfalzgrafenamt die Kurwürde verbunden war.

Eine wichtige Zäsur in der Geschichte des Hauses Wittelsbach und damit in jener der Pfalz stellte der 1329 zwischen Kaiser Ludwig IV. dem Bayern und seinen Neffen, den Söhnen seines älteren Bruders Rudolf I., geschlossene Hausvertrag von Pavia dar. Aufgrund der häufigen Erbstreitigkeiten wurde der wittelsbachische Territorialbesitz in die pfälzischen und bayerischen Gebiete aufgeteilt. Es entstanden dadurch zwei voneinander unabhängig handelnde Familienlinien mit eigenem Herrschaftsbereich. Um den Zusammenhalt des Gesamthauses sicherzustellen, wurde in diesem Vertrag aber das gegenseitige Erbrecht beim Erlöschen eines Zweigs festgeschrieben. Außerdem gab es den gemeinsam geführten Titel. Die Pfälzer nannten sich deshalb auch Herzöge von Bayern, während umgekehrt die bayerischen Wittelsbacher den

Titel eines Pfalzgrafen bei Rhein trugen. Ferner sah der Vertrag vor, dass die Kurstimme im Wechsel zwischen der bayerischen und der pfälzischen Linie wahrgenommen werden sollte.

Mit der Goldenen Bulle von 1356 wurden die hausinternen Vereinbarungen von Pavia teilweise hinfällig. Die pfälzischen Wittelsbacher hatten sich beizeiten dem 1346 gewählten Gegenkönig Ludwigs des Bayern, dem künftigen Kaiser Karl IV., zugewandt. Dies zahlte sich für sie aus; denn laut der Goldenen Bulle Karls stand ihnen nun die Kur allein zu. Seitdem waren mit der Kurpfalz eine Reihe von Vorrechten und Ansprüchen untrennbar verbunden. Nicht nur bei der römisch-deutschen Königswahl spielte der Pfalzgraf im Kreis der Königswähler eine wichtige Rolle, auch bei der Verhinderung oder Abwesenheit des Königs fungierte er als dessen Stellvertreter. Nach dem Tod des Königs hatte er als Reichsverweser in den rheinischen und schwäbischen Landen sowie im Gebiet des fränkischen Rechts die Aufgabe, für Ordnung bis zur Wahl eines Nachfolgers zu sorgen. Darüber hinaus kam ihm die Ausübung des Erztruchsessenamts im Reich zu. Zeitweise nahmen die pfälzischen Wittelsbacher als Inhaber der vornehmsten weltlichen Kurwürde daher eine politisch bedeutendere Position ein als ihre bayerischen Verwandten, die folglich diese Bevorzugung der Pfälzer in der Goldenen Bulle als Rechtsbruch betrachteten.

Zur Konkretisierung der exklusiven Vorrechte sah Ruprecht I. 1357 die Einführung der Primogenitur vor, das Erbrecht des Erstgeborenen. 1368 wurde ein bestimmter Bestand an territorialen Gütern, das Kurpräzipuum, unteilbar und unveräußerlich mit der Kurpfalz verbunden. Mit der *Rupertinischen Konstitution* versuchten Kurfürst Ruprecht II. und sein Sohn Ruprecht III. 1395 nochmals, eine weitergehende Erbfolgeregelung zugunsten des ältesten Sohnes durchzusetzen. Die Gründung der Heidelberger Universität 1386 sollte ebenfalls den herausgehobenen Rang der pfälzischen Kurfürsten unterstreichen und die kulturelle Bedeutung ihres Territoriums sichern und befördern. Vorbild waren hierbei die königsfähigen Familien der Luxemburger und der Habsburger mit ihren Universitätsgründungen in Prag (1348) bzw. Wien (1365).

1400 wurde Kurfürst Ruprecht III. zum römisch-deutschen König gewählt, nachdem zuvor König Wenzel aus dem Hause Luxemburg von einer Mehrheit der Kurfürsten wegen Untätigkeit abgesetzt worden war. Schon bald musste der neue König feststellen, dass weder seine Hausmacht noch seine finanziellen Ressourcen als Basis für das Königsamt ausreichend waren. Die von ihm angestrebte Kaiserkrönung in Rom blieb ihm nach dem misslungenen Italienzug von 1401/02 verwehrt. Dank seines Königtums gelang es ihm aber, für die Kurpfalz Reichsrechte und Reichspfandschaften zurückzuerlangen bzw. zu erwerben. Auch Heidelberg profitierte vom Status als königlicher Residenz. Ruprechts Königtum stellte somit einen Höhepunkt in der Geschichte der pfälzischen Wittelsbacher im Mittelalter dar. Dessen ungeachtet bemühten sich weder er noch sein Sohn Ludwig III. um eine Nachfolge im Königtum.

Nach Ruprechts III. Tod im Jahr 1410 kam es zu einer Teilung des pfälzischen Besitzes unter seinen vier Söhnen. Diese dadurch herbeigeführte Aufsplitterung in mehrere Linien, die sich zeitweise noch weiter aufspalteten, erwies sich auf lange Sicht gesehen als günstig für die Dynastie, da sie letztlich das Überleben des Hauses bis heute gewährleistete.

Unter Ruprechts Nachfolgern erlebten die Kurpfalz und speziell ihre Hauptstadt Heidelberg nicht nur eine kulturelle Blütezeit, sondern auch territorialen und daher machtpolitischen Zuwachs. Vor allem Friedrich I., genannt der Siegreiche, sorgte auf Kosten seiner Nachbarn mittels erfolgreicher militärischer Eroberungen für eine beachtliche Ausdehnung. Unter ihm erlangte die Kurpfalz ihre maximale territoriale Größe und wurde zur bestimmenden Macht am Oberrhein. Friedrich, den seine zahlreichen Gegner als »bösen Fritz« ansahen, war in seiner Kurwürde nicht unumstritten. Seit 1449 hatte er zunächst als Vormund für seinen ältesten Neffen Philipp die Regierung in Heidelberg geführt, bevor er sich dann 1451 trotz Widerständen im Reich und besonders vonseiten Kaiser Friedrichs III. die selbstständige Herrschaft und damit die Kurwürde auf Lebenszeit durch das römischrechtliche Instrument der Arrogation sicherte, indem er seinen Neffen adoptierte. Er war aber nicht nur ein vom Glück begünstigter Militär, sondern kümmerte sich auch aktiv um die innere Ordnung in der Pfalz, etwa durch die Etablierung eines kurpfälzischen Hofgerichts.

Diese Erfolgsgeschichte der pfälzischen Wittelsbacher erlitt durch den 1504 ausgelösten Landshuter Erbfolgekrieg einen schweren Rückschlag. Der Versuch von Kurfürst Philipp dem Aufrichtigen und seinem jüngeren Sohn Ruprecht, sich das einträgliche Erbe der Reichen Herzöge von Bayern-Landshut einzuverleiben, die 1503 in männlicher Linie ausstarben, stieß auf heftige Ablehnung bei den oberbayerischen Herzögen, die auf ihre älteren Erbansprüche pochten. Als Sieger aus dem verheerenden Verwandtenkrieg ging der Münchner Herzog Albrecht IV. hervor. Die pfälzische Kurlinie bezahlte hingegen einen hohen Preis für ihr Großmachtstreben. Ihr Land war nicht nur verwüstet, sondern es wurde auch auf sein Kernterritorium reduziert. Ihre triumphale Expansion war beendet. Der eigentliche Gewinner in diesem innerdynastischen Zwist der Wittelsbacher war der aus dem Hause Habsburg stammende König Maximilian I., da er als Schiedsrichter fungieren konnte. Durch seinen Kölner Spruch auf dem Reichstag von 1505 konnte er sich territoriale Vorteile sichern und seine politischen Konkurrenten schwächen. Außerdem wurde in Köln festgelegt, dass ein neues Fürstentum aus verstreut liegenden Gebietsteilen kreiert werden sollte. Mit ihm wurden die beiden Söhne versorgt, die aus der Ehe des inzwischen verstorbenen Pfalzgrafen Ruprecht mit der ebenfalls bereits verstorbenen Landshuter Erbtochter Elisabeth stammten. Ottheinrich und Philipp erhielten auf diese Weise das Fürstentum Pfalz-Neuburg mit seiner an der Donau gelegenen Hauptstadt Neuburg.

Im 16. und 17. Jahrhundert wurde die konfessionelle Frage zum politisch bestimmenden Element. Während sich die benachbarten Reichsstädte schnell der evangelischen Lehre anschlossen, bezog der Pfälzer Kurfürst Ludwig V. gegenüber der reformatorischen Bewegung eine neutrale, aber großenteils tolerante Haltung. Auch unter seinem Bruder und Nachfolger Friedrich II., der sich selbst seit 1545 offen zum lutherischen Glauben bekannte, verblieb die Kurpfalz noch in der Phase der Vorreformation. 1546 begann zwar die offizielle Einführung der Reformation im Land, doch geschah dies bloß schrittweise. Im Schmalkaldischen Krieg bemühte sich Friedrich II. weitgehend um Neutralität, da ihm an keinem Konflikt mit dem katholischen Kaiser gelegen war. Es gelang ihm durch eine demütige Unterwerfung, eine Versöhnung mit Karl V. herbeizuführen und so die Kurwürde für sein Haus zu bewahren. Für das Land bedeutete es, dass wohl das kaiserliche Religionsgesetz, das Augsburger Interim von 1548, durchgeführt wurde, indessen nur in sporadischer Weise.

Erst mit dem 1556 erfolgten Regierungsantritt von Friedrichs Neffen, dem Kurfürsten Ottheinrich, wurde die Reformation Luthers sofort und endgültig in der Kurpfalz durchgesetzt. Ottheinrich hatte die neue Glaubenslehre 1542 bereits in seinem Territorium Pfalz-Neuburg eingeführt. In seiner dreijährigen Regierungszeit prägte er Heidelberg und die Kurpfalz nicht nur im konfessionellen, sondern auch im kulturellen Sinn nachhaltig. Er begründete die berühmte Bibliotheca Palatina, die im 16. und 17. Jahrhundert als die bedeutendste Bibliothek des Heiligen Römischen Reichs galt. Als mit ihm die ältere Kurfürstenlinie im Mannesstamm ausstarb, trat 1559 mit Friedrich III. die Linie Pfalz-Simmern die Nachfolge in Heidelberg an. Unter Friedrich fand die Hinwendung zur reformierten Glaubenslehre statt, wie sie von dem Genfer Reformator Johannes Calvin und anderen oberrheinischen Theologen vertreten wurde. Der 1563 eingeführte Heidelberger Katechismus erhielt weltweit Bedeutung für den Calvinismus. Weil der Augsburger Religionsfriede von 1555 die lutherische, aber nicht die reformierte Konfession anerkannt hatte, gerieten Friedrich III. und die Kurpfalz innerhalb des Heiligen Römischen Reichs Deutscher Nation in die Isolation. Zudem machte sich der Kurfürst mit seiner schroffen Kirchenpolitik nicht nur die Katholiken zu Feinden, sondern auch die Lutheraner. In dem zersplitterten Territorium der Kurpfalz übernahm die Bevölkerung nicht überall umgehend die konfessionelle Ausrichtung ihres Landesherrn. In der Oberpfalz überwog lange der lutherische Glaube.

Da die jeweilige Glaubensüberzeugung des Regenten über die im Land vorherrschende Religion entschied, durchlief die Kurpfalz im weiteren Verlauf des 16. Jahrhunderts noch einen mehrfachen Konfessionswechsel vom Calvinismus zum Luthertum und zurück. Verbunden war dies immer mit einem konfliktreichen Austausch der jeweiligen Eliten. Ursache dafür war, dass unter Friedrichs III. Nachfolgern – Kurfürst Ludwig VI., Kuradministrator Johann Casimir und Kurfürst Friedrich IV. – keine Einigkeit über den »rechten Glauben« bestand. Letztendlich setzte sich das reformierte Bekenntnis durch.

Weil die bayerischen Wittelsbacher im Gegensatz zu ihren Pfälzer Verwandten bei der alten Lehre verblieben und ihrem Land die uneingeschränkte Katholizität verordneten, wirkte sich die innerdynastische Glaubensspaltung negativ auf das Wittelsbacher Gesamthaus aus. Wieder standen sich die beiden Linien in verfeindeten Lagern gegenüber. Seit Beginn des 17. Jahrhunderts verfolgte die Kurpfalz nach außen eine aggressive antikatholische Politik. Vor allem auf der Reichsebene strebte sie danach, die Rolle der Vorkämpferin der protestantischen Partei zu übernehmen. Als 1608 die Protestantische Union unter der Führung des Kurfürsten Friedrich IV. von der Pfalz gegründet wurde, in der sich eine Reihe lutherischer und calvinistischer Reichsstände zusammenschlossen, reagierte der bayerische Herzog Maximilian I. darauf mit der Konstituierung der Katholischen Liga. Ihren traurigen Höhepunkt erreichten die innerdynastischen »Meinungsverschiedenheiten« im Dreißigjährigen Krieg.

Kurfürst Friedrich V., der unter dem Spottnamen »Winterkönig« in die Geschichte einging, nahm beim Ausbruch des Dreißigjährigen Kriegs eine zentrale Rolle ein. In seiner Außenpolitik zielte er von vornherein auf eine Schwächung der katholischen Habsburger ab. Als er trotz vielfacher Warnungen 1619 die ihm angebotene böhmische Königskrone annahm und sich damit gegen Kaiser Ferdinand II., den von den aufständischen böhmischen Ständen abgesetzten König, positionierte, zeigte er zu seinem Unglück und dem seines Kurfürstentums wenig politischen Weitblick. Sowohl was die Möglichkeiten seiner eigenen Hausmacht als auch was die Unterstützungsbereitschaft durch die protestantischen Mächte Europas und die Protestantische Union betraf, ging er von völlig falschen Einschätzungen und Erwartungen aus. Der Dreißigjährige Krieg nahm seinen Anfang. Im November 1620 erlitt Friedrich in der Schlacht am Weißen Berg bei Prag eine katastrophale Niederlage gegenüber Ferdinand II. und dem bayerischen Herzog Maximilian I., was desaströse Folgen für ihn und die Kurpfalz hatte.

Friedrich V. wurde geächtet und musste mit seiner Familie ins niederländische Exil fliehen. Als protestantische Führungsmacht hatte die Kurpfalz ausgespielt. Der Dreißigjährige Krieg, der als Religionskrieg begonnen hatte, weitete sich bald zu einem europäischen Mächtekonflikt aus. Da sich das Kriegsgeschehen rasch an den Rhein verlagerte und das dortige Territorium bis zum Kriegsende immer wieder von Neuem zum Kampfgebiet wurde, war die Kurpfalz weiträumigen Verwüstungen und schweren Plünderungen, harten Besatzungszeiten mit einer gewaltsamen Rekatholisierung und mehreren Pestwellen ausgesetzt. Ihre Bevölkerungszahl reduzierte sich gravierend. Wertvolle Kunstschätze kamen abhanden. Die berühmte Heidelberger Bibliotheca Palatina beispielsweise wurde nach Rom verschleppt, wo sie zu einem Bestandteil der Vatikanischen Bibliothek wurde. Herzog Maximilian I. von Bayern ließ sich 1623 für seine militärische Unterstützung Kaiser Ferdinands II. die pfälzische Kurwürde erblich übertragen. Dies war die Revanche der bayerischen Wittelsbacher für die Bevorzugung der Pfälzer in der Goldenen Bulle von 1356.

Der Westfälische Frieden von 1648 restituierte die Linie Pfalz-Simmern vor allem dank des Einsatzes von Schweden wieder in der Kurpfalz, doch war deren Territorium um ein Drittel gegenüber früher verkleinert. So ging etwa die Oberpfalz endgültig an Bayern verloren. Erneut erhielt die pfälzische Linie der Wittelsbacher eine Kurstimme, aber es war eine neubegründete, im Rang geminderte. Sie war nicht mehr mit dem Amt des Erztruchsesses und Reichsvikars verbunden, sondern mit dem neugeschaffenen Amt eines Erzschatzmeisters. Die vornehme erste weltliche Kurstimme verblieb bei Bayern. Der Sohn und Erbe des 1632 verstorbenen Friedrichs, Karl Ludwig, trat, als er 1649 in die Pfalz kam, ein schwieriges Erbe an. Da das Land zu jenen Gebieten gehörte, in denen der Dreißigjährige Krieg seine gewaltigen Zerstörungskräfte am meisten entfaltet hatte, bildeten für den neuen Landesherrn der Wiederaufbau und die Sanierung der ruinierten Staatsfinanzen die wichtigsten Aufgaben. Dies ging mit der Gewährung von religiöser Toleranz einher.

Wenige Jahrzehnte nach dem Ende des Dreißigjährigen Kriegs wurde die Kurpfalz wiederum in einen Strudel aus Krieg und Zerstörung hineingezogen. Entsprechend der Tradition seines Hauses, das auf möglichst prestigeträchtige Ehen mit bedeutenden europäischen Dynastien setzte, verheiratete Kurfürst Karl Ludwig 1671 seine Tochter Elisabeth Charlotte, die berühmte Liselotte von der Pfalz, mit Herzog Philipp I. von Orléans. Von der Verbindung mit dem jüngeren Bruder des französischen Königs Ludwig XIV., die die außenpolitische Annäherung der Pfalz an Frankreich bekräftigen sollte, erhoffte sich der Kurfürst politisch-strategische Vorteile für sein Land. Das Gegenteil war der Fall. Die Kurpfalz geriet dadurch in das Zentrum des Hegemonialstrebens des französischen Königs, der auf eine expansive Reunionspolitik mit militärischen Mitteln gegenüber den Nachbarstaaten setzte. Als der einzige legitime Bruder Liselottes, Kurfürst Karl II., 1685 kinderlos starb und die Nebenlinie Pfalz-Neuburg in Heidelberg seine Nachfolge antrat, nutzte Ludwig XIV. den interpretationsfähigen Ehevertrag, um im Namen seiner Schwägerin angebliche Erbansprüche einzufordern. Im 1688 ausgebrochenen Pfälzischen Erbfolgekrieg wurden weite Teile der Kurpfalz systematisch von französischen Truppen verheert und gebrandschatzt. Bei Kriegsende 1697 bot die Kurpfalz kaum ein besseres Bild als 1648.

Mit dem Übergang der pfälzischen Kurwürde an die seit dem Beginn des 17. Jahrhunderts katholische Linie Pfalz-Neuburg setzten bald darauf Rekatholisierungsmaßnahmen ein. Agierte der erste Neuburger Kurfürst Philipp Wilhelm in der Konfessionsfrage noch vorsichtig, schlug sein Sohn Johann Wilhelm einen betont gegenreformatorischen Kurs ein. Dass der Friedensvertrag von Rijswijk für die bis 1697 von französischen Truppen besetzten linksrheinischen Gebiete der Kurpfalz vorsah, dass die dort in dieser Zeit vorgenommene Rekatholisierung nicht rückgängig gemacht werden durfte, kam ihm durchaus zupass. Er zielte auf eine Entmachtung des reformierten Kirchenrates in der Kurpfalz ab, der bis dahin sehr selbstständig wirken konnte, was auch dem absolutistischen Selbstverständnis Johann Wilhelms diametral entgegenstand. Im Spanischen Erbfolgekrieg stand er von Beginn an fest an der Seite des Kaisers, was ihm 1708 nach der Ächtung des bayerischen Kurfürsten Max Emanuel die vornehme alte Pfälzer Kurwürde mit dem Amt des Erztruchsessen und das Recht auf die Ausübung des Reichsvikariats einbrachte. Obendrein bekam er die Oberpfalz zurück. Um hierfür die Zustimmung der evangelischen Kurfürsten zu erhalten, zeigte sich Johann Wilhelm zu konfessionellen Zugeständnissen bereit. In der Religionsdeklaration von 1705 wurde die Religionsfreiheit für alle drei christlichen Bekenntnisse festgehalten. Außerdem wurde eine Regelung für die kirchliche Organisation der Kurpfalz getroffen. Nach dem Rastatter Frieden von 1714 musste Johann Wilhelm diese Ranggewinne samt der Oberpfalz allerdings zu seiner Erbitterung wieder an Max Emanuel zurückgeben.

Hatte schon Johann Wilhelm bevorzugt in Düsseldorf residiert, der Hauptstadt der niederrheinischen Herzogtümer Jülich und Berg, die zum Besitz der Pfalz-Neuburger gehörten, verlor Heidelberg unter seinem Bruder und Nachfolger Karl Philipp endgültig seinen Status als Haupt- und Residenzstadt des pfälzischen Kurfürstentums. Vorausgegangen waren dieser gravierenden Entscheidung des 1716 zur Regierung gelangten Karl Philipp heftige konfessionelle Differenzen mit den reformierten Kirchenräten in Heidelberg. Der entschiedene Katholik und eingefleischte Absolutist ließ daraufhin seine Androhung Wirklichkeit werden und verlegte 1720 die Residenz und alle Behörden von Heidelberg weg nach Mannheim. Für wenige Jahrzehnte war seitdem dieser erst 1607 gegründeten und im Pfälzischen Erbfolgekrieg vollständig zerstörten Stadt ein enormer Aufschwung beschieden. Karl Philipp ließ sich hier einen riesigen barocken Schlossbau nach Versailler Vorbild errichten. Als wichtig für die weitere Zukunft des Hauses Wittelsbach sollte sich erweisen, dass er sich angesichts der Nachfolgeproblematik mit den bayerischen Verwandten ins Benehmen setzte und mit ihnen 1724 einen Vertrag, die sogenannte Wittelsbachische Hausunion, abschloss, in dem neben der gegenseitigen Förderung der Interessen der katholischen Linien des Hauses Wittelsbach und der gemeinsamen Abwehr von Angriffen auch die wechselseitige Erbfolge festgelegt wurde. Schon unter seinem Nachfolger sollte diese Erbabrede Realität werden.

Als Kurfürst Karl Theodor aus der Nebenlinie Pfalz-Sulzbach 1742 den söhnelosen Karl Philipp, den letzten Vertreter des Neuburger Hauses, beerbte, erlebte Mannheim seine größte Blütezeit; denn unter ihm etablierte sich hier ein glanzvoller Musenhof von europäischer Geltung. Mit dem kinderlosen Tod des letzten bayerischen Wittelsbachers, des Kurfürsten Maximilian III. Joseph, im Dezember 1777 endete Mannheims »Goldenes Zeitalter« bereits wieder. Auf Grundlage der im 18. Jahrhundert erneuerten Hausverträge waren nun erstmals seit rund 450 Jahren die wittelsbachischen Linien der Pfalz und Bayerns wieder vereinigt. Karl Theodor regierte in Personalunion über die beiden Länder sowie über seine übrigen Besitzungen. Dieses weit verstreute Sammelsurium von Herrschaften und Ländern ließ ihn zum drittmächtigsten Fürsten im Heiligen Römischen Reich werden. Weil er gemäß der Absprachen seine Residenz nach München verlegen musste, sahen sich die kurpfälzischen Gebiete seitdem in ihrer Bedeutung geschmälert.

Als sich das altehrwürdige Heilige Römische Reich Deutscher Nation unter den massiven Auswirkungen der Französischen Revolution und der Napoleonischen Kriege aufzulösen begann, läutete dies auch das Ende der Kurpfalz als eigenständigem Staat ein. Im Verlauf des Ersten Koalitionskriegs besetzten französische Truppen zunächst die links des Rheins gelegenen Besitzungen der Kurpfalz. Da Frankreich nachdrücklich nach der Rheingrenze strebte, verleibte es sich dieses Territorium ein und teilte es seit 1798 in Departements ein. Inmitten des Konflikts starb Karl Theodor 1799, dessen Absicht, seine Länder möglichst nicht in Kriege und Allianzen verwickeln zu lassen, sich angesichts der dramatischen Zeitumstände nicht hatte verwirklichen lassen. Nach seinem Tod trat die verbliebene Linie Pfalz-Zweibrücken-Birkenfeld mit Maximilian IV. Joseph die Nachfolge in Kurpfalz-Bayern an. In seiner Regierungszeit sollte die bewegte Geschichte der Kurpfalz ihr Ende finden.

Mit dem Frieden von Lunéville wurden die linksrheinischen Gebiete der Kurpfalz 1801 endgültig an Frankreich abgetreten. Wenig später besiegelte der Reichsdeputationshauptschluss 1803 das Ende der noch übrig gebliebenen Kurpfalz, die als einziges größeres weltliches Fürstentum rechts des Rheins der napoleonischen »Flurbereinigung« zum Opfer fiel. Größtenteils wurden ihre Gebiete der Markgrafschaft Baden zugeschlagen. Der Rest ging an den Fürsten von Leiningen-Hardenburg, den Landgrafen von Hessen-Darmstadt und den Fürsten von Nassau-Usingen. Mit diesem Verlust konnten sich die Wittelsbacher lange nur schwer abfinden. Vor allem König Ludwig I. von Bayern vergaß seine alte Pfälzer Heimat nie und versuchte, wenn auch vergeblich, eine Änderung herbeizuführen. Das ehemals linksrheinische Territorium der untergegangenen Kurpfalz wurde in Teilen im Zuge der territorialen Neugliederung Europas durch den Wiener Kongress dem Königreich Bayern zugesprochen und bildete als Rheinpfalz eine Exklave.

Ruprecht (III.)

* 1352 in Amberg oder im Kloster Liebenau bei Worms
† 1410 auf Schloss Landskron bei Oppenheim

Römisch-deutscher König, Kurfürst von der Pfalz

Nach Ludwig dem Bayern war Kurfürst Ruprecht III. von der Pfalz der zweite Wittelsbacher, der auf den Königsthron des Heiligen Römischen Reichs gelangte. Im Gegensatz zu dem bayerischen Herzog blieb ihm aber eine Kaiserkrönung verwehrt. Für die pfälzischen Wittelsbacher bedeutete Ruprechts Aufstieg zum römisch-deutschen König den Höhepunkt ihrer Geschichte im Mittelalter. Zwar gehört sein bloß zehn Jahre dauerndes Königtum nicht zu den glanzvollen und erfolgreichen Königsherrschaften dieses Zeitraums, doch die Kurpfalz profitierte trotz mancher Schattenseiten davon. Sie erfuhr durch die von Ruprecht zielstrebig genutzte königliche Verfügungsgewalt über Reichsgut eine territoriale Abrundung und Vergrößerung.

Ruprecht kam am 5. Mai 1352 als Sohn des späteren Kurfürsten Ruprecht II. von der Pfalz und der Königstochter Beatrix von Sizilien zur Welt. Nachdem er jahrzehntelang die Regierungsgeschäfte seines Großonkels Ruprecht I. und seines Vaters nicht nur verfolgen konnte, sondern in diese auch miteinbezogen worden war, trat er am Dreikönigstag 1398 selbst die Regierung in der Pfalzgrafschaft an. Ruprecht III. hatte zu diesem Zeitpunkt bereits seine dynastischen Pflichten erfüllt. Am 27. Juni 1374 hatte er eine Tochter des Nürnberger Burggrafen Friedrich V. geheiratet. Aus dieser Ehe mit Elisabeth von Hohenzollern-Nürnberg gingen insgesamt neun Kinder hervor.

Schon bevor Ruprecht III. zum Inhaber der Pfalzgrafenwürde und damit zum Kurfürsten wurde, hatte sich im Heiligen Römischen Reich eine wachsende Unzufriedenheit mit dem amtierenden König Wenzel aus dem Hause Luxemburg abgezeichnet. Wenzel hatte keine glückliche Hand bei der Bewältigung zahlreicher Probleme bewiesen und das Reich zugunsten seines Stammlandes Böhmen stark vernachlässigt. Ende Mai 1400 entschlossen sich die vier rheinischen Kurfürsten, nämlich die drei Erzbischöfe von Mainz, Köln und Trier sowie der Pfalzgraf, zu handeln und forderten Wenzel ultimativ auf, im August nach Oberlahnstein zu kommen, um dort über das »Übel« zu beratschlagen. Wenzel zog es vor, diesem Treffen fernzubleiben. Am 20. August 1400 enthoben ihn die vier rheinischen Kurfürsten daraufhin wegen Unfähigkeit seines königlichen Amtes. Statt seiner wurde am nächsten Tag der 48 Jahre alte Ruprecht III. im linksrheinischen Rhens zum neuen römisch-deutschen König gewählt. Dass eine Mehrheit der sieben Kurfürsten erstmals ihr Recht zur Königswahl dahingehend nutzte, einen amtierenden König abzusetzen, kam durchaus einem revolutionären Akt gleich.

Mit der Wahl Ruprechts bestand nun ein nicht unproblematisches Doppelkönigtum im Reich, weil Wenzel zeitlebens seine Absetzung nicht anerkannte. Wie schwierig es für den Pfälzer werden würde, seine Königsherrschaft durchzusetzen, zeigte sich bereits bei seiner Krönung. Da sich ihm die traditionelle Krönungsstadt Aachen verweigerte, musste sich Ruprecht im Januar 1401 durch den Kölner Erzbischof Friedrich III. in dessen Bischofskirche zum Herrscher weihen lassen. Wegen Wenzels Weigerung, die Reichsinsignien herauszugeben, sah sich der Wittelsbacher dazu genötigt, sich mit einer Nachbildung der Reichskrone zu begnügen. Auch Papst Bonifaz IX. zögerte die erbetene Approbation Ruprechts angesichts der Macht der Luxemburger hinaus. Während Ruprechts Königtum in Südwestdeutschland, den altherkömmlich königsnahen Gebieten, vergleichsweise schnell Anerkennung fand, konnte davon in den übrigen Gebieten des Reichs so gut wie keine Rede sein.

Um seine Reichsherrschaft rasch zu stabilisieren, entschloss sich Ruprecht zu einem Italienzug mit dem Endzweck einer Kaiserkrönung in Rom durch den Papst. Dieses große Vorhaben nahm jedoch keinen günstigen Verlauf für ihn. Die Vorbereitungen dazu waren von Beginn an unzulänglich und wirklichkeitsfremd.

Als besonders nachteilig für seinen Aktionsspielraum in Italien sollte sich seine finanzielle Abhängigkeit von florentinischen und oberdeutschen Banken erweisen. Der Wittelsbacher, der im September 1401 mit seinen Kontingenten gen Italien aufbrach, rechnete sich offenbar trotzdem gute Chancen aus; denn seine Frau Elisabeth begleitete ihn auf diesem Weg. Sein Hauptgegner in Oberitalien war der mächtige Gian Galeazzo Visconti, den König Wenzel 1395 gegen Zahlung einer hohen Geldsumme zum Herzog von Mailand erhoben hatte. Ihm wollte der neue römisch-deutsche König die Reichslehen wieder entziehen, die dieser inzwischen an sich gebracht hatte. Nach einer empfindlichen militärischen Niederlage gegen die Mailänder bei Brescia reduzierte sich Ruprechts von vornherein kleines Heer durch den Rückzug einiger Kriegsteilnehmer. Nachdem Ruprecht den Winter mit den ihm verbliebenen Truppen in Padua verbracht hatte, entschied er sich angesichts finanziell wie auch politisch ungünstiger Aussichten im April 1402 zum wenig glorreichen Rückmarsch. Zählte er einst zu den reichsten deutschen Fürsten, verspottete man den glücklosen Heimkehrer jetzt als Bettelmann. In der Chronik des Burkhard Zink wird nüchtern vermerkt, dass er »kam halb wider her mit armuet«. Obwohl ihm sein Italienzug keine Erhöhung an Ansehen und Prestige durch die Kaiserkrone verschafft, sondern nur hohe geldliche Einbußen und einen Imageschaden beschert hatte, hielt Ruprecht an dem Gedanken eines neuen Italienzuges bis 1406 fest.

Wesentlich erfolgreicher als in der Reichsherrschaft konnte er seine neue Königswürde hingegen auf dynastischem Gebiet zur Geltung bringen. Im Gegensatz zu den sich bisher mehr im engeren regionalen Bezugsrahmen bewegenden Eheprojekten seines Hauses dehnten sich diese nun teilweise europaweit aus. Seinen durch den Tod zweier älterer Brüder zum Kurprinzen aufgerückten Sohn Ludwig vermochte er im Juli 1402 mit der englischen Königstochter Blanca aus dem Hause Lancaster zu vermählen. Die 1406 gefeierte Heirat seiner Tochter Elisabeth mit dem aus dem Hause Habsburg stammenden Tiroler Herzog Friedrich IV. brachte ihm einen wichtigen Bündnispartner im Reich ein. Noch eindrucksvoller stellt sich das 1407 geschlossene Ehebündnis seines Sohnes Johann mit Prinzessin Katharina von Pommern, der

Schwester des nordischen Unionskönigs Erich, dar. Der Sohn Christoph dieses Paares wurde später König von Dänemark, Norwegen und Schweden.

Nach seiner Rückkehr aus Italien konzentrierte sich Ruprecht auf das Geschehen im deutschen Raum. Seine königliche Autorität hatte inzwischen durch die ihm von Papst Bonifaz IX. im Oktober 1403 erteilte Approbation eine Stärkung erfahren. Bei seiner Reichsherrschaft stützte er sich auf die kurpfälzische Kanzlei, die wegen der engen Verbindung zur Heidelberger Universität eine Verwissenschaftlichung erlebte und nun gezielt zur königlichen Kanzlei erweitert wurde. Die noch junge Universität Heidelberg genoss eine besondere Förderung durch Ruprecht, indem er zur materiellen Sicherung ihres Lehrkörpers das mit reichen Pfründen ausgestattete Heiliggeiststift gründete. Die Universitätsprofessoren wurden zu Stiftsherren an der Heiliggeistkirche. Durch Ruprechts Landfriedenspolitik und insbesondere aber durch seine von Erfolg gekrönte Territorialpolitik, die auf eine Stärkung der Zentralgewalt und der königlichen Macht hinausliefen, fühlten sich allerdings einige Reichsstände, vor allem Kurfürst Johann II. von Mainz, in ihren Freiheiten bedroht. Am 14. September 1405 schlossen sich Ruprechts territoriale Nachbarn und mehrere Städte gegen den König und dessen Reichsherrschaft zum Marbacher Bund zusammen. Außer dem Mainzer Erzbischof gehörten neben Graf Eberhard III. von Württemberg und Markgraf Bernhard I. von Baden noch die Reichsstadt Straßburg und 17 südwestdeutsche Reichsstädte dem Bund an. Durch geschicktes Verhandeln, einzeln getroffene Abkommen mit Mitgliedern des Bundes sowie durch einen Ausgleich mit Johann von Mainz erreichte Ruprecht eine Lockerung des Bundes, wodurch immerhin eine militärische Auseinandersetzung unterblieb. Selbst nach der Auflösung des Bundes 1407 dauerten die Spannungen jedoch weiterhin an.

Der Konflikt mit Kurmainz wurde durch die wieder akut werdende Frage des Schismas erneut befeuert. Die seit 1378 bestehende tiefe Spaltung der westlichen Kirche, in der die Päpste in Rom und in Avignon jeweils den Primat für sich beanspruchten, bestimmte von Beginn an Ruprechts Politik. Er hielt im Großen Abendländischen Schisma unbeirrbar zum Papst in Rom und bezeichnete in der Heidelberger Appellation vom 23. März 1409 ein lediglich von Kardinälen einberufenes Konzil kategorisch als Unrecht. Sein Standpunkt fand weithin keine Zustimmung. Das Konzil von Pisa 1409 brachte allerdings keine Lösung in der Schismafrage. Statt die Kircheneinheit wiederherzustellen, wurde das Problem sogar noch um einen dritten Papst erweitert, weil die vom Konzil für abgesetzt erklärten Päpste in Rom und Avignon die Wahl des neuen Papstes Alexander V. nicht anerkannten. Mit seinem eisernen Festhalten am römischen Papst isolierte sich König Ruprecht in Deutschland. Kurfürst Johann von Mainz, der sich dem in Pisa gewählten Papst angeschlossen hatte, arbeitete jetzt gezielt auf Ruprechts Absetzung hin. Viele Stände im Reich folgten dem Kurmainzer Beispiel und erkannten den Pisaner Papst an. Die Auseinandersetzungen um das Schisma drohten in einen kriegerischen Konflikt zu münden, für den bereits Vorbereitungen getroffen wurden, als der plötzliche Tod Ruprechts dies verhinderte.

Mit 58 Jahren starb er nach kurzer Krankheit am 18. Mai 1410. Ruprecht war nur eine vergleichsweise kurze Regierungszeit als römisch-deutscher König vergönnt. Das Amt hatte offenbar an seinen Kräften gezehrt, denn ein Chronist notierte zu seinem Tod: »Do hett er sich mit reitten uberarbeitt und gemergelt, daz er siech ward.« Gemäß seinem letzten Willen wurde unter seinen ihn überlebenden vier Söhnen eine Herrschaftsteilung vorgenommen, was dem damaligen Denken entsprach und wodurch mögliche gewaltsame Konflikte vermieden wurden. Sein ältester Sohn Ludwig III. erhielt das sogenannte Kurpräzipuum, das seit 1368 aus den Kernländern der Rheinpfalz um Heidelberg und der Oberpfalz um Amberg bestand und das auf immer mit der Kurwürde verbunden war. Außerdem bekam Ludwig alle Reichspfandschaften. Die jüngeren Söhne, die sich mit kleineren Fürstentümern zu begnügen hatten, wurden mit Nebenländern ausgestattet. Von den vier dadurch entstandenen Linien starben zwar Teile rasch wieder aus, aber letztlich sicherte dies das Überleben des Hauses Wittelsbach bis heute. Das bayerische Königshaus und seine gegenwärtigen Nachkommen stammen nämlich in direkter männlicher Linie von Ruprecht ab.

Ottheinrich

* 1502 in Amberg
† 1559 in Heidelberg

Kurfürst von der Pfalz, Pfalzgraf von Neuburg

Der Renaissance- und Reformationsfürst Ottheinrich wurde am 10. April 1502 als Sohn des Pfälzer Kurfürstensohnes Ruprecht und der Erbprinzessin Elisabeth von Bayern-Landshut geboren. Bereits im Kleinkindalter verloren er und sein ein Jahr jüngerer Bruder Philipp die Eltern, als diese kurz hintereinander 1504 an den Folgen der Ruhr starben. Der damals zwischen den Linien des Hauses Wittelsbach ausgetragene Krieg um das Erbe der Herzöge von Bayern-Landshut nahm für die kurpfälzische Seite einen nachteiligen Verlauf. Zur Versorgung der beiden Waisen bestimmte der römisch-deutsche König Maximilian I. im Kölner Schiedsspruch vom 30. Juli 1505, der zugleich den Landshuter Erbfolgekrieg beendete, die Schaffung eines neuen Fürstentums. Dieses Herzogtum Pfalz-Neuburg, die sogenannte »Junge Pfalz«, mit Neuburg an der Donau als Hauptstadt wurde aus mehreren unzusammenhängenden und zum Teil ökonomisch eher minderwertigen bayerischen und oberpfälzischen Gebietsteilen zusammengestückelt.

Als Vormund für die zwei Brüder fungierte ihr Onkel Pfalzgraf Friedrich, ein jüngerer Bruder ihres Vaters. Er kümmerte sich um eine angemessene Ausbildung und Erziehung seiner Neffen, indem er den von ihm zu diesem Zweck ausgewählten Magister u. a. anwies, bei den Prinzen auf Gottesfurcht, regelmäßigen Kirchenbesuch und fleißiges Studieren zu achten. Außerdem sollte er dafür sorgen, dass sie morgens pünktlich aufstanden, abends beizeiten zu Bett gingen und sich nicht betranken. 1521 brach der junge Ottheinrich, der zuvor schon Reisen nach Spanien und Italien unternommen hatte, mit einem kleinen Gefolge zu einer Pilgerfahrt ins Heilige Land auf. In Jerusalem wurde er zum Ritter des Heiligen Grabes geschlagen. Wegen der rasch voranschreitenden Expansion des Osmanischen Reichs wurden derartige Pilgerfahrten immer mehr zu einem unwägbaren Unternehmen, sodass Ottheinrich der letzte Reichsfürst war, der eine solche Fahrt durchführen konnte. Ein halbes Jahr nach seiner Rückkehr aus dem Heiligen Land wurde er zusammen mit seinem Bruder Philipp am 22. Juni 1522 auf einer Versammlung der Landstände für volljährig erklärt. Gemeinsam übernahmen sie nun die Regierung über Pfalz-Neuburg. Eigentlich hätte Ottheinrich auch die unmittelbare Nachfolge seines kinderlosen Onkels Kurfürst Ludwig V. von der Pfalz zugestanden, jedoch in einem im Juni 1524 geschlossenen Hausvertrag wurde der jüngere Bruder des Kurfürsten, Pfalzgraf Friedrich, zu dessen direktem Nachfolger bestimmt. Ottheinrich sah sich mit einer vagen Anwartschaft nach dem kinderlosen Tod Friedrichs abgespeist. Dass er somit erst spät sein »wartend erb« erhielt, beklagte er noch 1556 in einem Kodizill zu seinem Testament. Man habe ihn in jungen Jahren bewusst um die Nachfolge gebracht, da man ihn über seine Rechte im Unklaren gelassen habe. Er hätte sich sonst nicht »aus den nest setzen« lassen.

Das Fürstentum Pfalz-Neuburg bot den beiden Pfalzgrafen von Anfang an nur einen geringen Handlungsspielraum. Trotz bescheidener finanzieller Ressourcen begann Ottheinrich ab 1527 in Neuburg mit dem Ausbau der alten Burganlage zu einer standesgemäßen Fürstenresidenz im Sinn der Renaissance. In den neuen prächtigen Schlossräumen konnte er seine Kunstschätze, zu denen u. a. eine Porträtgalerie, kostbare Bildteppiche und eine wertvolle Bibliothek gehörten, gut unterbringen. Im Oktober 1529 heiratete er eine Verwandte, die jüngste Tochter des verstorbenen Münchner Herzogs Albrecht IV. des Weisen. Susanna war bereits im Alter von 25 Jahren Witwe geworden. Für die begeisterte Jägerin ließ Ottheinrich das Jagdschloss Grünau in der Nähe von Neuburg errichten. Die offensichtlich glückliche Ehe blieb nach zwei Fehlgeburten kinderlos.

Ursprünglich stand Ottheinrich der reformatorischen Bewegung ablehnend gegenüber und verfolgte wie seine Schwäger in

München, die Herzöge Wilhelm IV. und Ludwig X. von Bayern, eine repressive Religionspolitik, die auch vor der Todesstrafe nicht zurückschreckte. Mitte der 1530er-Jahre begann er jedoch dem Beispiel der Kurzpfalz zu folgen, wo nicht direkt in die religiöse Entwicklung eingegriffen wurde. Aus innerer Überzeugung trat Ottheinrich, der sich schrittweise der neuen Lehre angenähert hatte, 1542 offiziell zum Luthertum über und führte im Einverständnis mit seinen Landständen die Reformation in seinem Fürstentum ein. Auf Reichsebene vertrat er seitdem entschieden eine evangelische Interessenpolitik. Seine Gattin verblieb hingegen bei ihrem katholischen Glauben. Als sie im April 1543 starb, wurde sie in Anwesenheit Ottheinrichs in der Fürstengruft der Münchner Frauenkirche nach katholischem Ritus beigesetzt. Bis zu seinem Tod pflegte er offenbar ein liebevolles Andenken an seine verstorbene Ehefrau; denn noch gegen Ende seines Lebens wurde ein Stich von Jost Amman veröffentlicht, der den gealterten Ottheinrich mit der jugendlich anmutenden Susanna zeigt. Das ursprünglich gute Verhältnis zu seinen bayerischen Schwägern, die ihn mittels Geldangeboten vom Glaubenswechsel abzubringen versuchten, war jedoch nachhaltig zerstört. Das Neuburger Schloss verdankt Ottheinrichs Bekenntniswechsel einen der frühesten protestantischen Kirchenräume Deutschlands, da er sich 1543 seine Schlosskapelle von Hans Bocksberger d. Ä. mit einem passenden programmatischen Bilderzyklus ausmalen ließ.

Bis 1535 regierte Ottheinrich gemeinsam mit seinem Bruder Philipp, der freilich oft aufgrund militärischer Dienste abwesend war. Auf Wunsch Philipps kam es im März 1535 zu einer Teilung Pfalz-Neuburgs. Infolge seines verschwenderischen Lebensstils musste Philipp seinen hochverschuldeten Landesteil bereits 1541 wieder an Ottheinrich abtreten, der allerdings wenig später selbst wegen seiner eigenen katastrophalen Haushaltspolitik einen finanziellen Zusammenbruch erlitt. Trotz seiner schwierigen wirtschaftlichen Lage, die in einen Staatsbankrott mündete, ging der Pfalzgraf 1544 nicht auf die Angebote der bayerischen Verwandten ein, sondern traf ein ungewöhnliches Arrangement mit seiner Landschaft. Während die Landstände die Schulden und die Verwaltung des Fürstentums übernahmen, zog sich Ottheinrich, bei dem weiterhin die Außenvertretung seines Territoriums verblieb, auf drei Jahre aus den Regierungsgeschäften zurück und ging mit einer bescheidenen Jahresrente nach Heidelberg. Das Verhältnis zu seinem hier seit März 1544 regierenden Onkel Kurfürst Friedrich II. war allerdings bereits wegen der Nachfolgefrage angespannt. Der Kurfürst fühlte sich durch die Nähe des voll Ungeduld auf seinen Tod wartenden Ottheinrichs so gestört, dass er gegenüber Herzog Christoph von Württemberg klagte, er besitze wahrlich keinen größeren Feind als seinen Neffen, der »bitt gott alle tag, das ich sterben soll«. Zusätzlich vertiefte Ottheinrichs evangelische Kompromisslosigkeit, die sich sogar nicht mit Friedrichs lavierender Religionspolitik anfreunden konnte, die Kluft zwischen Onkel und Neffe. Zeitweise musste Ottheinrich daher während seines kurpfälzischen Exils nach Weinheim ausweichen, was er als schwere Zurücksetzung empfand. Die Zeit seiner Abwesenheit von Pfalz-Neuburg verlängerte sich noch durch den Schmalkaldischen Krieg, in dessen Verlauf Truppen Kaiser Karls V. 1546/47 nicht nur das Neuburger Schloss plünderten, sondern auch das Land besetzten und rekatholisierten. Erst 1552 erhielt Ottheinrich, der sich trotz frühzeitiger körperlicher Beschwerden am vorausgegangenen Feldzug der protestantischen Fürstenopposition gegen Karl V. beteiligt hatte, durch den Vertrag von Passau sein Fürstentum zurück, wo er umgehend wieder die Reformation einführte.

Obwohl ihm der Passauer Vertrag sein Land zurückgab, zeigte sich Ottheinrich mit ihm ebenso wenig zufrieden wie mit dem Augsburger Religionsfrieden von 1555. Beide Verträge hatten seiner Ansicht nach nicht das Optimum für die Rechtsstellung der evangelischen Reichsstände herausgeholt. Der Religionsfriede bildete außerdem nach seinem Dafürhalten ein Hindernis für die allgemeine Durchsetzung der Reformation. Mit seiner ablehnenden Haltung verärgerte der eifrige Lutheraner die anderen lutherischen Stände, die in dem Religionsfrieden eine wichtige Errungenschaft sahen.

Erst im Alter von 54 Jahren wurde der bereits seit Längerem gesundheitlich stark angeschlagene Ottheinrich Kurfürst in Heidelberg, als Friedrich II. im Februar 1556 starb. Der extrem übergewichtige Ottheinrich litt unter Kurzatmigkeit, Wassersucht und Rheuma, weshalb er sich oft über seinen »pauwfälligen« Leib beklagte. Schon seit den 1530er-Jahren hatte er Probleme beim Laufen, sodass er etwa seit dieser Zeit kaum noch an dem von ihm geschätzten Turniersport teilnehmen konnte. Als Pfälzer Kurfürst vertrat der Spätbekehrte eine kompromisslose protestantische Reichspolitik, die ihn u. a. dazu bewog, die Kaisererhebung des Habsburgers Ferdinand I. bis 1558 hinauszuzögern. In der Kurpfalz setzte er gleich nach seinem Regierungsantritt die endgültige Einführung der lutherischen Konfession mit Nachdruck durch. Das Kirchenwesen in der Pfalz regelte er dabei nach dem Pfalz-Neuburger Vorbild neu, ohne dass es zu einer flächendeckenden Aufhebung der Klöster kam. In seinem Testament verwies Ottheinrich aber darauf, dass die Reform der Kloster- und Kirchengüter noch offenstehe. Seine Universitätsreform von 1558 grenzte an eine Neugründung. Die Heidelberger Universität wurde aus ihrer Verwurzelung in der katholischen Kirche herausgelöst und zu einer modernen Landesuniversität umfunktioniert. Wie zuvor in Neuburg agierte Ottheinrich auch in Heidelberg als Förderer von Kunst und Wissenschaft. Er ließ den prachtvollen und nach ihm benannten Renaissancetrakt des Heidelberger Schlosses, den Ottheinrichsbau, errichten. Indem er die kurfürstliche Schlossbibliothek mit der Universitätsbibliothek vereinigte, begründete er die weltberühmte »Bibliotheca Palatina«. Sein ausgeprägtes Interesse an Büchern ließ ihn außerdem schon seit jüngeren Jahren sowohl zum Sammler als auch zum Auftraggeber von illuminierten Handschriften und illustrierten Druckwerken werden. Sein Sekretär Heinrich Rüdinger hob 1552 hervor, dass Ottheinrich »mit sondern vleiß und uncosten« am Aufbau einer Bibliothek arbeite. Es gehe darum, dass der Fürst »auch den nachkommenden ainen schatz von allerlay kunsten vorbehalte, dardurch er von inen nach vilen jaren in loblicher gedechtnus erhalten und fur solches werck gepreiset werde«.

Obgleich Ottheinrich nur eine dreijährige Regierungszeit in der Kurpfalz beschieden war, die noch dazu mit einem raschen körperlichen Verfall einherging, hinterließ er bei seinem Tod am 12. Februar 1559 ein vollständig verändertes Land. Mit ihm starb zugleich die ältere pfälzische Kurlinie aus. Die Kurwürde ging auf die Linie Pfalz-Simmern über. Unter Ottheinrichs Nachfolger Friedrich III. wurde die Kurpfalz zu einem calvinistisch-reformierten Land. Sein Neuburger Territorium ging an seinen lutherischen Vetter Herzog Wolfgang von Zweibrücken, dem er das Fürstentum schon 1553 unter dem Vorbehalt geschenkt hatte, dass er selbst dort auf Lebenszeit die Regierung ausüben würde. Ottheinrich begriff sein kinderloses Ende als Strafe Gottes für die Mitwirkung seines Vorfahren, des pfälzischen Kurfürsten Ludwig III., bei der Urteilsvollstreckung an dem böhmischen Reformator Jan Hus, der 1415 in Konstanz als Ketzer auf dem Scheiterhaufen verbrannt worden war. In seinem von ihm selbstverfassten lateinischen Grabspruch verwies Ottheinrich darauf, dass er zwar der Letzte seines Geschlechts, doch als »Wiederbegründer der reinen evangelischen Lehre zugleich der Erste« (»Renatae Evangelicae Puritatis Instaurator Primus«) sei.

Friedrich V., der Winterkönig

* 1596 auf dem Oberpfälzer Jagdschloss Deinschwang
† 1632 in Mainz

Kurfürst von der Pfalz, König von Böhmen

Kurfürst Friedrich V. von der Pfalz, der am 26. August 1596 als ältester Sohn des Kurfürsten Friedrich IV. von der Pfalz und der Prinzessin Luise Juliane von Oranien-Nassau geboren worden war, durchlebte vor dem Hintergrund des Dreißigjährigen Kriegs eine von dramatischen Umbrüchen gekennzeichnete Biografie. Er nahm dabei über weite Strecken hin eher die Rolle eines Spielballs denn jene eines tatkräftigen Gestalters der europäischen Machtpolitik ein. Gerade im Hinblick auf seine nur kurze Herrschaft in Böhmen brachte ihm dies den Spottnamen »Winterkönig« ein. Er kann aus gutem Grund als eine der tragischsten Figuren des kurpfälzischen Herrscherhauses gelten.

Friedrich V. war erst 14 Jahre alt, als sein Vater frühzeitig an den Folgen seines Alkoholmissbrauchs am 19. September 1610 starb. Für den minderjährigen Erben fungierte daher sein Onkel Herzog Johann II. von Pfalz-Zweibrücken als Hauptvormund und führte für ihn die Amtsgeschäfte. Zwischen 1604 und 1610 hatte Friedrich fern von der väterlichen Residenz in Heidelberg eine umfassende, aber streng calvinistische Erziehung am Hof des mit ihm verwandten reformierten Herzogs Heinrich von Bouillon im französischen Sedan erhalten. Vor allem religiöse Gründe hatten für die Wahl der dortigen hugenottischen Ritterakademie gesprochen.

Noch bevor Friedrich V. volljährig wurde, fand sich für ihn eine Braut in der Tochter König Jakobs I. von England, der Prinzessin Elisabeth Stuart. Der Herzog von Bouillon und der Führer der protestantischen Partei im Reich, Fürst Christian I. von Anhalt-Bernburg, hatten diese Partie aus politisch-religiösen Gründen vorgeschlagen, bot sich doch hier eine eindrucksvolle Allianz mit einer bedeutenden protestantischen Macht an. Bei der Werbung in London wurde sowohl die »königgleiche« Stellung des Pfälzers betont, der der ranghöchste weltliche Kurfürst im Heiligen Römischen Reich war, als auch seine Position an der Spitze der Protestantischen Union. Um der verwöhnten englischen Prinzessin ein standesgemäßes Leben bieten zu können, wurden ihr die Einkünfte aus den besten kurpfälzischen Ämtern zugesagt. Zur großen Überraschung aller Beteiligten verliebte sich das gleichaltrige Brautpaar gleich bei der ersten Begegnung ineinander. Im Februar 1613 fand in London die mit außerordentlichem Prunk gefeierte Vermählung statt. In einem regelrechten Triumphzug reiste das »Traumpaar der Reformierten« danach über die Niederlande nach Heidelberg, das unter dem jungen Kurfürstenpaar eine kulturelle Blütezeit erlebte. Für seine Braut hatte Friedrich das dortige Schloss zwischen 1612 und 1614 um den sogenannten Englischen Bau, einen standesgemäßen Wohnpalast, erweitern lassen. Wenig später, zwischen 1616 und 1619, erhielt das Schloss noch eine spektakuläre Gartenanlage, den Hortus Palatinus, der von den Zeitgenossen als achtes Weltwunder gepriesen wurde. Aus der glücklichen Ehe gingen insgesamt 13 Kinder hervor, von denen immerhin zehn die kritischen ersten Jahre überstanden.

An seinem 18. Geburtstag trat der nun volljährige Friedrich V. seine Herrschaft an. Kurz nach seiner Regierungsübernahme erkrankte er im September 1614 schwer an einem heftigen Sumpffieber. Er überlebte zwar, doch hinterließ die Krankheit Spuren in seiner Persönlichkeit. Periodisch traten seitdem Depressionen bei ihm auf. Als sich die Stände in Böhmen 1618 gegen die Rekatholisierungsmaßnahmen unter ihrem neuen habsburgischen König Ferdinand II. erhoben, sympathisierte Friedrich V. mit den aufständischen Protestanten in Böhmen. Im August 1619 wurde er von den böhmischen Landständen zum König gewählt.

Trotz zahlreicher Warnungen seitens seiner Mutter, seines Schwiegervaters, seiner Wittelsbacher Verwandten, der Mehrheit des Kurkollegiums sowie aus den Reihen seiner Verbündeten in der Protestantischen Union entschied sich der Pfälzer im September 1619 dazu, dem »willen des Allmechtigen nicht zu wiederstreben« und im »nahmen Gottes diese ordentliche Vocation« anzunehmen. Allem Anschein nach ging der Entschluss zur Annahme der böhmischen Königskrone maßgeblich auf den Einfluss seines Oberpfälzer Statthalters Christian von Anhalt-Bernburg zurück. Friedrich V. ließ sich wohl in erster Linie aus Glaubenseifer für die protestantische Sache, aber auch aus dem ehrgeizigen Bestreben nach einer Rangerhöhung auf dieses Königsabenteuer ein. Er gab sich wie seine Berater der Hoffnung auf englische Hilfe hin, die indessen nie Wirklichkeit wurde, da König Jakob I. mit den Aktivitäten seines Schwiegersohnes keineswegs einverstanden war. Die Mitglieder der Protestantischen Union zeigten sich gleichfalls nicht willens, sich in den böhmischen Konflikt hereinziehen zu lassen, und wollten einen Religionskrieg vermeiden.

Anfang Oktober 1619 brach Friedrich mit seiner Gattin nach Prag auf. Am 4. November wurde er im dortigen Veitsdom zu König Friedrich I. von Böhmen gekrönt. Rasch kühlte sich jedoch die erste Begeisterung der Böhmen für ihren neuen Herrscher ab. Es missfiel ihnen, dass das Königspaar die tschechische Sprache nicht beherrschte. Auch der von Friedrich und Elisabeth gepflegte Lebensstil nach französischem Vorbild fand kaum Zustimmung bei ihnen. Wesentlich negativer wirkte sich freilich der religiöse Fanatismus von Friedrichs Hofprediger Abraham Scultetus aus, der ohne Rücksicht den Calvinismus im Königreich einführen wollte. Vor allem der von diesem im Dezember 1619 in Szene gesetzte verheerende Bildersturm im Prager Veitsdom belastete das Verhältnis der Böhmen zu ihrem neuen König. Da die kaiserlich-habsburgische Partei von Anfang an nicht bereit war, auf die böhmische Krone zu verzichten, kam es erwartungsgemäß zum Krieg. Friedrichs Herrschaft in Prag nahm so bereits ein gutes Jahr später ihr wenig glanzvolles Ende. Am 8. November 1620 fand westlich von Prag am Weißen Berg die entscheidende und überaus blutige Schlacht statt, in der die pfälzisch-böhmischen Truppen von den vereinigten Armeen des katholischen Herzogs Maximilian I. von Bayern und des habsburgischen Kaisers Ferdinand II. vernichtend geschlagen wurden.

Der als »Winterkönig« verspottete Friedrich musste überstürzt mit seiner Familie aus dem böhmischen Königreich in Richtung

Brandenburg fliehen. Hier erfuhr er, dass sich Christian von Anhalt-Bernburg, auf dessen Betreiben das böhmische Unternehmen hauptsächlich gegründet hatte, von der pfälzisch-protestantischen Sache abgewandt hatte. Am 29. Januar 1621 verhängte Kaiser Ferdinand II. die Reichsacht über den Wittelsbacher, der damit seine Herrschaftsrechte in der Pfalz samt Kurwürde verlor. Dies wirkte sich auch auf die bereits wegen Friedrichs Königsabenteuer zutiefst gespaltete Protestantische Union aus, die sich im April förmlich auflöste. Letztendlich war nur die bürgerlich geprägte Republik der Vereinigten Niederlande gewillt, den Geächteten und die Seinen aufzunehmen und ihnen Exil zu gewähren.

Ein aus dem Jahr 1621 stammendes Flugblatt mit dem Titel »Deß gwesten Pfaltzgrafen Glück und Unglück« stellt recht treffend Friedrich V. als eher willenlose Figur seiner unguten Ratgeber dar. Seine fragwürdigen Versuche, mit Söldnerführern wie dem skrupellosen Grafen Ernst von Mansfeld weiterzukämpfen und seine Erblande zu halten, blieben erfolglos und beschädigten seinen Ruf im Reich ein für alle Mal. Im Herbst 1622 war die Pfalz ganz in der Hand der Truppen der Katholischen Liga. Während der bayerische Herzog Maximilian I. vom Kaiser gegen geltendes Reichsrecht offiziell 1623 mit der Pfälzer Kurwürde belehnt wurde und 1628 endgültig die Oberpfalz als Ersatz für seine Kriegskosten erhielt, musste sich Pfalzgraf Wolfgang Wilhelm von Neuburg 1623 mit den Ämtern Parkstein, Weiden und Peilstein bescheiden. Die berühmte Heidelberger Bibliothek, die Bibliotheca Palatina, überließ Maximilian I. dem Papst, der diese als wichtiger Geldgeber der katholischen Partei bereits früh als Kriegsbeute gefordert hatte und sie in die vatikanische Bibliothek überführen ließ.

Notgedrungen richtete sich Friedrich mit seiner Familie in den Niederlanden ein und bildete zum Jahreswechsel 1622/23 eine Exilregierung in Den Haag. Seine Bemühungen, wieder als Akteur auf die politische Bühne zurückkehren zu können, erwiesen sich als aussichtslos. Um sich davon abzulenken, ging er auf die Jagd oder unternahm lange Spaziergänge. Gern lebte er nicht in den Niederlanden. Gegenüber seiner Gattin bekannte er 1622:

»Den Haag gefällt mir überhaupt nicht und Gott bewahr' mich vor seiner unheilvollen Kanaille dort!« Obwohl er und seine Familie ganz auf die finanzielle Unterstützung durch die niederländische und englische Verwandtschaft angewiesen waren, ließ er sich in Rhenen eine prächtige Sommerresidenz errichten, die Anfang des 19. Jahrhunderts wegen starken Zerfalls abgerissen wurde. Im Exil musste er einen weiteren harten Schicksalsschlag hinnehmen, über den er nicht hinwegkam: Vor seinen Augen ertrank im Januar 1629 sein 15 Jahre alter Erstgeborener Friedrich Heinrich bei einem Schiffsunglück, das er selbst bloß knapp überlebt hatte. Dieser Verlust traf ihn umso tiefer, weil der pfälzische Exilhof in dem begabten jungen Prinzen und Thronfolger einen Hoffnungsträger gesehen hatte.

Friedrich V. zeigte sich schließlich gegenüber dem Kaiser insoweit zum Einlenken bereit, dass er Ferdinand II. 1630 schriftlich um Verzeihung für die Annahme der Wenzelskrone bat. Er begründete dies mit einer »verleiteten Jugend«. Seine Gesandten konnten aber nichts erreichen. Trotz katholischer Vermittler bestand der Kaiser auf Friedrichs bedingungsloser Unterwerfung, wozu dieser nicht gewillt war. Friedrichs Hoffnungen auf eine Restitution in seinen Herrschaftsgebieten und Rechten durch den von den Protestanten zunächst begeistert als Befreier begrüßten schwedischen König Gustav Adolf, an dessen Seite er im Frühjahr 1632 am Feldzug nach Bayern teilnahm, erwiesen sich als Trugbild. Der siegreiche Monarch bot dem Wittelsbacher nämlich keine für ihn akzeptablen Bedingungen an. Nur wenige Wochen nach dem Tod Gustav Adolfs in der Schlacht bei Lützen starb auch Friedrich V. auf der Rückreise nach Den Haag. In Mainz erlag er am 29. November 1632 einem »pestilenten Fieber«. Seine letzten Gedanken galten seiner Familie, die er noch vom Sterbebett aus aufforderte, dem reformierten Glauben treu zu bleiben. Seine Witwe Elisabeth traf die Nachricht von seinem Ableben tief. Sie habe, bekannte sie, »drei Tage lang weder weinen noch sprechen, weder essen noch trinken oder schlafen« können. Sie überlebte ihn um fast dreißig Jahre, in denen sie sein Andenken pflegte. Die Überführung von Friedrichs Sarg in die Heidelberger Heiliggeistkirche war zum Zeitpunkt seines Todes wegen der militärischen

Lage nicht möglich. Die Kriegswirren der kommenden Jahre sorgten schließlich dafür, dass seine endgültige Grabstätte bis heute unbekannt ist.

Friedrichs Stammland, die Kurpfalz, litt unter den Folgen des Dreißigjährigen Kriegs besonders schwer. Bei Kriegsende waren die pfälzischen Gebiete zu großen Teilen verheert und entvölkert. Für die Linie Pfalz-Simmern brachte der Westfälische Frieden von 1648 keine vollständige Restituierung in ihre alten Rechte. Dank schwedischer Unterstützung erhielt Friedrichs Sohn Karl Ludwig immerhin die Rheinpfalz zurück. Für diese territorial verkleinerte Kurpfalz wurde zudem als Ausgleich für die an Bayern verlorene Kurwürde eine neue Kurstimme geschaffen, die im Rang aber den übrigen nachgeordnet war. Während die Linie Pfalz-Simmern mit Friedrichs Enkel Karl II. 1685 glanzlos ausstarb, gelang einem anderen seiner Enkel, dem ältesten Sohn seiner jüngsten Tochter Sophie, ein glorreicher Aufstieg. Aufgrund von Friedrichs Heirat mit der Stuart-Prinzessin Elisabeth konnte Georg von Hannover im Jahr 1714 den englischen Königsthron besteigen.

Elisabeth Charlotte (Liselotte)

* 1652 in Heidelberg
† 1722 in St. Cloud

Herzogin von Orléans und Valois

Liselotte von der Pfalz gehört nicht nur zu den berühmtesten Vertreterinnen ihres Hauses, sondern auch zu den bekanntesten Frauen ihrer Zeit überhaupt. Dies beruht hauptsächlich auf ihrem ausgedehnten Briefwechsel, der sie zu einer der wichtigsten und informativsten Quellen über das Leben am Hof des französischen Sonnenkönigs Ludwig XIV. werden ließ. Von den ursprünglich etwa 25 000 Briefen dieser begabten Briefeschreiberin sind heute allerdings nur noch annähernd 6000 Briefe vorhanden. Zu ihren Korrespondenzpartnern zählten in erster Linie europäische Fürstlichkeiten, daneben aber auch Persönlichkeiten aus dem höfischen Milieu und Gelehrte wie der Philosoph Gottfried Wilhelm Leibniz. Mit der Abfassung dieser Schreiben in deutscher und französischer Sprache verbrachte sie einen großen Teil ihrer Zeit, was ihrer Umgebung nicht entging: »Das waren nicht eben kurze Briefe, die sie üblicherweise schrieb. Sie füllte gar wohl zwanzig bis dreißig Blätter. Aber diese Prinzessin mochte ja nichts anderes tun als schreiben, vom Morgen bis in die Nacht.« Trotz Mahnungen Wohlmeinender zog sie es meist vor, sich unverblümt über Personen und Ereignisse am französischen Königshof zu äußern. Dass ihre Briefe dabei nicht unkontrolliert blieben, war ihr bewusst. So spottete sie sogar über die diesbezügliche »Neugier«: »Sollte man aber auf der Post so curieux sein, diesen Brief zu öffnen und zu lesen, so werden sie meine Meinung sehen und ich bin also der Mühe enthoben, ihnen selbige mit der Zeit zu sagen.« Erst in späteren Jahren war sie zurückhaltender und vorsichtiger in ihren Mitteilungen.

Elisabeth Charlotte, die in der Familie Liselotte gerufen wurde, kam am 27. Mai 1652 zur Welt. Ihre Eltern waren Kurfürst

Karl I. Ludwig von der Pfalz und Charlotte von Hessen-Kassel. An ihre Kindheit in der Pfalz erinnerte sie sich immer wieder gern zurück und bekannte, dass sie »ein vorwitzig, muthwillig kind« gewesen sei. Aus Mädchenspielen machte sie sich nicht viel: »Ich bin mein Lebtag lieber mit Degen und Flinten umgegangen als mit Puppen. Wäre gar zu gern ein Junge gewesen«. Nachdem die unglücklich verlaufende Ehe der Eltern auf Karl Ludwigs Betreiben getrennt worden war, wurde die lebhafte kleine Prinzessin im Juni 1659 zu ihrer Tante Herzogin Sophie nach Hannover geschickt. Sie sollte auf diese Weise dem Einfluss der Mutter entzogen werden. Sophie, die jüngste Schwester des Pfälzer Kurfürsten, wurde für Liselotte zu einer Art Ersatzmutter, an der sie zeitlebens besonders hing und die später nicht nur zu ihrer wichtigsten Korrespondenzpartnerin, sondern auch zu ihrer engsten Vertrauten in allen Lebenslagen wurde. Nach Liselottes Rückkehr nach Heidelberg im Sommer 1663 verblieben ihr noch einige relativ sorgenfreie und unbekümmerte Jugendjahre am väterlichen Hof, bevor sie zum Objekt dynastischer Heiratspolitik wurde.

Obwohl Elisabeth Charlotte sehr an ihrer Pfälzer Heimat hing und diese nicht verlassen wollte, schickte sie sich 1671 als gehorsame Tochter in den väterlichen Willen und heiratete den erst kurz vorher verwitweten Herzog Philipp I. von Orléans. Vor ihrer Eheschließung mit »Monsieur«, dem jüngeren Bruder König Ludwigs XIV. von Frankreich, vollzog sie in Metz den dafür erforderlichen Wechsel vom reformierten zum katholischen Glaubensbekenntnis. Die 19 Jahre alte Prinzessin sah dies als reine Formsache an, der ihre ureigenen christlichen Überzeugungen nicht berührte. Sie wurde nie zu einer echten Katholikin, sondern lebte für sich eine »kleine Privatreligion«. Im Januar 1697 konstatierte sie daher etwa: »Es ist eine verdrießliche Sache, dass die Pfaffen machen, dass die Christen einander so zuwider sein müssen.« In Châlons-sur-Marne begegnete sie am 20. November 1671 zum ersten Mal ihrem zwölf Jahre älteren Gatten persönlich, der in seinem prachtvoll herausgeputzten und üppig mit Juwelen behangenen Gewand auf sie wie ein Paradiesvogel gewirkt haben muss. Der von Ludwig XIV. in eine politisch belanglose Rolle gedrängte Herzog Philipp gab sich ganz einem oberflächlichen Wohlleben hin und pflegte einen ausschweifenden Lebensstil. Die an modischem Zierrat, aufwendiger Kleidung und Schminke nicht sonderlich interessierte Wittelsbacherin, die zudem nicht gerade im Ruf großer Schönheit stand, entsprach umgekehrt sicherlich auch keineswegs Philipps überfeinertem Geschmack, dessen sexuelle Vorlieben sich ohnedies auf attraktive Männer konzentrierten. Dieses sowohl in seinem Charakter wie auch in seinen Neigungen nur wenig zusammenpassende Paar erfüllte nichtsdestotrotz die mit dieser politischen Ehe verbundenen Pflichten. Es galt die Thronfolge zu sichern, da Ludwig XIV. selbst bloß einen einzigen Sohn hatte, der das kritische Kindesalter überstanden hatte. Von den drei zwischen 1673 und 1676 geborenen Kindern des Herzogspaares von Orléans erreichten die zwei Jüngeren, Philipp und Elisabeth Charlotte, das Erwachsenenalter. Dank dieser beiden Kinder, an denen Liselotte sehr hing, wurde sie nicht nur zur Stammmutter des Hauses Orléans, das zwischen 1830 und 1848 den französischen »Bürgerkönig« Louis-Philippe stellte, sondern avancierte auch wegen der Ehe ihrer Tochter mit Herzog Leopold von Lothringen zur Ahnherrin des Hauses Habsburg-Lothringen. Liselottes Enkel Franz Stephan heiratete nämlich 1736 mit Erzherzogin Maria Theresia die Erbin der habsburgischen Länder und begründete mit ihr eine neue Dynastie. Seit 1676 lebte das Herzogspaar von Orléans weitgehend getrennt voneinander, worüber Elisabeth Charlotte nicht unglücklich war.

Während ihr Vater in Heidelberg eine vergleichsweise äußerst bescheidene Hofhaltung geführt hatte, sah sich die neue »Madame« in Frankreich mit einer gänzlich anderen Hofkultur konfrontiert, die bestimmt war von einer überbordenden Etikette und großem Glanz, aber auch von tiefer Missgunst und ausgeklügelten Intrigen. Hatte sie in den Anfangsjahren noch einen guten Stand, da sie die Gunst ihres königlichen Schwagers genoss, geriet Liselotte, die laut dem brandenburgischen Gesandten Ezechiel Spanheim ein »Feind vor allem des Zwanges und der Verstellung« war, später in die Rolle einer Außenseiterin. Ludwig XIV. schätzte ursprünglich ihre natürliche und ungekünstelte Art. Außerdem teilten sie die Freude an der Jagd, liebten Theater und Oper und betrieben das Sammeln antiker Münzen und Medaillen mit Kennerschaft. Durch ihre kaum verhohlene Abneigung gegen Ludwigs letzte Mätresse und wohl spätere morganatische Gattin, Françoise d'Aubigné, Marquise de Maintenon, verlor die Herzogin von Orléans Ende der 1680er-Jahre das Wohlwollen des Königs. Ihre vielfachen unfreundlichen Kommentare über »die alte zot« blieben zu ihrem Nachteil nicht unbeachtet.

Als Liselottes einziger Bruder Kurfürst Karl II. von der Pfalz 1685 kinderlos verstarb, erlosch mit ihm auch die Linie Pfalz-Simmern im männlichen Stamm und das Haus Pfalz-Neuburg erbte die Kurpfalz. Trotz des von Liselotte vor ihrer Verheiratung geleisteten Erbverzichts erhob Ludwig XIV. im Zuge seiner auf Expansion angelegten Reunionspolitik in ihrem Namen Erbansprüche. In dem 1688 darüber ausgebrochenen Pfälzer Erbfolgekrieg marschierten französische Truppen in die Pfalz ein und verwüsteten das Land, das auf Befehl des französischen Kriegsministers François Michel Le Tellier de Louvois dem Erdboden gleichgemacht werden sollte. Die Städte Heidelberg und Mannheim wurden zerstört. Vergeblich versuchte Liselotte zugunsten ihrer Heimat bei Ludwig XIV. zu intervenieren. Zutiefst getroffen klagte sie im März 1689, »was mich am meisten daran schmerzt, ist, dass man sich meines Namens gebraucht, um die armen Leute ins äußerste Unglück zu stürzen«. Sie verkraftete es nur schwer, »dass ich sozusagen meines Vaterlandes Untergang bin«. Der Krieg ging 1697 zu Ende, ohne dass Ludwig XIV. einen Landgewinn aus der Pfalz ziehen konnte. Seinem Hegemoniestreben waren hier durch eine große Allianz von Gegnern Grenzen gezogen worden.

Nachdem das Herzogspaar von Orléans lange Zeit getrennte Wege gegangen war, setzte ungefähr im Jahr 1699 bei ihnen unter dem Einfluss von Philipps neuem Beichtvater eine Wiederannäherung ein. Monsieur litt unter dem Prozess des Alterns offenbar mehr als seine Gattin. Sein plötzlicher Tod im Juni 1701 stellte für Liselotte eine Zäsur dar. Die verwitwete Herzogin musste feststellen, dass ihr Mann nicht für sie vorgesorgt, sondern das Geld aus ihrer Mitgift mit seinen Günstlingen, unter deren Schikanen sie nicht selten gelitten hatte, verschleudert hatte. Zu ihrem Glück gewährte ihr Ludwig XIV. eine Pension, und auch ihr Sohn Philipp zahlte ihr eine Rente. Wesentlich tiefer als der Tod Monsieurs traf

Elisabeth Charlotte die Nachricht vom Tod ihrer geliebten Tante Sophie im Juni 1714. Völlig gebrochen klagte sie: »Nun bin ich, alß wen ich gantz allein auff der weldt were.« Düster konstatierte sie: »Ich bin niemand nichts nutz und mir selber beschwerlich.«

Nach dem Tod Ludwigs XIV., mit dem sich Liselotte inzwischen ausgesöhnt hatte, zog ihr Sohn Philipp 1715 die uneingeschränkte Regentschaft für den noch minderjährigen Thronerben Ludwig XV. an sich. Liselotte hielt sich von der Tagespolitik fern und verzichtete bewusst auf jegliche Ambitionen in dieser Richtung: »Ich habe mir ein gesetz gemacht, mich in nichts, was staatssachen betrifft zu mischen.« Ihrer Ansicht nach »sollten in Frankreich die Männer allein regieren«. Obwohl sie behauptete, von Politik nichts zu verstehen, hatte sie bei anderer Gelegenheit selbstbewusst betont, »churfürst zu sein, wehre mir, die wahrheit zu sagen, beßer angestanden, alß Madame zu sein«. Offensichtlich hatte auch Ludwig XIV. ihre politische Urteilskraft nicht gering eingeschätzt; denn er hatte zeitweise erwogen, Liselotte nach seinem Tod als Mitregentin einzusetzen. Im September 1717 äußerte sie ihre Erleichterung hierüber, dass dies letztlich nicht geschehen war: »Denn er hat mich mit aller Gewalt mit meinem Sohn wollen zur Regentin machen. Gott sey Dank! Daß er es nicht gethan, ich wäre sonst zum Narren darüber geworden.« Während der Regentschaft ihres Sohnes widmete sie sich weiterhin ihrem umfangreichen Briefwechsel. Das letzte große Ereignis im Leben der seit einiger Zeit gesundheitlich stark angeschlagenen Herzogin waren die Krönungsfeierlichkeiten für König Ludwig XV. im Oktober 1722. Ohne von Todesangst gequält zu werden, entschlief sie im Alter von 70 Jahren sanft am 8. Dezember 1722. Einen sie wohl treffend charakterisierenden »Nachruf« hinterließ der Herzog von Saint-Simon, Louis de Rouvroy, in seinen Memoiren: »Madame glich weit mehr einem Mann als einer Frau. Sie war kräftig, mutig, durch und durch deutsch, offen und geradezu, gut und wohltätig, nobel und groß in ihrem ganzen Gehabe, aber ungeheuer kleinlich, was die ihr gebührende Achtung betraf«.

Johann Wilhelm

* 1658 in Düsseldorf
† 1716 in Düsseldorf

Kurfürst von der Pfalz

Kurfürst Johann Wilhelm, volkstümlich auch »Jan Wellem« genannt, erfuhr bereits zu seinen Lebzeiten in seinen verschiedenen Herrschaftsgebieten eine unterschiedliche Wertung. Während er bis heute zu den populären Gestalten in der rheinischen Geschichte zählt, ist dies in der Pfalz nicht der Fall. Geboren wurde er am 19. April 1658 als ältester Sohn des Herzogs Philipp Wilhelm von Pfalz-Neuburg und dessen zweiter Gemahlin Elisabeth Amalie von Hessen-Darmstadt. Er war das vierte von insgesamt 17 Kindern. Da immerhin 13 Nachkömmlinge des Herzogspaares das Erwachsenenalter erreichten, ermöglichte das ihrem ehrgeizigen Vater, der 1685 noch Nachfolger des kinderlosen Kurfürsten Karl II. von der Pfalz geworden war, eine gezielte Heirats- und Reichskirchenpolitik.

Johann Wilhelm wuchs in Düsseldorf und Neuburg auf und erhielt eine umfassend angelegte, von Jesuiten und rheinischen Adeligen geprägte Erziehung. Abgerundet wurde seine Ausbildung durch eine fast zweieinhalbjährige Kavaliersreise durch Europa, zu der der Prinz als 16-Jähriger aufbrach. Gegenüber den jülich-bergischen Ständen, die zur Mitfinanzierung aufgefordert wurden, begründete Herzog Philipp Wilhelm das kostspielige Vorhaben damit, dass sein Ältester diese Reise unternehmen sollte, »vmb die frembden Landen, vnd waß darin ahn Pabstlichen, Kayserlichen, Königlichen vnd Furstlichen Höffen, auch in den vornembsten Stätten, vnd sonsten denkwürdiges ist, zubesehen, vnd in acht zunehmen, mit hin der Römischer Kayserlicher Mayestät eine zeitlang vnderthenigst vffzuwartten, vnd zugleich allen furstlichen exercitijs, vnd tugenten obzuliegen«.

Wie seine Geschwister wurde Johann Wilhelm von seinem Vater als Schachfigur für dessen dynastische Pläne eingesetzt. Es gelang Herzog Philipp Wilhelm ihn mit einer Halbschwester Kaiser Leopolds I. zu verheiraten, nachdem dieser zuvor bereits die älteste Tochter des Herzogs geehelicht hatte. Das Haus Pfalz-Neuburg reihte sich dadurch gezielt in die engere Gefolgschaft der Habsburger ein. Johann Wilhelms Hochzeit mit Erzherzogin Maria Anna Josepha fand 1678 statt. Um den Erbprinzen zu einer attraktiven Partie für den Wiener Hof aufzuwerten, übertrug ihm sein Vater die Regierungsgeschäfte der Herzogtümer Jülich-Berg. 1679 etablierte sich Johann Wilhelm daher zusammen mit seiner Frau in Düsseldorf, wo er sich als Regent allerdings in allen wichtigen Belangen an väterliche Instruktionen halten musste. Johann Wilhelms Ehe mit der Habsburgerin blieb nach zwei Totgeburten kinderlos. Als 1689 auch seine Frau starb, was ihn persönlich tief traf, musste er sich auf Drängen seines Vaters schon bald wegen der Sicherung der Thronfolge mit dem Thema seiner Wiederverheiratung auseinandersetzen. Die Wahl fiel schließlich auf die einzige Tochter von Großherzog Cosimo III. von Toskana, Prinzessin Anna Maria Luisa. 1691 erfolgte die Heirat. Unglücklicherweise endete die einzige Schwangerschaft der Mediceerin mit einer Fehlgeburt. Trotz dieses »Mankos« blieb sich das Kurfürstenpaar 25 Jahre lang sehr zugetan, wozu die gemeinsame Vorliebe für Jagd, Musik und Kunst beitrug.

Als sein Vater am 12. September 1690 starb, übernahm Johann Wilhelm die Regierung in dessen weit zerstreutem Länderbesitz, in Pfalz-Neuburg, in der Kurpfalz und in Jülich und Berg. Zugleich erbte er jedoch den 1688 ausgebrochenen Pfälzischen Erbfolgekrieg, den König Ludwig XIV. von Frankreich unter dem Vorwand angeblicher Erbansprüche seiner Schwägerin Elisabeth Charlotte von der Pfalz begonnen hatte. Die Kurpfalz wurde im Verlauf dieses Kriegs weiträumig zerstört. Da die Franzosen nicht nur das Land systematisch verwüsteten, sondern auch die Residenzstadt Heidelberg samt dem dortigen Schloss zu großen Teilen demolierten, behielt Johann Wilhelm Düsseldorf, die Hauptstadt seiner niederrheinischen Territorien, weiterhin als Herrschaftssitz bei. Auch als dieser neunjährige Krieg 1697 mit dem Frieden von Rijswijk endete, änderte sich daran nichts mehr. Für Empörung bei den überwiegend protestantischen Pfälzern und den protestantischen Reichsständen sorgte, dass sich der Kurfürst in der Rijswijker Klausel bereiterklärte, im Gegenzug für die Rückgabe annektierter pfälzischer Gebiete die dort von den Franzosen mit Gewalt durchgeführte Rekatholisierung aufrechtzuerhalten. Erst während des Spanischen Erbfolgekriegs distanzierte er sich aus politischen Gründen von der Religionsklausel, um für die von ihm betriebene Rückgewinnung der älteren Kurwürde vor allem die Unterstützung Brandenburg-Preußens zu erlangen. Dass er 1705 mit der Pfälzischen Religionsdeklaration den Reformierten und Lutheranern wieder mehr Rechte einräumte und einen Ausgleich zwischen den Konfessionen herzustellen versuchte, stieß bei Papst und Kurie auf heftige Ablehnung.

Nach dem Friedensschluss von Rijswijk entließ Johann Wilhelm seine Armee nicht wieder, wodurch er zu den wenigen »armierten« Fürsten im Heiligen Römischen Reich gehörte. Dies kam ihm im heraufziehenden Spanischen Erbfolgekrieg zustatten, der es ihm ermöglichte, zeitweise Einfluss auf die europäische Politik zu nehmen. Im Gegensatz zum bayerischen Kurfürsten Max Emanuel positionierte sich Johann Wilhelm in der Frage der spanischen Thronfolge von Anfang an diplomatisch wie militärisch auf der Seite des Kaisers. Noch 1691 hatte er mit der Enttäuschung leben müssen, dass nicht er als naher Verwandter der Habsburger, sondern Max Emanuel zum Statthalter der Spanischen Niederlande ernannt worden war, was ihm eine machtvolle Position innerhalb der europäischen Politik verschafft hätte. Im 1701 ausgebrochenen Spanischen Erbfolgekrieg wusste Johann Wilhelm die Gunst der Stunde zu nutzen, als Max Emanuel im Sommer 1704 zusammen mit Ludwig XIV. eine verheerende militärische Niederlage erlitt. Mit hartnäckigem Drängen setzte Johann Wilhelm beim Kaiser durch, dass er nach der Ächtung des bayerischen Kurfürsten und mit Zustimmung des Kurfürstenrats 1708 nicht nur mit der dem Bayern abgesprochenen Oberpfalz und der Grafschaft Cham belehnt wurde, sondern auch die ältere Kurwürde samt dem damit verbundenen Erztruchsessenamt erhielt. Diese Rangerhöhung innerhalb des Kurkollegs, die seinem Haus die Stellung zurückgab, die es vor dem Dreißigjährigen Krieg eingenommen hatte, nahm Johann Wilhelm zum Anlass, noch im selben Jahr den einstigen jülich-bergischen Hausritterorden vom Heiligen Hubertus zu erneuern. Im Königreich Bayern wurde dieser Orden später als allerhöchster Hausorden vergeben. Einen Höhepunkt nach dem Rückgewinn der älteren Kurwürde stellte für Johann Wilhelm 1711 sein halbjähriges Wirken als Reichsvikar dar, als ihm zusammen mit dem sächsischen Kurfürsten die Reichsverweserschaft bis zur Wahl Karls VI. zum Kaiser oblag. Dieser Triumph der pfälzischen über die bayerische Linie des Hauses Wittelsbach währte nur kurz. Das Ende des Spanischen Erbfolgekriegs brachte 1714 die Restitution von Kurfürst Max Emanuel. Der enttäuschte Johann Wilhelm musste seinem bayerischen Verwandten die ganzen Erwerbungen von 1708 zurückgeben und sich wie schon zuvor mit der jüngeren Kurwürde und dem Reichsschatzmeisteramt zufriedengeben. Die von ihm betriebene Revision der Geschichte war gescheitert. Bei den Friedensverhandlungen in Rastatt und Baden hatten sich die Großmächte zum Nachteil des Pfälzer Kurfürsten nicht mehr bemüßigt gefühlt, auf dessen Interessen Rücksicht zu nehmen.

Statusfragen maß Johann Wilhelm zeitlebens eminente Bedeutung bei. Sie spielten auch bei seinen Überlegungen, eine souveräne Königsherrschaft zu erringen, eine nicht unerhebliche Rolle. Dieses Streben war unter den weltlichen Kurfürsten des späten 17. und frühen 18. Jahrhunderts nichts Ungewöhnliches. Bei der Verfolgung dieses Ziels schreckte Johann Wilhelm selbst vor eher fragwürdigen Projekten nicht zurück. So beschäftigte ihn bis 1705 der illusorische Plan, König der Armenier zu werden. 1698 war ihm dieser Vorschlag unterbreitet worden, der immerhin einen siegreichen Kampf gegen das Osmanische Reich vorausgesetzt hätte. In der Endphase des Spanischen Erbfolgekriegs erwog er wie übrigens auch Max Emanuel den Erwerb eines Königreichs im Mittelmeerraum. Beide Fürsten wären dafür ohne größere Skrupel bereit gewesen, auf ihre Stammlande ganz oder teilweise zu verzichten. Auf seine prächtige Hofhaltung in Düsseldorf wirkte sich Johann Wilhelms ausgeprägtes Rang- und Prestigebewusstsein ebenso spürbar aus. Der Beachtung des Zeremoniells wurde dort solche Bedeutung zugemessen, dass dies sogar zu Kritik führte. So erregte etwa die Tatsache, dass bei Ausfahrten Johann Wilhelms die adeligen Kammerherren dessen Karosse zu Fuß zu eskortieren hatten, das Missfallen des früheren niederländischen Diplomaten de Blainville. Er empfand es als indiskutabel, dass der Kurfürst »Leute von solchem Range, als die meisten Kammerherren sind, dergestalt erniedriget, daß sie wie Lakaien, oder besser wie Wachtelhunde, vor seinem Wagen her und durch eine Stadt traben müssen, wo man bis über die Knöchel im Koth gehet.«

Auf innenpolitischem Gebiet blieben Johann Wilhelms Reforminitiativen in den ersten Ansätzen stecken. Seinem absolutistischen Staatsverständnis zum Trotz konnte er sich nicht von der Mitsprache der Landstände befreien, mit denen es nicht selten zu Differenzen kam. Im Gegensatz zu seinem Vater hinterließ er Schulden in beachtlicher Höhe, woran seine aufwendige Hofhaltung nicht ganz unschuldig war, die aber Düsseldorf sowohl in wirtschaftlicher als auch in kultureller Hinsicht zugutekam. Seine großartigen Pläne zum Neubau eines Residenzschlosses konnte Johann Wilhelm aus finanziellen Gründen nicht verwirklichen. Er musste sich im Düsseldorfer Stadtschloss mit Um- und Einbauten und mit der Errichtung des Jagdschlosses Bensberg bescheiden. Neue Maßstäbe setzte er hingegen mit dem zwischen 1709 und 1714 errichteten Bau einer zweigeschossigen Gemäldegalerie am Stadtschloss in Düsseldorf, einem der frühesten selbstständigen Museumsbauten in Europa. Seit den 1690er-Jahren hatte Johann Wilhelm mit großer Kennerschaft eine umfangreiche und wertvolle Gemäldesammlung mit niederländischen, flämischen und italienischen Meisterwerken aus der Zeit der Renaissance und des Barock zusammengetragen, die später via Erbgang größtenteils in der Münchner Alten Pinakothek aufgehen sollte. Seine Bildersammlung diente ihm nicht nur zur persönlichen Erbauung, sondern auch als wirkungsvolles Mittel seiner fürstlichen Selbstdarstellung. Dem Mäzenatentum des Kurfürsten verdankten die in seinen Diensten stehenden Künstler wie etwa der Maler Adriaen van der Werff, die Malerin Rachel Ruysch oder der Bildhauer Gabriel de Grupello wichtige Aufträge. Das 1711 von Grupello geschaffene bronzene Reiterstandbild des Kurfürsten ist zu einem Wahrzeichen Düsseldorfs geworden. Durch Johann Wilhelms Förderung von Malerei und Plastik, aber auch von Theater und Oper entwickelte sich die Stadt am Rhein zu einem bedeutenden Kunstzentrum in Europa. Gern tauschte sich der Kurfürst mit seinen Hofkünstlern aus. Der italienische Opernkomponist und Diplomat, der Abbé Agostino Steffani, stieg gar zu einem einflussreichen politischen Berater Johann Wilhelms auf und fungierte zeitweise als Rektor der Heidelberger Universität.

Ab 1711 fing Johann Wilhelms Gesundheitszustand an sich zu verschlechtern. Während er einen ersten Schlaganfall im November 1712 noch dank der guten Pflege durch seine Ehefrau überlebte, setzten ihm ein erneuter Schlaganfall, ein Blutsturz und Fieber so zu, dass er am 8. Juni 1716 starb. Bereits im Jahr zuvor hatte er sich von den politischen Geschäften zurückgezogen, die er dem Grafen Johann Friedrich von Schaesberg als seinem Statthalter überließ. Bei der Obduktion des Kurfürsten wurde ein stark vergrößertes Herz, Gallensteine und Wasser im Gehirn diagnostiziert. Da er aus seinen beiden Ehen keine überlebenden Erben hinterließ, folgte ihm sein jüngerer Bruder Karl Philipp als Herrscher nach. Der neue Kurfürst und Herzog zog Mannheim als Residenz vor, weshalb Düsseldorfs Aufschwung ein jähes Ende fand. Dieser tiefe Einschnitt dürfte mit dazu beigetragen haben, dass Johann Wilhelms Regierungszeit bei der niederrheinischen Bevölkerung eine Verklärung erfuhr. Die verwitwete Kurfürstin Anna Maria Luisa, die ihren Ehemann um 27 Jahre überlebte, verließ Düsseldorf im September 1717 und kehrte für immer nach Florenz zurück.

Das Kurfürstentum Bayern

Mit dem Regierungsantritt von Herzog Wilhelm IV. im Jahr 1511 wurde das von seinem Vater Herzog Albrecht IV. durch das Primogeniturgesetz von 1506 geänderte Erbrecht erstmals aktuell. Es schrieb die Unteilbarkeit des Herzogtums Bayern fest, das nun nach dem Recht der Erstgeburt im Mannesstamm vererbt werden sollte. Wegen Wilhelms heftiger Differenzen mit den Landständen gelang es seinem jüngeren Bruder Ludwig sein Mitregierungsrecht zu erzwingen. Er wollte für sich die Primogeniturordnung nicht gelten lassen, da sie erst nach seiner Geburt erlassen worden war. Um eine Einmischung Kaiser Maximilians I. zu vermeiden und den Anspruch der Stände nach mehr Mitsprache zurückzudrängen, einigten sich die beiden Brüder 1514 auf eine gemeinsame Regierung, womit sich die Landstände 1516 einverstanden erklärten. Nach dieser letzten Abweichung setzte sich die Primogenitur endgültig in Bayern durch.

Vereint stellten sich die Herzöge Wilhelm IV. und Ludwig X. den großen Herausforderungen, die mit der neuen Lehre des Reformators Martin Luther heraufzogen. Ursprünglich reagierten sie keineswegs ablehnend auf Luthers in ihren Augen berechtigte Kritik an den Missständen in der Kirche. Die Herzöge bezogen schließlich wohl vor allem aus Sorge vor dem politischen und sozialen Sprengstoff der neuen Lehre wie aus religiöser Überzeugung Position gegen die evangelische Bewegung. Im Februar 1522 vereinbarten sie auf der Grünwalder Konferenz ein Aktionsprogramm zur Abwehr der Reformation als auch gleichzeitig eine entschiedene Reform im Kirchenbereich. Im Religionsmandat vom 5. März 1522 wurden die bayerischen Untertanen zum Festhalten am wahren Glauben aufgefordert und die Landesbehörden explizit mit deren Überwachung beauftragt. Außerdem wurde der Salzburger Erzbischof zum Abhalten einer Reformsynode veranlasst. Die beiden Herzöge nutzten überdies die Gunst der Stunde, um mit Unterstützung der römischen Kurie ihre landesherrliche Kirchenhoheit weiter auszubauen bzw. zu festigen. Mit abermaligen Mandaten erfolgte eine Verschärfung der Maßnahmen gegen die evangelische Bewegung. Der Ausbruch des Bauernkriegs von 1525 in den benachbarten Territorien, der sich gegen Adel und Geistlichkeit richtete, wirkte wie eine Bestätigung auf die beiden Wittelsbacher, dass die neue Lehre nicht bloß eine Bedrohung für die kirchliche, sondern auch für die staatliche Autorität bedeutete. Im Herzogtum Bayern blieb es vonseiten der Bauern weitgehend ruhig.

Mit den Beschlüssen der 1520er-Jahre wurde die bayerische Konfessions- und Kirchenpolitik für die kommenden Jahrhunderte abgesteckt. Das Herzogtum entwickelte sich im Heiligen Römischen Reich zum Exponenten der Gegenreformation und der Katholischen Reform. Zwar steuerten die Herzöge im Inneren Bayerns einen strikt gegenreformatorischen Kurs, aber nach außen hielt sie dies nicht davon ab, bei passender Gelegenheit zusammen mit den protestantischen Reichsfürsten Position gegen die Habsburger zu beziehen.

Unter Herzog Albrecht V. wurde die Katholische Reform weiter konsequent und wegweisend vorangetrieben, vor allem durch die Berufung des Jesuitenordens im Jahr 1556. Die ersten Jesuiten waren noch auf Wunsch seines Vaters 1549 nach Bayern gekommen. Die Ingolstädter Universität wurde durch die Jesuiten zum führenden Zentrum der kirchlichen Reform im Reich. 1560 wurde in München das erste deutsche Jesuitengymnasium eröffnet, andere derartige Lehranstalten folgten. Die sehr gute Verbindung zwischen München und der Kurie in Rom kam Albrecht V. entgegen, als es darum ging, mehrere Bistümer auf seinen jüngsten Sohn Ernst übertragen zu lassen, was dem Geist des Konzils von Trient total widersprach. Ernst wurde zuletzt Herr über fünf Bistümer. Darunter befand sich seit 1583 das wichtige Bistum Köln, mit dem die Kurwürde verbunden war. Um Ernst den Kölner erzbischöflichen Stuhl zu sichern, führte dessen ältester Bruder, der seit 1579 in München regierende Herzog Wilhelm V., den sogenannten Kölnischen Krieg. Sein Sieg brachte dem Haus Bayern nicht nur einen beträchtlichen Bedeutungszuwachs im Reich ein, sondern ermöglichte ihm auch, sich danach für fast zwei

Jahrhunderte den Kölner Erzbischofsstuhl als eine Art geistliche Sekundogenitur zu sichern. Infolge einer wohlüberlegten Personalpolitik bei der Besetzung von Domherrenpfründen und hervorragender Kontakte zur päpstlichen Kurie konnte im Erzstift Köln stets die Wahl eines bayerischen Prinzen bewerkstelligt werden. Dank der spezifisch wittelsbachischen Bistumspolitik konnte den jüngeren Söhnen des Hauses so eine standesgemäße Versorgung zuteilwerden.

Der tiefreligiöse Herzog Wilhelm V., der nicht zu Unrecht den Beinamen »der Fromme« erhielt, intensivierte noch die Religionspolitik seiner Vorgänger, wodurch die konfessionelle Geschlossenheit Bayerns weiter befördert und die Grundlagen für seine viel beschworene Barockkultur des 17. und 18. Jahrhunderts geschaffen wurden. Hatte schon sein Vater Albrecht V. als typischer Renaissancefürst eine üppige Hofhaltung und ein ausgeprägtes Mäzenatentum im Bereich der Musik, der Kunst und der Bücher gepflegt, die seine finanziellen Möglichkeiten überstiegen, geriet Wilhelm V. wegen ähnlicher Neigungen, der hohen Kosten für den Kölnischen Krieg und seiner chaotischen Misswirtschaft in eine derart schwere Finanzkrise, dass er ihr nicht mehr Herr wurde. Im Alter von knapp 50 Jahren verzichtete er deshalb 1598 zugunsten seines Sohnes Maximilian, der zuvor bereits schrittweise in die Staatsgeschäfte eingebunden gewesen war, auf die Herzogswürde.

Unter Maximilian I., einer starken Herrscherpersönlichkeit, die die Regierung in Bayern mehr als fünf Jahrzehnte lang führte, erreichte das konfessionelle Zeitalter mit dem 1618 ausgebrochenen Dreißigjährigen Krieg seinen Höhe- und Endpunkt. Die Eskalation des lange gärenden Konfessionskonflikts im Reich war nach der böhmischen Königswahl von Kurfürst Friedrich V. von der Pfalz endgültig nicht mehr aufzuhalten. Sie bedrohte aus Sicht des bayerischen Herzogs das Reich in seiner tradierten Form. Als Bundesoberst der Katholischen Liga gelang es Maximilian I., seinen Verwandten Friedrich V., das Haupt der Protestantischen Union, militärisch zu besiegen und von der politischen Bühne zu fegen. 1621 erhielt er von Kaiser Ferdinand II. als Entschädigung für seine Kriegskosten die Oberpfalz. 1623 konnte er noch die ihm versprochene Pfälzer Kurwürde an den bayerischen Zweig der Wittelsbacher bringen. Zum höchsten Kreis der Reichsfürsten zu gehören, war seit Langem ein wichtiges Ziel der bayerischen Politik gewesen. Für diese Vorhaben, bei denen sich dynastische mit territorialstaatlichen Interessen deckten, erwies es sich als nützlich, dass Maximilian I. als einer der ersten Fürsten seiner Zeit über ein stehendes Heer verfügte, das im ganzen Reich verwendet werden konnte. Es gelang ihm, seine Erwerbungen, wenn auch unter großen Opfern für Land und Leute, im weiteren Verlauf des Kriegs, der sich zu einem europäischen Machtkampf entwickelte, zu erhalten und im Westfälischen Frieden von 1648 zu sichern. Das zum Kurfürstentum erhöhte Bayern konnte als eigenständige Macht in der europäischen Politik etabliert werden.

Daneben hatte Maximilian I. den inneren Staatsausbau durch Reformen forciert und die Effizienz der Verwaltung gesteigert. Vor allem sanierte er bereits in seinem ersten Regierungsjahrzehnt den Haushalt durch eine Reorganisation des Finanzwesens und eine Vermehrung der Staatseinnahmen, was sein frühabsolutistisches Regiment überhaupt erst ermöglichte. Der zutiefst fromme Herrscher trieb die Katholische Reform weiter voran, der er dabei einen speziell marianischen Zug verlieh. Nach seinem Willen sollte Bayern die Vormacht der katholischen Erneuerung sein. Fürstliche Repräsentation und großzügige Kunstförderung vereinigten sich bei ihm mit religiösem Ausdrucksverlangen, wodurch er die bayerische Barockkultur nachhaltig prägte.

Unter Maximilians Sohn und Nachfolger, Kurfürst Ferdinand Maria, erlebte Bayern für fast drei Jahrzehnte eine Zeit des Friedens, in der es vorrangig um die Bewältigung der Kriegsfolgen und die Konsolidierung des ruinierten Landes ging. Der vorsichtig abwägende Kurfürst erreichte dies durch ein Lavieren zwischen Habsburg und Bourbon, den beiden großen Konkurrenten um die Hegemonie in Europa. Zeitweise galt Ferdinand Maria sogar als ein vielversprechender Kandidat für die vakante Kaiserkrone, doch in realistischer Einschätzung der Lage verzichtete er 1658 auf dieses Wagnis zugunsten des Hauses Habsburg. Von Wien enttäuscht schloss er 1670 einen Vertrag mit Frankreich, das seine bewaffnete Neutralitätspolitik mit Hilfsgeldern für eine kleine Armee honorierte. Durch Ferdinand Marias Heirat mit Henriette Adelheid von Savoyen gelangte der italienische Barock nach Bayern, wo die Kurfürstin den Stil des Münchner Hofes in Geschmacksfragen prägte.

Mit Maximilian II. Emanuel erhielt Bayern einen politischen Hasardeur als Kurfürsten, dem es in erster Linie um Ruhm, Ehre und eine Königskrone ging. Wie schon sein Vater Ferdinand Maria sah auch er sich zwischen die beiden Machtpole Österreich und Frankreich gestellt, die um ihn als Bündnispartner warben. 1683 entschied er sich für ein Bündnis mit dem Kaiser, kämpfte erfolgreich und tollkühn in den Türkenkriegen und wurde 1691 Generalstatthalter der Spanischen Niederlande in Brüssel. Als der letzte spanische Habsburger, der kinderlose König Karl II., den einzigen Sohn aus der Ehe des Kurfürsten mit der Kaisertochter Maria Antonia, Kurprinz Joseph Ferdinand, zu seinem Universalerben einsetzte, schienen Max Emanuels Hoffnungen auf ein Riesenreich und einen Aufstieg seines Hauses in die erste Reihe der europäischen Dynastien aufzugehen. Die hochfliegenden Pläne zerstoben, als das Kind bereits im Februar 1699 starb.

Max Emanuels Bestreben, eine Königskrone zu erwerben, blieb letztlich unerfüllt. Drei andere Reichsfürsten konnten dagegen zur gleichen Zeit ihren ähnlich gelagerten Ehrgeiz befriedigen: Der Kurfürst von Sachsen wurde 1697 König von Polen, der Kurfürst von Brandenburg 1701 König in Preußen und der Kurfürst von Hannover 1714 König von England. Max Emanuels Entscheidung, im Spanischen Erbfolgekrieg an der Seite König Ludwigs XIV. von Frankreich zu kämpfen, um wenigstens teilweise am spanischen Erbe zu partizipieren und eine Krone zu gewinnen, isolierte ihn im Reich. Auf die verheerende militärische Niederlage von Höchstädt 1704 folgte für ihn zwei Jahre später die Verhängung der Reichsacht. Überdies verlor Max Emanuel sein Amt als Generalstatthalter in Brüssel. Während er ins französische Exil ging, erlebte Bayern eine harte zehnjährige Besatzungszeit durch österreichische Truppen. Auf Druck Frankreichs erhielt Max Emanuel bei den Friedensverhandlungen von 1713/14 sein Kurfürstentum, das er selbst dann noch gern gegen ein anderes Land samt Königskrone eingetauscht hätte, in vollem Umfang zurück. 1715 kehrte auch er selbst nach Bayern zurück. Zukunftsträchtiger als all die Großmachtträume Max Emanuels erwies sich am Ende die 1724 geschlossene Wittelsbacher Hausunion. Die Initiative hierzu ging von dem Pfälzer Kurfürsten Karl III. Philipp aus. Der Vertrag, den sämtliche katholischen Angehörigen der Dynastie unterzeichneten, fußte auf alten Erbabsprachen und sah neben der wechselseitigen Erbfolge noch die gemeinsame Ausübung des Reichsvikariats, das Zusammenwirken bei der Kaiserwahl und die gegenseitige militärische Unterstützung bei Angriffen vor. Die Union sollte zudem der Förderung der gesamtwittelsbachischen Hausinteressen dienen. Als Max Emanuel 1726 starb, hinterließ er seinem Sohn und Nachfolger, den er vorsorglich mit einer habsburgischen Kaisertochter verheiratet hatte, ein wirtschaftlich und finanziell zerrüttetes Land, aber auch weitgespannte Ambitionen, die sich auf das zu erwartende österreichische Erbe bezogen.

Kurfürst Karl Albrecht übernahm die väterlichen Bestrebungen. Dass er nicht über die notwendigen machtpolitischen Voraussetzungen verfügte, entging ihm offenbar. Als 1740 mit Kaiser Karl VI. der letzte männliche Habsburger starb, erhob er sofort Erbansprüche. Im Bündnis mit Frankreich, Spanien, Brandenburg-Preußen und Sachsen gelang es ihm, zum böhmischen König gekrönt und dann zum römischen Kaiser gewählt zu werden. Als Karl VII. war er zwar ab 1742 das dritte Wittelsbacher Reichsoberhaupt, doch militärisch konnte er nicht dem Druck der neuen habsburgischen Herrscherin Maria Theresia standhalten. Er wurde zu einem Kaiser ohne Land und Geld. Erst 1744 konnte er in seine Stammlande zurückkehren, wo er ein Jahr später starb. Sein Sohn, Kurfürst Maximilian III. Joseph, sah sich angesichts Bayerns desolater Lage und neuer militärischer Rückschläge gezwungen, den alten Traum einer Beerbung Habsburgs zu begraben, und verzichtete, wenn auch ungern, auf alle Ansprüche. 1745 brachte er für sich den Österreichischen Erbfolgekrieg zum Abschluss und schloss den Frieden von Füssen, in dem Österreich die Bedingungen diktieren konnte. Max III. Joseph verlegte sich überwiegend auf die Innenpolitik, wozu u. a. die Gründung der Bayerischen Akademie der Wissenschaften 1759 und die von seinem Kanzler Wiguleus von Kreittmayr verfassten drei Gesetzbücher, die die bayerische Gesetzgebung für Jahrzehnte bestimmten, als Meilensteine gehörten. Eine Sanierung der zerrütteten Staatsfinanzen glückte ihm allerdings nicht. Mit ihm starb am 30. Dezember 1777 die altbayerische Linie der Wittelsbacher aus.

Hatten sich die europäischen Kabinette in den vergangenen Jahrzehnten eingehend mit Erbfolgefragen im Zusammenhang mit dem habsburgischen Erbe in Spanien und später in Österreich beschäftigt und Kriege darum geführt, war seit den 1750er-Jahren die bayerische Erbfolge allmählich in ihren Fokus gerückt; denn nun war der Fortbestand der wittelsbachischen Dynastie zum entscheidenden Problem geworden. Angesichts dieser Lage intensivierten Kurfürst Max III. Joseph von Bayern und Kurfürst Karl Theodor von der Pfalz ihre Kontakte und banden die Hausunion mittels einer Reihe von Verträgen 1761, 1766, 1771 und 1774 immer enger zusammen.

Bei Max III. Josephs kinderlosem Tod 1777 waren deshalb alle Vorbereitungen für eine Regierungsübernahme durch den Pfälzer Kurfürst Karl Theodor getroffen, der laut der Hausverträge in München zu residieren hatte. Kaiser Joseph II. erhob jedoch selbst Ansprüche auf das bayerische Erbe und ließ seine Soldaten einmarschieren. Während sich in München ein altbayerischer Widerstand bildete, der sich gegen eine Aufteilung oder Zerstückelung aussprach, rückten preußische Truppen in Böhmen ein, um einen derart großen Machtzuwachs Österreichs zu verhindern. Der Bayerische Erbfolgekrieg, der wegen seiner Ereignislosigkeit spöttisch als »Kartoffelkrieg« oder »Zwetschgenrummel« tituliert wurde, schleppte sich dahin, bis das Eingreifen Russlands an der Seite Preußens drohte. Im Frieden von Teschen im Mai 1779 musste Joseph II. auf Bayern verzichten und sich mit dem Innviertel begnügen. Wiederholt versuchte Wien danach noch Karl Theodor zu einem Ländertausch u. a. mit den Österreichischen Niederlanden zu bewegen, indem es für diesen Fall mit der Königswürde lockte.

Nachdem Kurfürst Karl Theodor 1799 ebenfalls ohne einen legitimen männlichen Erben zu hinterlassen gestorben war, ging das Erbrecht an die Linie Pfalz-Birkenfeld-Zweibrücken über. Als der Zweibrücker Pfalzgraf Maximilian Joseph mit seiner Familie nach München kam, herrschte Erleichterung über seine Ankunft, da damit der Fortbestand von Dynastie und Staat gesichert schien. Die politische Lage des Kurfürstentums Pfalz-Bayern war indessen höchst diffizil und sein Weiterbestehen erneut fraglich. Die europäische Staatengesellschaft durchlebte seit Ausbruch der Französischen Revolution 1789 einen Zustand schwerster Spannungen. Seit 1792 befand sich Europa fast permanent im Krieg. Das wittelsbachische Länderkonglomerat war dabei zwischen dem revolutionären Frankreich und dem habsburgischen Österreich eingeklemmt, weswegen es gezwungen war, sich mittels Lavieren, Neutralität oder raschem Bündniswechsel zu behaupten. Die linksrheinische Pfalz ging bereits 1793 an Frankreich verloren, Kurbayern wurde ab 1796 zum Kriegsschauplatz. Der neue Landesherr Max IV. Joseph musste sich, mit Unterstützung seines leitenden Ministers Maximilian von Montgelas, in den schwierigen Entscheidungsprozessen bewähren, um seinen Staat abzusichern. Unter ihm sollte Bayern endlich zum Königreich aufsteigen.

Sabina

* 1492 in München
† 1564 in Nürtingen

Herzogin von Württemberg

Schon als Sechsjährige wurde die am 24. April 1492 geborene bayerische Herzogstochter Sabina zu einem Objekt dynastischer Heiratspolitik, als ihr Onkel, der römisch-deutsche König und spätere Kaiser Maximilian I., und ihr Vater, Herzog Albrecht IV. der Weise, ihre Verlobung mit dem nur vier Jahre älteren württembergischen Herzog Ulrich anbahnten. Sabina entstammte Albrechts Ehe mit Maximilians einziger Schwester Kunigunde. Nach dem Willen Maximilians sollte das Herzogtum Württemberg auf diese Weise enger in das habsburgische Bündnissystem eingebunden werden. Dem Herzog von Bayern-München lag besonders an Württembergs Unterstützung im bevorstehenden Landshuter Erbstreit, jenem innerwittelsbachischen Konflikt um das Erbe des letzten Herzogs von Bayern-Landshut.

Da sich Ulrich von Württemberg bloß widerwillig in diese von ihm als aufoktroyiert empfundene Verbindung mit der Prinzessin schickte und die Heirat hinauszuschieben trachtete, konnte die Hochzeit erst am 2. März 1511 in Stuttgart gefeiert werden. Die großartige höfische Prachtentfaltung bei den mehrtägigen Feierlichkeiten diente dem württembergischen Herzog vor allem dazu, Macht und Ansehen seines Hauses zu demonstrieren. Der hierfür betriebene Aufwand stieß allerdings in Zeiten immenser Teuerungen und angesichts der Verschuldung des Landes nicht überall auf ein positives Echo.

Unglücklicherweise wurden mit dieser Eheallianz zwei Menschen miteinander verbunden, deren charakterliche Veranlagung von Anfang an einem harmonischen Zusammenleben im Weg stand. Der jähzornige, rabiate und dabei zutiefst misstrauische

Ulrich galt als überaus schwierige Persönlichkeit, woran sicherlich das problematische familiäre Umfeld und eine unstete Erziehung ihren Anteil hatten. Während Ulrichs Mutter, Gräfin Elisabeth von Zweibrücken-Bitsch, kurz nach seiner Geburt gestorben war, litt sein Vater Graf Heinrich von Württemberg allem Anschein nach an einer Geisteskrankheit, weshalb man ihn seit 1490 den Großteil der Zeit wegsperrte. Ulrichs Vormünder widmeten seiner Ausbildung nur wenig Aufmerksamkeit. 1503 hatte ihn Maximilian I. vorzeitig für mündig erklärt. Sabina hatte im Gegensatz zu ihrem Ehemann eine glücklichere Kindheit und Jugend erlebt. Die selbst- und standesbewusste Wittelsbacherin, der Zeitgenossen einen Mangel an weiblicher Anmut und Sanftheit attestierten, stand Ulrich im Hinblick auf Eigensinn und Streitlust in nichts nach. Die vier zusammen verbrachten Ehejahre nahmen so einen katastrophalen Verlauf. Der Herzog wurde gegenüber seiner Gattin, die ihren Standpunkt hartnäckig in heftigen Wortgefechten zu vertreten pflegte, offenbar sogar handgreiflich. In einem Brief an Kaiser Maximilian I. räumte er dies 1519 ein: »[…], dann allein ein einigs mall, sie uns so übermessig bewegt, das wir sie mit der hant geschlagen, und dannecht nit zu hart.« Sabina sprach hingegen von übler Misshandlung. Ulrich habe sie geschlagen »unter anderer grausamer Erzeigung zu der Erden, in mein Angesicht, zu meinem Herzen und sonst auch, auf einen Arm, daß ich etlich Zeit in einer Schlinge hab tragen müssen, mit den und dergleichen grausamen Worten: es muß geschlagen seyn, und das seye nur Vorbott; so er mich hernach mehr schlage, wolle er mich zu tod schlagen«. Die Geburt der zwei Kinder, der am 30. Januar 1513 geborenen Tochter Anna und des am 12. Mai 1515 geborenen Sohnes Christoph, änderte nichts an der Ehemisere.

Eine Wende nahm das Ehedrama, als Herzog Ulrich am 8. Mai 1515 seinen Stallmeister Hans von Hutten, an dessen schöner Ehefrau er wohl selbst Gefallen gefunden hatte, auf der Jagd im Böblinger Forst hinterrücks ermordete. Die brutale Tat verschärfte die politische Krisensituation, in die Württemberg unter Ulrichs Herrschaft geraten war. Herzogin Sabina, die sich nach Urach zurückgezogen hatte, fürchtete nun ebenfalls um ihr Leben, zumal sie in Kontakt zu oppositionellen Kräften stand. Schon seit Längerem hatte sie erwogen, ihren Ehemann zu verlassen und Schutz bei ihren Brüdern in Bayern zu suchen. Als sie von Ulrich nachdrücklich dazu aufgefordert wurde, mit den beiden Kindern nach Stuttgart überzusiedeln, entschloss sie sich zur Flucht. Beistand fand sie bei Dietrich Spät (Speth). Der württembergische Erbtruchsess, der zu den reichsten Adeligen im Herzogtum gehörte, war mit Hans von Huttens weitverzweigter Familie verwandt, die seit dem Mord zu den erbittertsten Feinden des Herzogs zählte. Mit Späts Hilfe, aber auch mit Unterstützung durch ihre Brüder und wahrscheinlich mit Billigung des Kaisers glückte Sabina im November 1515 die Flucht außer Landes. Ihre Kinder musste sie dabei zurücklassen. Ihren so bloßgestellten Gatten sollte sie zeitlebens nicht mehr wiedersehen. Die bayerischen Herzöge Wilhelm IV. und Ludwig X. rechtfertigten ihre Schwester danach öffentlich. Sabina betonte gegenüber dem Kaiser, dass ihr Mann sie in einer Weise behandelt habe, wie es »zwuschennt Eegemechten unnd sonnderlich fürstlichenn personen unerhört ist«. Dank der Flugschriften und Ausschreibungen der Streitparteien, in denen sie ihren jeweiligen Standpunkt darlegten, wurde aus den innerfamiliären Querelen ein Skandal und Politikum vor aller Welt.

Weder die von Kaiser Maximilian I. vermittelten Vergleiche noch die von diesem 1516 und 1518 über Herzog Ulrich verhängte Reichsacht zeigten sonderlich Wirkung. Der Württemberger, der sich inzwischen mit seiner aggressiven Politik viele Feinde gemacht hatte, überspannte 1519 den Bogen endgültig. Als Ulrich das vorübergehende Machtvakuum nach Maximilians Tod dazu benutzte, die Reichsstadt Reutlingen zu überfallen, um sie seinem Herzogtum einzuverleiben, rief er den Schwäbischen Bund auf den Plan, der den Landfriedensbruch an seinem Mitglied nicht hinnahm und den Herzog rasch militärisch besiegte. An Ulrichs Vertreibung aus Württemberg waren die bayerischen Herzöge maßgeblich beteiligt. Eine bayerische Vormundschaftsregierung für ihren Sohn Christoph, wie sie sich Sabina wünschte, ließ sich auf Dauer nicht bewerkstelligen. Trotz ihrer wiederholten Bemühungen, dem Sohn sein rechtmäßiges Erbe zu erhalten, regierten ab Februar 1520 die Habsburger in Württemberg, weil Kaiser Karl V. dem Schwäbischen Bund die Erstattung der hohen Kriegskosten zugesagt hatte. Als Herzogin Sabina 1519 nach Urach zurückkehren konnte, sah sie endlich ihre beiden Kinder wieder. Es gelang ihr durchzusetzen, dass ihre Tochter Anna bei ihr in Urach bleiben durfte, wo diese bereits 1530 verstarb. Entgegen dem Willen der Herzogin kam ihr Sohn zur Erziehung an die Höfe der Habsburger, bevor er im Oktober 1532 zu seinen Verwandten nach Bayern floh. Christoph befürchtete wohl nicht ganz zu Unrecht, von den Habsburgern sonst um sein Erbe gebracht zu werden. Als machtpolitische Rivalen der Habsburger waren die bayerischen Herzöge durchaus bereit, ihren Neffen zu unterstützen.

Als es Herzog Ulrich, der sich im Exil der Reformation zugewandt und dadurch neue Bündnispartner gewonnen hatte, 1534 mit Hilfe des hessischen Landgrafen Philipp, einem der einflussreichsten protestantischen Fürsten im Reich, im dritten Anlauf gelungen war, das Herzogtum Württemberg zurückzuerobern, sah sich Sabina erneut zur Flucht gezwungen, die sie zunächst nach Weingarten, dann nach Bregenz führte. Seit 1538 hielt sie sich wieder in Bayern auf. Einige Jahre lebte sie bei ihrem inzwischen kranken Bruder Ludwig in Landshut und umsorgte diesen. Als Ludwig im April 1545 unverheiratet starb, beanspruchte Sabina, die seit ihrer ersten Flucht mit finanziellen Problemen zu kämpfen hatte, einen größeren Teil seiner Hinterlassenschaft für sich, worüber es zum Streit mit ihrem ältesten Bruder Wilhelm kam, der immer heftigere Formen annahm. Da sich Sabina nun entschlossen zeigte, ihren Erbverzicht, den sie vor ihrer Heirat 1511 hatte leisten müssen, zu widerrufen, ordnete der Herzog den Arrest seiner Schwester an. Nach 16 Wochen Beugehaft in der Neuen Veste in München gab die Herzogin entnervt und geschwächt auf und erkannte am 16. September 1545 ihren Erbverzicht an, um wieder freigelassen zu werden.

Erst als Herzog Ulrich am 6. November 1550 starb, war für seine nunmehrige Witwe eine Rückkehr nach Württemberg möglich. Als Mutter des neuen regierenden Herzogs Christoph erhielt sie das heute nicht mehr existente Schloss Nürtingen als Witwensitz. Ihr Sohn sorgte für einen angemessenen Unterhalt, sodass sie sich dort nicht nur einen eigenen kleinen Hofstaat leisten konnte, sondern auch in der Lage war, großzügig Arme und Bedürftige zu unterstützen. Nachdem sie sich seit Längerem für die Ideen der Reformation aufgeschlossen gezeigt hatte, trat Sabina im Jahr 1552 öffentlich zum Protestantismus über, womit sie sich deutlich von ihrer habsburgischen und bayerischen Verwandtschaft abgrenzte. Die belesene Fürstin musste nun die evangelischen Schriften und Bücher in ihrer Bibliothek nicht mehr verbergen. Ihr Alterssitz entwickelte sich zu einem regionalen Zentrum des Protestantismus in Württemberg. Ursprünglich hatte sie zwar die strengere Lehre Zwinglis und Calvins bevorzugt, doch Herzog Christoph setzte in Württemberg konsequent das lutherische Bekenntnis durch, das bereits unter seinem Vater eingeführt worden war.

Offenbar blieb die Wittelsbacherin bis ins hohe Alter hinein eine streitfreudige Persönlichkeit, die Auseinandersetzungen nicht aus dem Weg ging, wenn sie sich im Recht wähnte. Als ihr jüngster Bruder Ernst, der einstige Administrator des Bistums Passau und des Bistums Salzburg, im Dezember 1560 starb, erhob Sabina als letzte Überlebende aus dem Geschwisterkreis Anspruch auf die Hinterlassenschaft. Der Erbschaftsprozess mit ihrem Neffen Herzog Albrecht V. von Bayern zog sich so lange hin, dass sie noch kurz vor ihrem Tod wegen ihres »hoch alter, große und täglichs wachsende leibs blödigkait« auf einen rascheren Abschluss drängte. Am 30. August 1564 starb Herzogin Sabina im Alter von 72 Jahren an einem Schlaganfall. Bestattet wurde sie in der Grablege der württembergischen Herzöge im Chorraum der Stiftskirche zu Tübingen an der Seite ihres ungeliebten Gatten Ulrich. Trotz der reichen Kinderschar, die aus der Ehe ihres Sohnes Christoph mit der Markgräfin Anna Maria von Brandenburg-Ansbach hervorgegangen war, starb diese Linie des Hauses Württemberg bereits 1593 mit Sabinas Enkel Herzog Ludwig aus.

Maximilian I.

* 1573 in München
† 1651 in Ingolstadt

Kurfürst von Bayern

Bayerns erster und zugleich bedeutendster Kurfürst Maximilian I. kam am 17. April 1573 als ältester Sohn Herzog Wilhelms V. des Frommen und der Prinzessin Renata von Lothringen zur Welt. Als Erstgeborener erhielt er eine sorgfältige, dabei religiös begründete Erziehung. Außer Latein und etwas Griechisch lernte Maximilian hauptsächlich Französisch und Italienisch, beherrschte aber auch ein wenig Tschechisch und Spanisch. Nach dem Ende seines dreieinhalbjährigen Studiums an der Jesuitenuniversität in Ingolstadt, wo er sich bis 1591 schwerpunktmäßig mit Rechtswissenschaften beschäftigt hatte, erwarb der Prinz auf Reisen ins Ausland Einblicke in die internationale Politik, knüpfte Kontakte zu verschiedenen europäischen Höfen und nutzte seine Aufenthalte gleichzeitig zur Brautschau. In Nancy fand er seine zukünftige Ehefrau unter den Töchtern Herzog Karls III. von Lothringen und heiratete im Februar 1595 seine Cousine Elisabeth Renata. Die offenbar harmonische Ehe blieb allerdings kinderlos.

Herzog Wilhelm V. hatte inzwischen einen dermaßen hohen Schuldenberg angehäuft, dass er, völlig überfordert, seinen 21-jährigen Sohn seit April 1594 an der Regierung des Herzogtums beteiligte und ihn im Januar 1595 zum Mitregenten ernannte. Der administrativ begabte und mit bemerkenswerten finanzpolitischen Fähigkeiten ausgestattete Maximilian hatte bereits seit 1591 an Sitzungen des Hofrats teilgenommen. Da diese Doppelregierung nicht gut funktionierte, zog sich Wilhelm V. immer mehr von den Regierungsgeschäften zurück und dankte am 15. Oktober 1597 ab. Am 4. Februar 1598 wurde der Regierungswechsel endgültig vollzogen, als Wilhelm die Beamten, Lehensleute und

Untertanen von ihrem Treueid entband. Herzog Maximilian erwies sich als der Aufgabe gewachsen und modernisierte das Land grundlegend. Als unermüdlicher und disziplinierter Arbeiter widmete er sich den Details der Verwaltung, leitete die Regierungsgeschäfte persönlich unter Heranziehung befähigter Mitarbeiter, überwachte streng die Amtsleute und sanierte vor allem die maroden Staatsfinanzen, was ihm größere politische Unabhängigkeit und Gestaltungsspielraum verschaffte. Er verwies selbst zu Beginn seiner Regierung darauf, dass »wir [...] nimmermehr khein authoritet haben« werden, »biss wir doch in geltsachen unss besser schwingen«. Neben einer strikten Rechnungskontrolle sowie einer Reorganisation der Verwaltung verbesserte er die Einkünfte aus Steuern und Zöllen, aus der Salzproduktion und dem Salzhandel. Außerdem zog er das Weißbiermonopol an sein Haus. Im Sinn des Frühmerkantilismus förderte er Handel und Gewerbe. Ab 1612 konnte er nahezu völlig ohne die Mitsprache der Landstände regieren und etablierte so eine frühabsolutistische Herrschaft, deren erster deutscher Vertreter er damit wurde. Zur Umwandlung seines Herzogtums in eines der bestverwalteten Territorien im Reich trug der *Codex Maximilianeus* von 1616 bei. Das neue Landrecht brachte die Rechtseinheit von Ober- und Niederbayern und blieb bis 1756 in Kraft.

Der auf Distanz bedachte und bisweilen asketisch wirkende Fürst war aber nicht nur ein nüchterner Staatslenker, sondern erwies sich auch als ein begeisterter Kunstliebhaber, der vor allem Gemälde seines Zeitgenossen Peter Paul Rubens und des von ihm verehrten Albrecht Dürer sammelte. Die Münchner Residenz ließ Maximilian für Repräsentationszwecke zu einem glanzvollen Palast umbauen und erweitern. Für den eifrigen Katholiken war der Einbau der »Reichen Kapelle«, seinem privaten Andachts- und Gebetsraum in der Residenz, von besonderer Bedeutung, da hier seine zahlreichen Reliquienschätze ihren Platz fanden. 1616 ließ er als großer Marienverehrer an der Westfassade der Residenz die monumentale Bronzestatue der Muttergottes von Hans Krumper als *Patrona Boiariae*, als Schutzherrin Bayerns, anbringen. Ein weiteres eindrucksvolles Zeugnis seiner Marienverehrung ist die 1638 errichtete Mariensäule auf dem damaligen Schrannenplatz in München, dem heutigen Marienplatz. Der fromme Herrscher achtete rigoros auf die religiöse Pflichterfüllung seiner Untertanen. Um ihre Lebensführung und Denkweise entsprechend zu formen, förderte er Reformorden, den Marienkult und Wallfahrten, was den Charakter Bayerns in der Tat nachhaltig prägte. Der verhängnisvollen Hexenlehre seiner Epoche blieb Maximilian zeitlebens verhaftet und ging gegen das vermeintliche Hexenwesen hart vor. Mit dem Hexenmandat von 1611 erließ er eine ausgeklügelte Hexengesetzgebung, doch kam es in Bayern trotzdem nie zu einer ähnlich flächendeckenden, systematischen Verfolgung wie in verschiedenen benachbarten fränkischen und schwäbischen Territorien. Die Zahl der Opfer des Hexenwahns blieb somit in Bayern wenigstens mengenmäßig begrenzt.

Seit Ausbruch des Dreißigjährigen Kriegs stand weitgehend die Außenpolitik im Mittelpunkt von Maximilians Aufmerksamkeit, obschon er zuvor immer wieder außenpolitisch aktiv geworden war. 1609 war ihm die Gründung der Katholischen Liga geglückt, in der fast alle katholischen Stände des Reichs vereinigt waren. Diesem auf die Verteidigung des hergebrachten Rechtszustands abzielenden Bündnis stand er als Bundesoberst vor und wurde damit zum Vorkämpfer der gegenreformatorischen Kräfte im Reich. Nachdem der calvinistische Kurfürst Friedrich V. von der Pfalz 1619 die böhmische Königskrone angenommen hatte, die ihm vom protestantischen Adel in Böhmen, der sich gegen die habsburgische Herrschaft auflehnte, angeboten worden war, zeigte sich Maximilian bereit, Kaiser Ferdinand II. bei der Niederwerfung des Aufstands in Böhmen zu unterstützen. Aus Sorge um die Aufrechterhaltung der katholischen Reichsverfassung, aber auch um Vorteile für sein Haus herauszuholen, sagte er dem Kaiser, der über keine eigene schlagkräftige Armee verfügte, seine Hilfe zu. Im Münchner Vertrag vom 8. Oktober 1619 ließ er sich die freie Disposition über das Ligaheer und den Ersatz sämtlicher Kriegskosten zusichern. Im Falle eines Siegs forderte der Herzog darüber hinaus die pfälzische Kurwürde für sich. Ferdinand II. versprach ihm diese Rangerhöhung mündlich. 1620 trat Maximilian in den Krieg ein, den er auf Böhmen zu beschränken beabsichtigte. Während des jahrzehntelangen Kriegs wurde er zu einem der wichtigsten Protagonisten auf katholischer Seite. Zusammen mit den kaiserlichen Truppen besiegte das Ligaheer die Böhmen am 8. November in der Schlacht am Weißen Berg vor Prag. Mit diesem Sieg triumphierte die bayerische über die pfälzische Linie im Hause Wittelsbach.

Der als »Winterkönig« verspottete Friedrich V., der danach von der Pfalz aus weiterkämpfte, wurde im Januar 1621 von Ferdinand II. unter Umgehung des Kurfürstenkollegs mit der Reichsacht belegt. Nachdem er 1623 endgültig geschlagen worden war, musste er den Rest seines Lebens im niederländischen Exil zubringen. Wie vereinbart erhielt Maximilian vom Kaiser zunächst geheim, dann im Februar 1623 öffentlich die dem geächteten Pfälzer aberkannte Kurwürde. Als Ersatz für seine Kriegskosten bekam er 1628 die rechtsrheinische Pfalz und die Oberpfalz. Die Verleihung der pfälzischen Kurwürde an den Bayernherzog stieß bei den Kurfürsten, aber auch in Spanien, wo man sich um eine Ausweitung des Kriegs sorgte, auf Ablehnung. Zustimmung fand diese Übertragung dagegen beim Papst, der größten Wert auf ein katholisches Übergewicht im Kurfürstenkolleg legte, und bei Frankreich, das sich von dem neuen Kurfürsten einen mächtigen Rivalen gegenüber den Habsburgern erhoffte. Bis zum Ende des Dreißigjährigen Kriegs bestimmten nun die Bewahrung der Kurwürde und der Erhalt der territorialen Gewinne Maximilians weiteres politisches Handeln.

Bis 1630 verlief der Krieg für den bayerischen Kurfürsten und die katholische Seite erfolgreich. Maximilians Feldherr Johann Tserclaes von Tilly blieb auf dem Schlachtfeld siegreich. Da Kaiser Ferdinand II. inzwischen dank des böhmischen Feldherrn und Kriegsunternehmers Albrecht von Wallenstein selbst über ein imposantes Heer verfügte, das die Ligaarmee in den Schatten stellte, befürchtete Maximilian, dies könne dem Kaiser den Aufbau einer absoluten Vormachtstellung im Reich ermöglichen. 1630 setzte er daher mit Unterstützung sämtlicher Kurfürsten die Entlassung Wallensteins und die Reduzierung der kaiserlichen Armee durch. Das erwies sich für die katholische Partei bald als ebenso verhängnisvoll wie das Restitutionsedikt von 1629, auf das Maximilian und die anderen Ligafürsten gedrängt hatten. Weil das Edikt die Rückgabe aller seit 1552 von den Protestanten eingezogenen Kirchengüter vorsah, fühlten sich die protestantischen Reichsstände im Ganzen bedroht und bildeten erstmals eine Einheitsfront.

Mit dem Eingreifen des schwedischen Königs Gustav Adolf in den Krieg im Jahr 1630 wendete sich das Blatt, da ihm die Liga und der militärisch geschwächte Kaiser nicht viel entgegenzusetzen hatten. 1632 fielen schwedische Truppen in Bayern ein, wobei es zu weiträumigen Verheerungen kam. Betroffen teilte Maximilian seinem Bruder, dem Kurfürsten und Erzbischof Ferdinand von Köln, mit: »Euer Liebden würden das arme Beierland nit mehr kennen, dergleichen Crudelität [Grausamkeit] ist in diesem Kriege nit erhört worden.« Erst die Schlacht bei Nördlingen, in der die Schweden eine vernichtende Niederlage erlitten, brachte zwei Jahre später den Wandel. Im 1635 geschlossenen Frieden von Prag erkannten die protestantischen Kurfürsten von Sachsen und Brandenburg die bayerischen Gewinne an. Dafür stimmte Maximilian zu, dass auf die weitere Durchführung des Restitutionsedikts verzichtet wurde.

Während einer ruhigeren Phase im Kriegsverlauf sah sich Maximilian I. der Sorge um seine Nachfolge enthoben, die sonst an die Söhne seines jüngsten Bruders Albrechts gefallen wäre. Nach dem kinderlosen Tod seiner ersten Ehefrau im Januar 1635 heiratete der 61 Jahre alte Kurfürst im Juli desselben Jahres seine Nichte Maria Anna. Durch diese Eheschließung mit der ältesten Tochter Kaiser Ferdinands II. wurde das gute Einvernehmen zwischen den Höfen von München und Wien wiederhergestellt. Die Erzherzogin schenkte Maximilian im Oktober 1636 den heißersehnten Thronerben Ferdinand Maria. Zwei Jahre später kam mit Maximilian Philipp ein zweiter Sohn zur Welt.

Durch Frankreichs offenen Kriegseintritt im Jahr 1635 veränderte sich die Situation erneut. Bayern wurde dadurch 1646 und 1648 nochmals zum Kriegsschauplatz. Mehrmals fielen französische und schwedische Truppen ein und sorgten für gewaltige Verwüstungen. Das Kurfürstentum litt überdies unter Seuchen und Hungersnöten, seine Finanzen waren nahezu aufgebraucht und die Wirtschaft lag am Boden. Immer wieder verhandelte Maximilian mit Paris und Wien, um den Krieg zu beenden. Trotz seines energischen Drängens auf Friedensverhandlungen war er jedoch nicht bereit, auf die Kurwürde und die Oberpfalz zu verzichten. Ebenso wenig wollte er auf weitergehende konfessionspolitische Zugeständnisse eingehen. Um Kaiser Ferdinand III., der 1637 seinem Vater Ferdinand II. gefolgt war, mit Nachdruck zum Friedensschluss zu bewegen, ging der Kurfürst 1647 sogar mit Frankreich, Schweden und Hessen-Kassel einen befristeten Waffenstillstand ein. Als der Kaiser schließlich Verhandlungen zustimmte, kehrte Maximilian wieder auf dessen Seite zurück. Bei den Friedensverhandlungen in Münster und Osnabrück gelang es ihm, Bayern die Kurwürde und die Oberpfalz zu erhalten. Für den Konfessionsstand der Oberpfalz galt zudem nicht das sonst festgesetzte »Normaljahr« 1624, sodass die dort von Maximilian eifrig betriebene Rekatholisierung nicht zurückgenommen werden musste. Da der Westfälische Frieden von 1648 die Reichsstände für bündnisfähig mit ausländischen Staaten erklärte, war das Kurfürstentum Bayern jetzt eine europäische Mittelmacht.

Nach dem Friedensschluss verblieben dem Kurfürsten noch drei Jahre, um mit der Beseitigung der schweren Schäden zu beginnen, die Land und Leute in den Kriegsjahren erlitten hatten. Am 27. September 1651 starb Kurfürst Maximilian I. an den Folgen einer Lungenentzündung, die er sich bei schlechtem Wetter auf einer Wallfahrt zugezogen hatte. Anders als viele Fürsten seiner Zeit verzichtete er auf die Errichtung eines prächtigen Grabmonuments für sich. Auch auf pompöse Bestattungsfeierlichkeiten legte er keinerlei Wert. Die lateinische Inschrift auf seinem Sarkophag, der in die Gruft der Münchner Jesuitenkirche St. Michael kam, fasste seine Rolle als Herrscher übersetzt dahingehend zusammen: »An Weisheit der Salomon seiner Zeit, durch militärische Erfolge, Frömmigkeit und Ruhm in aller Welt bekannt, führte er mit vier Königen Krieg und brachte die Kurwürde und die Oberpfalz wieder an Bayern zurück. Nach einem dreißigjährigen Krieg bemühte er sich um den Frieden Deutschlands und erreichte ihn auch.« Für Maximilians erst 15 Jahre alten Sohn und Nachfolger Ferdinand Maria, der von ihm ein vergrößertes und in sich gefestigtes Territorium sowie die Kurwürde erbte, übten die Kurfürstinwitwe Maria Anna und ihr Schwager Albrecht VI. bis 1654 die Regent- und Vormundschaft aus.

Maximilian II. Emanuel

* 1662 in München
† 1726 in München

Kurfürst von Bayern

Als der spätere bayerische Kurfürst Maximilian II. Emanuel, für den die eingängige Abkürzung Max Emanuel schon zu seinen Lebzeiten gebräuchlich war, am 11. Juli 1662 zur Welt kam, herrschte bei seinen Eltern, dem Kurfürstenpaar Ferdinand Maria und Henriette Adelheid, nicht nur Freude über die Geburt eines gesunden Thronerbens, sondern auch große Dankbarkeit. Wegen ihrer jahrelangen Kinderlosigkeit hatte die Kurfürstin 1659 ein Gelübde abgelegt, bei der Geburt eines Erbprinzen eine Kirche zu stiften. In Erfüllung dieses Gelöbnisses fand 1663 die Grundsteinlegung für die barocke Theatinerkirche St. Kajetan in München statt.

Der heiß ersehnte Prinz, der eine zeitübliche sorgfältige Erziehung zum vollendeten Hofkavalier genoss, hatte zu seiner Mutter ein engeres Verhältnis als zu seinem Vater. Auch in charakterlicher Hinsicht ähnelte er mehr Henriette Adelheid von Savoyen. Wie sie entwickelte er eine Vorliebe für Repräsentation und Prunk sowie für Feste und Geselligkeit. Von ihr übernahm er außerdem das Streben nach Größe und Ruhm. Auf den frühen Tod der Mutter im März 1676 folgte bereits drei Jahre später, am 27. Mai 1679, jener des Vaters. Für den noch nicht volljährigen Max Emanuel und seine drei Geschwister übernahm der Onkel väterlicherseits, Maximilian Philipp, die Vormundschaft und führte bis zum 7. Juli 1680 geschickt die Regentschaft.

In seinen ersten beiden Regierungsjahrzehnten agierte Kurfürst Max Emanuel an der Seite des Kaisers. Er beteiligte sich an der Entsetzung Wiens, das 1683 mehrere Monate lang von türkischen Truppen belagert wurde. Mit seinen Soldaten hatte er wesentlichen Anteil an der entscheidenden Schlacht am Kahlenberg am 12. September 1683. Nach diesem erfolgreich abgewehrten Vorstoß der Türken nahm Max Emanuel als Feldherr an der habsburgischen Offensive gegen das Osmanische Reich teil, die darauf abzielte, die von den Türken im 16. Jahrhundert eroberten Gebiete Ungarns zurückzuerlangen. Bei den Kämpfen schonte der Kurfürst, der nach Kriegsruhm strebte, seine eigene Person keineswegs, sondern nahm auch Verwundungen für sich in Kauf. Insgesamt sollte er in seinem Leben 22 Feldzüge persönlich führen. Der Feldzug von 1688 und die von ihm befehligte Eroberung Belgrads bildeten den Höhepunkt in seiner militärischen Laufbahn. Wegen seines bayerisch-blauen Uniformrocks verliehen die Türken ihm den Beinamen »Blauer König«. Weniger siegreich verlief für ihn 1689 seine Teilnahme am Pfälzischen Erbfolgekrieg, wo er gegen die dort eingefallenen Franzosen kämpfte.

Dem politisch äußerst ambitionierten jungen Fürsten gelang es, im Juli 1685 die einzige überlebende Tochter Kaiser Leopolds I. aus dessen erster Ehe mit der spanischen Infantin Margarita Teresa zu heiraten. Erzherzogin Maria Antonia besaß durch ihre Mutter Ansprüche auf den spanischen Thron. Die Erbfolge in diesem immer noch beeindruckenden Weltreich bot angesichts des bevorstehenden Erlöschens der spanischen Habsburger vielfältige Chancen. Bayern wurde dadurch zu einem Akteur im Spiel um das spanische Erbe, das das wichtigste, aber auch konfliktträchtigste internationale Problem am Ende des 17. Jahrhunderts bildete. Die aus dynastischem Interesse geschlossene Ehe mit der Erzherzogin nahm wegen des mangelnden gegenseitigen Verständnisses der Ehepartner und Max Emanuels ganz offen ausgelebter Mätressenwirtschaft einen unglücklichen Verlauf. Die sich zutiefst verletzt fühlende Maria Antonia starb 1692, erst 23 Jahre alt, wenige Monate nach der Geburt ihres Sohnes Joseph Ferdinand. Max Emanuels lockerer Lebenswandel belastete genauso seine zweite, 1695 eingegangene Ehe mit Prinzessin Therese Kunigunde, einer Tochter des polnischen Königs Johann III. Sobieski.

Die Frage der spanischen Erbfolge hatte bereits bei Max Emanuels Ehevertragsverhandlungen mit Kaiser Leopold I. eine wesentliche Rolle gespielt. Erstmals war dabei von einer Statthalterschaft des Kurfürsten in den Spanischen Niederlanden die Rede. Hier zeichnete sich die Möglichkeit ab, dereinst ein erbliches Königtum errichten zu können. Das Erringen einer Königskrone und die damit verbundene größere politische Macht waren damals das Bestreben vieler deutscher Reichsfürsten. Im Dezember 1691 wurde Max Emanuel dank der Empfehlung des englischen Königs Wilhelm III. tatsächlich zum Generalstatthalter und Generalkapitän der Niederlande in Brüssel ernannt, wo er im März 1692 eintraf. Bayern sah seinen Landesherrn für neun Jahre nicht mehr wieder. In Brüssel entwickelte sich Max Emanuel zu einem versierten Gemäldesammler, der nun hauptsächlich niederländische Kunstwerke erwarb. Selbst sehr musikalisch veranlagt galt der Wittelsbacher vor allem als virtuoser Spieler der Viola da gamba.

Als der kinderlose König Karl II. von Spanien den bayerischen Kurprinzen Joseph Ferdinand, seinen Großneffen, am 11. November 1698 testamentarisch zu seinem Universalerben bestimmte, um eine Aufteilung des spanischen Reichs und einen Erbfolgekrieg zu verhindern, schien sich dem Haus Bayern der Aufstieg zu einer weltumspannenden Großmacht zu eröffnen. Diese Lösung bot für Europa einen Ausweg aus der drohenden einseitigen Machtverschiebung, sollten die spanischen Länder im Ganzen an eine der beiden führenden und gleichermaßen erbberechtigten Dynastien, die österreichischen Habsburger oder die französischen Bourbonen, gehen. Die bayerischen Wittelsbacher stellten hingegen kein übermäßig mächtiges Herrscherhaus im kontinentalen Gefüge dar. Max Emanuel glaubte sich am Ziel seiner Wünsche zu sehen. Mit dem Tod seines allein erbberechtigten sechsjährigen Sohnes in der Nacht auf den 6. Februar 1699 endete dieser Traum jäh. Spanien interessierte sich nicht mehr für die Wittelsbacher. Die Erbfrage war wieder ungeklärt und ein Krieg immer wahrscheinlicher.

Durch den Tod Karls II. im Jahr 1700 trat die Frage der spanischen Erbfolge in ein akutes Stadium ein und löste den seit Langem befürchteten Spanischen Erbfolgekrieg aus, der nicht nur in Europa, sondern auch in Übersee ausgefochten wurde. Im offen ausgebrochenen Gegensatz zwischen Paris und Wien bezog der

Kurfürst, der viel bayerisches Geld in den Niederlanden eingesetzt hatte, schließlich Stellung für die im neuen Testament Karls II. bedachten Bourbonen, da ihm Kaiser Leopold I. und die Seemächte zu wenig Möglichkeiten boten. Er wollte »etwas an Land und Leut meinem Kurhaus zulegen«. Neben Subsidien für Truppen offerierte ihm König Ludwig XIV. von Frankreich letzten Endes territoriale Vergrößerungen samt Königswürde. Im Falle des Scheiterns garantierte er ihm einen Ersatz in den Spanischen Niederlanden. Der französische Gesandte Louis Gaspard de Ricous misstraute allerdings Max Emanuels Bündnistreue: »In seiner Haltung nach außen erscheint er als leutseliger Fürst, familiär, sehr offen und liebenswürdig in allen Bagatellen. [...] Aber bei Verhandlungen, was Vertragstreue und Festigkeit hinsichtlich seiner eingegangenen Allianz betrifft, ist er ein sehr gefährlicher Charakter.« Durch das Bündnis mit Frankreich isolierte sich Max Emanuel im Reich, weil sich außer ihm nur noch sein ihm politisch höriger Bruder, der Kölner Kurfürst Joseph Clemens, für die Bourbonen entschied. In den ersten für ihn militärisch erfolgreich verlaufenen Kriegsjahren ließ Max Emanuel in Schleißheim bei München den Bau eines neuen Schlosses nach den Entwürfen von Enrico Zuccalli beginnen. Es sollte als monumentale Vierflügelanlage eine königliche Residenz nach dem Vorbild von Schloss Versailles werden. Wie Max Emanuel 1703 seiner Ehefrau Therese Kunigunde mitteilte, wollte er mit dem Schlossneubau ein »gebautes Andenken für meine Nachwelt« errichten. Dieser steingewordene Großmachtanspruch blieb unvollendet, weil sich das politische Blatt für seinen Bauherrn radikal wendete.

Mit der desaströsen Niederlage der frankobayerischen Truppen gegen die vereinten alliierten Streitkräfte unter John Churchill, Herzog von Marlborough, und Prinz Eugen von Savoyen am 13. August 1704 in der Entscheidungsschlacht von Höchstädt an der Donau änderte sich Max Emanuels Lage komplett. Während er mit Teilen seiner ihm verbliebenen Soldaten nach Westen floh, schrieb er Therese Kunigunde: »Retten Sie sich und unsere Kinder. Das ist das einzige, was wir noch besitzen. Wir haben heute alles verloren. Gott sei bei Ihnen. Mit mir geht's dem Rheine zu.« Das von österreichischen Truppen besetzte und zum Teil vorher schon von den Alliierten verwüstete Bayern kam unter kaiserliche Verwaltung. Über Max Emanuel und seinen Bruder Joseph Clemens ließ Kaiser Joseph I. die Reichsacht verhängen. Während die von der Situation überforderte Kurfürstin die nächsten Jahre im Exil in Venedig zubrachte, blieben ihre Kinder, die einzige Tochter und die vier Söhne, vorerst in München zurück, bevor Kurprinz Karl Albrecht und seine Brüder 1706 auf Anordnung Josephs I. nach Österreich verbracht wurden, wo sie aber eine standesgemäße Erziehung erhielten. Max Emanuel verlebte die kommenden Jahre zunächst als Statthalter in den Spanischen Niederlanden, dann als Kostgänger Ludwigs XIV. in Frankreich. Trotz finanzieller Schwierigkeiten pflegte er im Exil ein möglichst prunkvolles Hofleben und setzte die Kunstförderung zu seinem höheren Ruhme fort. In Bayern, das von der kaiserlichen Administration zugunsten der Wiener Finanz- und Kriegspolitik mit überhöhten Steuern, Kontributionen und vor allem Zwangsrekrutierungen rücksichtlos belastet wurde, erhoben sich hingegen 1705/06 die ausgepressten Bauern und Handwerker vergeblich gegen ihre Unterdrückung. Die Aufstandsbewegungen wurden samt und sonders erbarmungslos niedergemetzelt.

Nach zehnjähriger Dauer fand der Spanische Erbfolgekrieg sein Ende. Die Friedensverträge von Rastatt und Baden sorgten nicht nur für eine Wiederherstellung des europäischen Gleichgewichts, sondern beendeten auch für Bayern 1714 die Okkupationszeit. Ludwig XIV. setzte die völlige Restitution Max Emanuels in seine Länder, Würden und Rechte durch. Bis zuletzt hatte der ehrgeizige Wittelsbacher unter Verkennung der realpolitischen Gegebenheiten auf einen Tausch Bayerns gegen Sizilien oder Sardinien nebst Königskrone oder wenigstens auf eine territoriale Vergrößerung gesetzt. Seine Tauschprojekte waren jedoch weder im Sinn Frankreichs noch des Kaisers. Im Frühjahr 1715 kehrte Max Emanuel nach elfjähriger Abwesenheit wieder in sein Stammland zurück, wo er in München trotz der allgemeinen Not von vielen Seiten freudig begrüßt wurde. Erstmals sah er seine Gattin und seine Kinder wieder.

In seinem letzten Regierungsjahrzehnt befasste sich der Kurfürst zwar mit notwendigen Reformen im Inneren, etwa auf dem

Gebiet des Steuerwesens und der Reorganisation des Heeres, aber als echter Barockfürst erlegte er sich keine hinreichende Sparsamkeit auf. Außer für allerlei Lustbarkeiten gab Max Emanuel nach wie vor großzügig Geld für Schlossbauten und Gemälde aus, wodurch er sich bleibenden Ruhm als Kunstmäzen erwarb. Außenpolitisch gelang ihm eine Annäherung an Kaiser Karl VI., indem er für den von 1716 bis 1718 dauernden Türkenkrieg bayerische Truppen abstellte. Mit der für seinen ältesten Sohn, den Kurprinzen Karl Albrecht, 1722 arrangierten und mit großer Pracht gefeierten Hochzeit mit Erzherzogin Maria Amalie, einer Tochter des verstorbenen Kaisers Joseph I., verschaffte Max Emanuel seinem Haus im Hinblick auf das möglicherweise bald zur Disposition stehende österreichische Erbe erneut eine Ausgangsbasis zur Erringung einer Großmachtstellung, die weiterhin sein Ziel blieb. Seine jüngeren Söhne Clemens August und Johann Theodor konnten von ihm als Inhaber geistlicher Territorien und kirchlicher Würden etabliert werden. Als zukunftweisend für das gesamte wittelsbachische Herrscherhaus sollte sich die 1717 eingeleitete Versöhnung zwischen den beiden Hauptlinien, dem altbayerischen und dem kurpfälzischen Zweig, erweisen, die zu der am 15. Mai 1724 geschlossenen Wittelsbacher Hausunion unter den wichtigen Vertretern der Dynastie führte. Dieser Vertrag sicherte die wechselseitige Unterstützung in Reichsbelangen und auswärtigen Fragen zu und legte die gegenseitige Erbfolge fest. Die Hausunion ermöglichte es, dass der pfälzische Zweig 1777 das Erbe des letzten Repräsentanten der bayerischen Wittelsbacher antreten konnte. Als Kurfürst Max Emanuel nach einer über 45-jährigen Regierungszeit am 26. Februar 1726 starb, hinterließ er seinem Nachfolger Karl Albrecht einerseits den Wunschtraum nach einer Erhöhung des wittelsbachischen Hauses und die Hoffnungen auf das österreichische Erbe, andererseits aber auch enorme Schulden und einen innerlich wie äußerlich geschwächten Staat, der dringend Frieden statt hochfliegender Pläne benötigte.

Violante Beatrix

* 1673 in München
† 1731 in Florenz

Erbprinzessin der Toskana, Gouverneurin von Siena

In der zweiten Hälfte des 17. Jahrhunderts strebten die bayerischen Wittelsbacher wie viele andere Fürsten ihrer Zeit nach einer Königskrone, um ihrem Haus mehr Glanz und Ruhm zu verleihen. Auf dieses Ziel waren auch die ehelichen Verbindungen ihrer Familienmitglieder gänzlich ausgerichtet. Die jüngste Schwester des Kurfürsten Maximilian II. Emanuel von Bayern, die am 23. Januar 1673 geborene Prinzessin Violante Beatrix, wurde deshalb in das italienische Großherzogtum Toskana verheiratet. Die dortige Herrscherdynastie der Medici zählte zu den bedeutenden Fürstengeschlechtern Europas, und der Florentiner Hof wurde als der prächtigste in ganz Italien angesehen.

Violante Beatrix, das letzte der insgesamt acht Kinder aus der Ehe des bayerischen Kurfürsten Ferdinand Maria mit der Prinzessin Henriette Adelheid von Savoyen, galt als besonderer Liebling der Mutter. Voll Stolz schrieb die Kurfürstin 1674 über ihre kleine Tochter, dass man sie »ohne zu schmeicheln, schön wie einen Engel nennen kann«. Bereits im frühen Kindesalter verlor die Prinzessin im Abstand von lediglich drei Jahren erst ihre Mutter, dann ihren Vater. Nach einer kurzzeitigen Vormundschaft des Onkels, des Herzogs Maximilian Philipp von Leuchtenberg, übernahm im Juli 1680 Violantes ältester Bruder Max Emanuel die Alleinregierung als Kurfürst und fungierte als Familienoberhaupt.

Als Violante Beatrix noch nicht ganz 16 Jahre alt war, konnte in der Münchner Residenz am 21. November 1688 ihre Prokura-Vermählung mit dem toskanischen Erbprinzen Ferdinand von Medici unter großer Prachtentfaltung gefeiert werden. Dieser

Hochzeit mit einem Stellvertreter für den Bräutigam waren nicht nur lange dauernde Verhandlungen zwischen München und Florenz vorausgegangen, sondern am Tag zuvor auch der Erbverzicht der Prinzessin »entsprechend der Churhaus Gewohnheit [...] gleich anderer Prinzessinnen«.

Am 25. November erfolgte die Abreise nach Florenz. Während eine bayerische Delegation mit Kurfürst Max Emanuel an der Spitze die junge Braut bis Mittenwald brachte, begleitete sie ihr Bruder Joseph Clemens, der erst kürzlich zum Erzbischof und Kurfürsten von Köln gewählt worden war, noch bis nach Verona. Der endgültige Abschied von ihrer Familie traf Violante Beatrix so schwer, dass sie laut ihrem neuen Kämmerer Marchese Piero Capponi bei der Trennung von Joseph Clemens »ohnmächtig wurde«.

Bei ihrem offiziellen Einzug in Florenz zu Beginn des Jahres 1689 sah Violante Beatrix den ihr bis dahin persönlich unbekannten Erbprinzen Ferdinand erstmals von Angesicht zu Angesicht. Am 13. Januar fand die eigentliche Hochzeit des Paares im Dom zu Florenz statt, zu der wie in München mehrtägige Feierlichkeiten gehörten. Während man in ihrer bayerischen Heimat von ihrer Anmut, Liebenswürdigkeit und Klugheit angetan gewesen war, zeigten sich Ferdinand und seine Umgebung kaum beeindruckt. Die sehr schlanke Violante Beatrix entsprach in ihrem Äußeren offenbar nicht dem damaligen italienischen Schönheitsideal und wurde als wenig graziös empfunden. Der fast zehn Jahre ältere und begabte Medici-Prinz, der jedoch zu einem ausschweifenden Lebensstil tendierte und homoerotische Neigungen hatte, brachte seiner Ehefrau nur geringes Interesse entgegen. Mit echter Sympathie begegneten ihr dagegen ihr Schwiegervater Großherzog Cosimo III. und ihr Schwager Gian Gastone. Obwohl die Wittelsbacherin die große Leidenschaft ihres Mannes für die Künste und dessen mäzenatische Kennerschaft teilte, änderte dies so gut wie nichts an seiner Einstellung zu ihr. Violante Beatrix galt als hervorragende Cembalistin, spielte aber auch noch andere Instrumente. In ihren Gemächern veranstaltete sie Konzerte, nahm regen Anteil an den Opernaufführungen ihres Gatten und förderte Georg Friedrich Händel bei seinem Italienaufenthalt. Außerdem verfasste sie selbst Theaterstücke. Die Erbprinzessin beherrschte überdies mehrere Sprachen in Wort und Schrift, was ihr bei ihrer ausgedehnten Korrespondenz zustattenkam. Sie hielt nicht nur engen Kontakt zu ihrer wittelsbachischen Familie, sondern pflegte darüber hinaus Verbindungen zu anderen Höfen in Europa, zur hohen Geistlichkeit und zum Papst in Rom. Wegen ihrer Verdienste um die katholische Kirche erhielt sie im April 1727 von Papst Benedikt XIII. sogar die Goldene Rose verliehen. Diese bedeutsame Auszeichnung, die vor Violante Beatrix erst wenige Fürstinnen empfangen hatten, wurde ihr von einem päpstlichen Legaten im Rahmen einer prunkvollen Zeremonie in Florenz überreicht.

Als eine besondere Belastung für ihre Stellung am Florentiner Hof erwies es sich, dass Violante Beatrix nach einer langwierigen Krankheit nicht mehr in der Lage war, für die dringend erwartete Nachkommenschaft zu sorgen. Ihre heikle Situation als kinderlose Erbprinzessin war daher immer wieder ein Thema in den Briefen an ihren Bruder Max Emanuel. So klagte sie ihm gegenüber in einem Brief vom 11. November 1693: »[…], das mein gröstes Creuz ist, mich ohne Erben zubefinden unnd dessentwegen in einer solchen Subiection lebe, das es nit zusagen. […], sye mir den ganzen Tag in das Gesicht sagen, ich seye ein ungesundter Mensch, seye stetts kranckh, thue mich strapazieren unnd werde der Ruin des ganzen Lanndts sein.« Angesichts dieser problematischen Sachlage spielte der Rückhalt, den Violante Beatrix seitens des bayerischen Kurfürsten erfuhr, für ihr Ansehen und ihre Position in Florenz eine wichtige Rolle. Während ihr Gatte sich seitdem noch weniger als zuvor um sie kümmerte, richtete Violante Beatrix ihr Augenmerk gleichsam als Ersatz auf arme und elternlose Kinder. In ihrem Testament sah sie für die Waisenkinder von Florenz und München eigens umfangreiche Legate vor.

Als Erbprinz Ferdinand 1695 vom Karnevalstreiben in Venedig zurückkehrte, zu dem er ohne seine Ehefrau gereist war, traten bei ihm bald erste Krankheitssymptome auf, hinter denen sich wohl eine Syphiliserkrankung verbarg. Da tunlichst kaum etwas davon an die Öffentlichkeit dringen sollte, übernahm die Erbprinzessin teilweise die Korrespondenz und die repräsentativen Aufgaben ihres dahinsiechenden Mannes. Am 31. Oktober 1713 starb Ferdinand Medici. Für seine kinderlose Witwe wurden nun Verhandlungen über eine Rückkehr nach Bayern aufgenommen, die letztendlich einerseits daran scheiterten, dass Cosimo III. nicht imstande war, die Rückzahlung der hohen Mitgift seiner Schwiegertochter in Höhe von 200 000 Talern zu leisten, andererseits aber auch Violante Beatrix nicht sonderlich daran interessiert war, ein wenig glanzvolles Leben in ihrer Heimat zu führen. Die Wittelsbacherin zog es vor, in der Toskana zu bleiben. Sie erhielt von ihrem dankbaren Schwiegervater stattdessen am 12. April 1717 Amt und Würde einer Gouverneurin von Siena. Als Witwensitz wurde ihr die Villa von Lappeggi am Stadtrand von Florenz zugewiesen.

Der einstige Stadtstaat Siena profitierte in vielerlei Hinsicht von seiner neuen Herrscherin, die sich dort jedoch nicht gern lange aufhielt, sondern häufig zu Besuchen nach Florenz kam und zahlreiche Reisen, auch nach Rom, unternahm. Obwohl Violante Beatrix für sich einen mondänen Lebensstil bevorzugte, wurde unter ihrer Regentschaft die Landwirtschaft gefördert und erlebte die sienesische Wirtschaft auf dem Gebiet der Wollverarbeitung und der Seidengewinnung einen Aufschwung. Auch das Fürsorge- und Gesundheitswesen wurde verbessert. Die Universität von Siena fand in der Wittelsbacherin eine Gönnerin. Künstler und Musiker zogen Gewinn aus den von ihr veranstalteten Konzerten, Theater- und Opernaufführungen. Der Praxis der Kastration von Sängerknaben bereitete Violante Beatrix in ihrem Gouvernement ein Ende und ließ nur noch Sängerinnen anstatt von Kastraten auftreten. Für das berühmte Palio von Siena, das als besonders hartes Pferderennen bekannt ist, erließ die Fürstin, die als Pferdeliebhaberin galt, 1720 ein bis heute gültiges Reglement, das dazu diente, die hohe Unfall- und Verletzungsgefahr zu verringern.

Nach dem Tod von Großherzog Cosimo III. im Oktober 1723 und dem Regierungsantritt von dessen jüngerem Sohn Gian Gastone zog es Violante Beatrix vor, wieder vollständig am Florentiner Hof zu leben. Seit ihrer Ankunft in der Toskana bestand zwischen ihr und ihrem bloß zwei Jahre älteren Schwager eine freundschaftliche Beziehung. Unter Gian Gastone, der wie sein älterer Bruder Ferdinand homosexuell veranlagt war, verschwand die bigotte Enge aus dem Hofleben, die unter seinem Vater geherrscht hatte. Violante Beatrix übernahm für den erbenlosen letzten Großherzog aus dem Hause Medici, der tragischerweise dem Alkohol verfallen und von melancholischen Stimmungen niedergedrückt war, viele höfische Verpflichtungen und fungierte als erste Dame seines Hofes.

Während ihres Romaufenthalts im Jahr 1730 traten bei Violante Beatrix erste recht bedenkliche Krankheitssymptome auf. In Florenz stellten die Ärzte bei ihr schließlich Lungentuberkulose mit Herzwassersucht fest, woran sie am 29. Mai 1731 starb. Ihre letzte Ruhestätte fand die einstige Erbprinzessin und Gouverneurin von Siena wunschgemäß in der Klosterkirche der Karmeliterinnen in Florenz, wo sie in deren schlichter Ordenstracht beigesetzt wurde. Ihr Herz wurde zu Füßen des Grabmals ihres Mannes bestattet, was heutzutage angesichts der wenig glücklichen Ehe des Paares etwas sonderbar anmutet.

In ihrem Testament bedachte sie nicht nur Familienangehörige, denen sie Preziosen und Wertgegenstände vermachte, sondern sie setzte auch teilweise beträchtliche Legate für Kirchen, Klöster und Waisenhäuser sowie Spitäler in Italien und Bayern aus. Ebenso großzügig verfuhr Violante Beatrix gegenüber den Mitgliedern ihres Hofstaates. Sie sollten ihrem Willen zufolge lebenslange Pensionen oder Lohnauszahlungen für mehrere Jahre erhalten.

Karl VII. (Karl Albrecht)

* 1697 in Brüssel
† 1745 in München

Römisch-deutscher Kaiser, Kurfürst von Bayern

414 Jahre nach Ludwig dem Bayern gelang es nochmals einem bayerischen Herrscher, dem Kurfürsten Karl Albrecht, die römisch-deutsche Kaiserkrone zu erringen. Weder er noch sein Land wurden jedoch damit glücklich. Seine Zeitgenossin Markgräfin Wilhelmine von Bayreuth stellte voll Sympathie, aber auch kritisch über Kaiser Karl VII. fest: »Dieser Fürst verdiente ein besseres Schicksal. Er war sanft, menschenfreundlich, sprachselig und besaß die Gabe die Herzen zu gewinnen. [...] Sein Ehrgeiz war größer als sein Genie. Er besaß Geist, aber Geist ist nicht genug, um einen großen Mann auszumachen. Die Lage, in welcher er sich befand, war über seiner Sphäre, und sein Unglück wollte, daß er Niemand um sich hatte, der ihm mit den Talenten aushalf, die ihm fehlten.«

Der am 6. August 1697 geborene Karl Albrecht war der älteste Sohn des Kurfürsten Maximilian II. Emanuel von Bayern und dessen zweiter Ehefrau, der polnischen Prinzessin Therese Kunigunde Sobieska. Seine ersten Lebensjahre verbrachte der Prinz in Brüssel, wo sein Vater für den spanischen König als Generalstatthalter der Niederlande fungierte. Durch den Tod seines älteren Halbbruders Joseph Ferdinand im Februar 1699 rückte der noch nicht Zweijährige zum Kurprinzen auf. Angesichts des heraufziehenden Spanischen Erbfolgekriegs kehrte die kurfürstliche Familie im April 1701 nach München zurück, wo sich das Leben für Karl Albrecht innerhalb weniger Jahre völlig ändern sollte. Auf Kurfürst Max Emanuels vernichtende Niederlage an der Seite Frankreichs in der Schlacht bei Höchstädt an der Donau am

13. August 1704 folgte dessen Flucht ins niederländische und später ins französische Exil, während das von österreichischen Truppen besetzte Bayern unter kaiserliche Verwaltung kam. Trotz des militärisch-politischen Desasters seines Vaters lebte der Kurprinz mit seinen Geschwistern zunächst weiterhin bei seiner Mutter in der Münchner Residenz. Als aber Kurfürstin Therese Kunigunde, die von ihrem Ehemann als Regentin eingesetzt worden war, 1705 München verließ und zu ihrer Mutter nach Italien reiste, um sich mit ihr zu beraten, veranlasste Kaiser Joseph I., dass ihr die Rückkehr verwehrt blieb. Sie musste bis zum Friedensschluss von 1714 in Venedig ausharren. Die in München zurückgebliebenen kurfürstlichen Kinder wurden auf Anordnung von Joseph I. voneinander getrennt. 1706 wurde Karl Albrecht zusammen mit seinen drei ihm im Alter folgenden Brüdern nach Klagenfurt gebracht. 1711 bestimmte der neue Kaiser Karl VI. Graz zu ihrem Aufenthaltsort, wohin auch noch ihr jüngster Bruder Johann Theodor von München aus verbracht wurde. Lediglich ihre Schwester Maria Anna Karolina verblieb in München. Die bayerischen Prinzen erhielten in der Zeit ihrer österreichischen »Gefangenschaft« allerdings eine sehr gute, ihrem fürstlichen Rang angemessene Erziehung und verfügten über eine entsprechende Hofhaltung.

Als Kurfürst Max Emanuel im Frieden von Rastatt 1714 sein Land zurückerhielt, kam es nach einer mehr als zehn Jahre dauernden Trennung im April 1715 zu einer Wiedervereinigung seiner Familie auf bayerischem Boden. Wenige Monate später wurde Karl Albrecht volljährig. Wie dies für Personen seines Standes üblich war, wurde er zur Abrundung seiner Ausbildung Ende des Jahres auf eine fast neunmonatige Kavaliers- und Bildungsreise nach Italien geschickt. 1717 nahm er im kaiserlichen Kriegslager des Prinzen Eugen von Savoyen am Türkenfeldzug teil. Auf dem Weg zum Kriegsschauplatz legte er einen Zwischenstopp am kaiserlichen Hof in Wien ein. 1718 wiederholte sich das Prozedere. Bei seinen Aufenthalten in Wien lernte Karl Albrecht seine spätere Ehefrau Maria Amalie kennen, eine Tochter des verstorbenen Kaisers Joseph I., die er im Oktober 1722 heiratete. Obwohl der Kurprinz zuvor auf sämtliche aus dieser Verbindung etwa abzuleitenden Erbansprüche verzichten und die Pragmatische Sanktion Karls VI. anerkennen musste, hatte sein Vater diesen Ehebund mit Nachdruck betrieben. Angesichts des bevorstehenden Aussterbens der Habsburger im Mannesstamm versprach sich Max Emanuel trotzdem territoriale Möglichkeiten für sein Haus und eine Perspektive auf die Kaiserkrone. Aus Karl Albrechts Ehe mit Maria Amalie, der er keineswegs treu war, stammten sieben Kinder, darunter der 1727 geborene Kurprinz Maximilian Joseph.

Als Kurfürst Max Emanuel am 26. Februar 1726 starb, hinterließ er seinem Nachfolger einen beachtlichen Schuldenberg in Höhe von 26,8 Millionen Gulden, ein erschöpftes Land und ehrgeizige Pläne, für deren erfolgreiche Umsetzung die Grundlagen fehlten. Noch 1725 hatte er Karl Albrecht geschrieben, dass es »bündige Originaldokumente« gebe, »die über das Recht unseres Hauses auf Ober- und Niederösterreich, Kärnthen und Steiermark keinen Zweifel lassen, ohne von meinem Anrecht auf die Niederlande und Tirol zu sprechen [...] wir müssen die Kaiserkrone an unser Haus bringen«.

Zu den ersten wichtigen Aktivitäten des jungen Kurfürsten gehörte die Einrichtung der Geheimen Konferenz als höchstem Regierungsgremium. Anfangs bemühte er sich um eine Reduzierung der Staatsschulden und führte gemeinsam mit den Landständen eine Schuldentilgungskasse ein. Wegen seiner hochgesteckten politischen Ambitionen gab er die Sparpolitik aber in den Dreißigerjahren wieder auf. Bei seinem Tod hinterließ Karl Albrecht mit 35 Millionen Gulden eine noch höhere Schuldsumme, als er sie einst geerbt hatte. Der Abbau dieser Schulden zog sich bis ins 19. Jahrhundert hinein.

München verdankt dem kunstverständigen Karl Albrecht einige bedeutsame Bauten. Während sein großes Bauvorhaben, die »Karlstadt«, die sich um das Schloss Nymphenburg erstrecken sollte, unvollendet blieb, zählt das in seinem Auftrag von François Cuvilliés d. Ä. für seine Gattin Maria Amalie entworfene Gartenschlösschen Amalienburg im Nymphenburger Park zu den herausragenden Schöpfungen des europäischen Rokoko. In jenem Teil der Münchner Residenz, der 1729 großenteils einem Brand zum Opfer fiel, ließ sich der Kurfürst von seinem bevorzugten

Baumeister Cuvilliés die »Reichen Zimmer« gestalten, deren Ausstattung als Glanzstücke des Rokoko gelten. Ganz ein Kind seiner Zeit war Karl Albrecht in seiner außerordentlichen Jagdleidenschaft wie auch in seiner ausgeprägten Frömmigkeit. Seine Marienverehrung führte 1729 zur Erneuerung des bayerischen Hausritterordens St. Georg, dessen adelige Ritter sich zur Verteidigung des Glaubens an die Unbefleckte Empfängnis Mariens verpflichten mussten.

Als mit Kaiser Karl VI. im Oktober 1740 der letzte männliche Habsburger starb, erhob Karl Albrecht Ansprüche sowohl auf dessen territoriales Erbe als auch auf die Kaiserkrone des Heiligen Römischen Reichs. Er war nicht der einzige Fürst, der sich einen Teil des habsburgischen Erbes sichern wollte. Um seine Ansprüche gegenüber der zur Erbin bestimmten Kaisertochter Maria Theresia durchzusetzen, beteiligte sich Karl Albrecht auf der Seite Preußens, Spaniens, Frankreichs und Sachsens am Österreichischen Erbfolgekrieg. Von Anfang an erwies es sich als nachteilig, dass seine eigenen Ressourcen zur Verwirklichung seiner großen Ziele zu schwach waren und er deshalb in Abhängigkeit von seinen Bündnispartnern geriet. Ende Juli 1741 gelang es Karl Albrecht, das fürstbischöfliche Passau mit der Festung Oberhaus durch eine List kampflos einzunehmen. Danach erfolgte der Einmarsch in Oberösterreich. Er nahm den Titel eines Erzherzogs von Österreich an und ließ sich von den oberösterreichischen Landständen huldigen. Statt nach Wien weiterzuziehen, musste Karl Albrecht auf französischen Druck hin Richtung Prag abschwenken. Nach der Eroberung der böhmischen Hauptstadt im November 1741 huldigten ihm die dortigen Landstände als neuem König von Böhmen. Diese ersten Erfolge entpuppten sich jedoch nicht als dauerhaft und kriegsentscheidend.

Nachdem im Wahlkampf um die römisch-deutsche Königs- und Kaiserwürde zunächst Maria Theresias Ehemann, Franz Stephan von Lothringen, scheinbar die größeren Chancen hatte, die Mehrheit im Kurfürstenkollegium hinter sich zu bringen, fiel die Wahl dank französischer Unterstützung am 24. Januar 1742 auf den bayerischen Kurfürsten. Mit dieser Entscheidung war Maria Theresia selbstverständlich nicht einverstanden, weshalb die Kaiserkrone in den kriegerischen Konflikten der kommenden Jahre weiterhin ein wichtiges Thema blieb. Am 12. Februar fand im Dom zu Frankfurt am Main Karl Albrechts Krönung zum Kaiser statt. Der von einem Nierensteinleiden und einem Gichtanfall geplagte neue Kaiser Karl VII., den noch dazu schlechte Nachrichten aus seiner Heimat erreichten, notierte ernüchtert: »Meine Krönung ist gestern vor sich gegangen [...] Alles ist darüber einig, daß keine Krönung jemals herrlicher und glänzender war als die meine, der Luxus und die Verschwendung, die sich an allem und jedem kundgaben, überstiegen alle Vorstellungen. So konnte ich wähnen, den höchsten Gipfel menschlicher Größe erklommen zu haben, mußte aber unwillkürlich der allmächtigen Hand Gottes gedenken, der zur selben Zeit, da er uns so hoch steigen ließ, gar dringlich daran erinnert, daß wir nur seine Geschöpfe sind und stets im Auge behalten müssen: Wir sind nur Menschen!« In den Wochen der Kaiserwahl war die Besetzung Bayerns durch österreichische Truppen erfolgt. Karl VII. war somit von Anfang an ein Kaiser ohne Land und damit ohne Machtgrundlage. Er musste als Gast in der Freien Reichsstadt Frankfurt ausharren. Recht realistisch vermerkte er dazu, dass er zwar nach außen hin Frankfurt zu seiner Residenz bestimmt habe, weil die Stadt in der Mitte des Reichs liege, aber im Grunde habe er gar nicht anders handeln können; denn »in Wahrheit war ich dort nur im Exil und hatte keine Heimat mehr, da die Feinde meine Territorien besetzt hatten«.

Seit 1742 durchliefen Karl VII. und Bayern ein wechselhaftes Kriegsschicksal. Das Kurfürstentum erlebte mehrmals eine Besetzung durch österreichische Truppen. Maria Theresia war entschlossen, Bayern als Ersatz für das an Preußen verlorene Schlesien zu behalten. Mit der Einnahme Prags durch ihre Armeen endete 1742/43 das böhmische Königtum Karls VII., der je nach Kriegslage zeitweise nach München zurückkehren konnte. Als sich Preußen, Kurpfalz, Hessen-Kassel und Frankreich 1744 zur Frankfurter Union zusammenschlossen, um den Kaiser und seine Rechte zu schützen, vor allem aber um Österreich nicht zu mächtig werden zu lassen, schien sich Karls Lage ins Positive zu wenden. Im Gegensatz zu seinem Vater zeigte er sich nie ernstlich an Projekten interessiert, Bayern zu vertauschen, sondern hing an seinem Land und seinen Untertanen. Gerührt beschrieb er seine Ankunft im Oktober 1744 in München: »Der Einzug in meine Hauptstadt war für mich selbst ebenso ergreifend wie für die Menschenmenge, die herbeigeströmt war. [...] Mein Herz war ergriffen von der Zuneigung, die ich für meine treuen Untertanen empfinde, und ließ mich in gleicher Weise all das fühlen, was ein guter Fürst bei einer solch ergreifenden Gelegenheit überhaupt nur empfinden kann. Ich konnte mich kaum enthalten, mit ihnen Tränen zu vergießen«. Inzwischen hatte sich sein Gesundheitszustand durch ein schweres Herzleiden so verschlechtert, dass er, keine 48 Jahre alt, am 20. Januar 1745 starb. Vorsorglich hatte er noch seinen Sohn für volljährig erklärt, damit dieser die Regierung antreten konnte. Angesichts des erfolgreichen Kriegsverlaufs für Österreich entschloss sich der neue Kurfürst Maximilian III. Joseph zu einem Politikwechsel und gab im April 1745 im Frieden von Füssen sämtliche Ansprüche gegenüber Habsburg für alle Zeiten auf und beendete damit eine jahrhundertelange Rivalität. Bayerns Großmachtambitionen gehörten der Vergangenheit an.

Karl Theodor

* 1724 auf Schloss Drogenbusch bei Brüssel
† 1799 in München

Kurfürst von Pfalz-Bayern

Der aus einer kurpfälzischen Nebenlinie stammende Kurfürst Karl Theodor wurde in der zweiten Hälfte des 18. Jahrhunderts dank mehrerer Erbschaften zu dem nach dem Kaiser und dem König von Preußen mächtigsten Fürsten im Heiligen Römischen Reich Deutscher Nation. Er regierte schließlich über sieben Länder. Nicht ohne Neid bezeichnete ihn deshalb der preußische König Friedrich II. spöttisch als das »größte Glücksschwein«, weil er »mehr Länder geerbt, als er selbst erobert« habe. Wirklich glücklich wurde der Pfälzer mit diesem reichen Erbe nicht. Vor allem seine bayerischen Untertanen schätzten ihn nicht sonderlich, sondern zeigten sich bei seinem Ableben wohl sogar offen erfreut. Wie sein Zeitgenosse, der Historiker Lorenz von Westenrieder, berichtet, »frohlockte alles, und jeder wünschte dem andern Glück«.

Der am 10. Dezember 1724 als Sohn des späteren Herzogs Johann Christian von Pfalz-Sulzbach und der Maria Henriette Leopoldine de la Tour d'Auvergne geborene Karl Theodor verlor bereits im Alter von vier Jahren seine Mutter. Er wuchs daher zunächst unter der Aufsicht seiner Urgroßmutter auf, der verwitweten Herzogin Maria Henriette von Arenberg. Diese glückliche Zeit auf Schloss Drogenbusch endete, als sein Vater im Juli 1733 starb. Da er dadurch nicht nur das Fürstentum Pfalz-Sulzbach erbte, sondern auch zum künftigen Erben der Kurpfalz aufstieg, holte ihn 1734 der söhnelose Kurfürst Karl Philipp von der Pfalz an seinen Hof nach Mannheim. Der junge Wittelsbacher trat aber zu keiner Zeit in eine engere Beziehung zu diesem älteren Verwandten. Er erhielt eine gute Erziehung durch Jesuiten. Zudem widmete er sich für zwei Jahre an den Universitäten Leiden und Löwen dem Studium der Rechts-, Staats- und Geschichtswissenschaft. Während er früh geistige und künstlerische Interessen zeigte, konnte er sich dagegen nie besonders für militärische Belange erwärmen. Im Juli 1741 wurde Karl Theodor für volljährig erklärt und trat die Regierung im väterlichen Fürstentum Sulzbach und in der von der Mutter ererbten Markgrafschaft Bergen op Zoom an. Als der Pfälzer Kurfürst Karl Philipp in der Silvesternacht des Jahres 1742 starb, übernahm der 18 Jahre alte Karl Theodor auch die Herrschaft über die Kurpfalz und über die Herzogtümer von Neuburg und Jülich-Berg. Sein reiches Erbe regierte er von Mannheim aus.

Nicht so erfolgreich entwickelte sich sein Privatleben. Seine erste Ehe wurde angebahnt, als er noch ein Kind war. 1733 verlobten ihn sein Vater und Kurfürst Karl Philipp mit seiner fast vier Jahre älteren Cousine Elisabeth Auguste von Pfalz-Sulzbach. Die im Januar 1742 mit enormer Prachtentfaltung in Mannheim gefeierte Hochzeit mündete in eine Ehe, die wegen der unterschiedlichen Veranlagung der beiden Partner von Anfang an keinen guten Verlauf nahm. Lediglich das Interesse an Jagd und Musik teilten Karl Theodor und seine Gattin. Erst im Juni 1761 brachte Elisabeth Auguste den ersehnten Sohn und Erben zur Welt, der jedoch bereits wenige Stunden nach seiner Geburt wohl infolge von Entbindungsfehlern bei der schwierigen Zangengeburt starb. Das Kurfürstenpaar ging seitdem zunehmend getrennte Wege, da Elisabeth Auguste eine erneute Schwangerschaft scheute. Längst vor diesem traumatischen Erlebnis waren beide Eheleute außereheliche Beziehungen eingegangen, die sich aber auf die dynastischen und politischen Verpflichtungen nicht auswirkten. Diese Neigung verstärkte sich nun noch, wobei Karl Theodor bei seinen jeweiligen Favoritinnen großen Wert auf Diskretion legte. Es gab somit keine offizielle Mätresse. Auf die früh verstorbene Schauspielerin Françoise Desprès-Verneuil, mit der er zwei Kinder hatte, folgte 1765 die Ballett-Figurantin Maria Josepha Seyffert, die 1767 zur Gräfin von Heideck erhoben wurde. Sie gilt als die eigentliche Liebe des Kurfürsten. Mit ihr hatte er vier Kinder, darunter den Sohn Karl August. Tragischerweise starb die junge Frau schon 1771 am Kindbettfieber. Andere Geliebte folgten ihr, von denen zwei weitere Kinder abstammen sollen. Karl Theodor hing sehr an seinen illegitimen Kindern und war bestrebt, sie großzügig mit Besitz und Adelstiteln zu versorgen. Die Kinder aus seiner Beziehung mit Maria Josepha Seyffert wurden auf sein Betreiben hin 1774 vom Kaiser in den Reichsgrafenstand von Bretzenheim erhoben. Seinem einzigen überlebenden Sohn Karl August, den er 1782 mit der hoch dotierten Pfründe eines Großpriors des von ihm eigens zu diesem Zweck gegründeten Malteserordens in Bayern versah, verschaffte Karl Theodor darüber hinaus 1789 noch die Würde eines Reichsfürsten.

Auf außenpolitischem Feld war dem Kurfürsten an der Erhaltung des Friedens gelegen, weshalb er militärischen Konflikten aus dem Weg ging. Ganz im Sinn der Aufklärung verwirklichte er in seinen verschiedenen Herrschaftsgebieten zahlreiche Reformen und Verbesserungen in den Bereichen der Verwaltung, der Justiz, der Kirchenpolitik, der Landwirtschaft und des Gewerbes. So erließ er etwa 1766 in der Kurpfalz ein Toleranzedikt und schaffte dort zehn Jahre später die Folter ab. Durch die von ihm geförderten Manufakturen entfaltete sich ein früher Industrialismus. Nicht alle seine Bemühungen waren allerdings von Erfolg gekrönt, da ihn seine geringe Konfliktbereitschaft nicht selten vor Verhältnissen wie Menschen kapitulieren ließ.

Vor allem dank seiner intensiven Förderung von Wissenschaften und Künsten, die Karl Theodor besonders am Herzen lagen, bildete sich Mannheim innerhalb weniger Jahre zu einem kulturellen Zentrum von internationalem Rang heraus. Namentlich entwickelte sich die Stadt unter dem hochmusikalischen Fürsten zu einem Anziehungspunkt für namhafte Musiker. Die Bezeichnung »Mannheimer Schule« kündet von diesem Ruf. Auch Wolfgang Amadeus Mozart versuchte, wenn auch vergebens, eine Anstellung bei der dortigen Hofkapelle zu erlangen. Zu Karl Theodors kulturellen Leistungen gehört ebenfalls die 1763 nach Pariser Vorbild vorgenommene Stiftung einer Kurpfälzischen Akademie der Wissenschaften in Mannheim. Seinem großen Interesse an der aufblühenden deutschsprachigen Literatur ist die Gründung der »Kurpfälzischen Deutschen Gesellschaft« von 1775 zu verdanken, die sich eigens der Pflege der deutschen Sprache und des deutschsprachigen Theaters verschrieb. Die erste deutsche Nationaloper *Günther von Schwarzburg* von Ignaz Holzbauer erlebte im Januar 1777 ihre Premiere in Mannheim. Fünf Jahre später fand an dem von Karl Theodor gegründeten Mannheimer Nationaltheater die Uraufführung des Bühnenstücks *Die Räuber* von Friedrich Schiller statt. Nicht umsonst hob Schiller später hervor, dass der Kurfürst »für die Künste und Wissenschaften so viel getan habe«. Wie zahlreiche Wittelsbacher Fürsten war auch Karl Theodor Repräsentation und Prunk keineswegs abgeneigt, weshalb er sich durch Alessandro Galli da Bibiena und Nicolas de Pigage teils neue Schlösser erbauen, teils vorhandene Schlösser umbauen und erweitern ließ. Außerdem erhielten die Schlossanlagen in Mannheim, Schwetzingen, Oggersheim und Benrath prächtige Parks.

Nachdem Karl Theodor 35 Jahre lang in Mannheim regiert hatte, traten mit dem Tod des kinderlosen bayerischen Kurfürsten Maximilian III. Joseph am 30. Dezember 1777 die speziell für den Erbfall zwischen Pfalz und Bayern geschlossenen Hausverträge von 1766, 1771 und 1774 in Kraft. Die Basis dafür hatte 1329 der Hausvertrag von Pavia gelegt. Abgesehen von dem kleinen Herzogtum Zweibrücken waren jetzt nach Jahrhunderten wieder sämtliche Wittelsbacher Territorien in einer Hand vereinigt. Angeblich kommentierte der Fürst die schwerwiegende Nachricht aus München mit den Worten: »Nun sind deine guten Tage vorüber!« Gemäß der Verträge war er verpflichtet, den bayerisch-pfälzischen Gesamtstaat von München aus zu regieren, wodurch Mannheim seine privilegierte Stellung verlor. Mit der Leitung der pfälzischen Regierungsgeschäfte wurde ein Statthalter beauftragt. Viele seiner bedeutenden Kunstschätze und hochrangigen Sammlungen folgten Karl Theodor in seine neue Residenzstadt nach, wo sie noch heute die dortigen kulturellen Einrichtungen bereichern. Kurfürstin Elisabeth Auguste begleitete ihren Mann nicht nach München.

Während der Kurfürst bei seinen pfälzischen Untertanen beliebt war, nahm Karl Theodors Verhältnis zu seiner neuen Hauptstadt und zu seinen neuen Untertanen von Anfang an keine glückliche Entwicklung. Zu seiner Unpopularität trugen vor allem Pläne bei, Bayern gegen die Österreichischen Niederlande einzutauschen, um zu einem geschlossenen rheinisch-niederländischen Territorium zu gelangen. Dieses 1778 von Österreich mit Nachdruck angeregte Tauschprojekt stieß nicht nur bei den bayerischen Patrioten auf Ablehnung, sondern mobilisierte auch die Linie Pfalz-Zweibrücken und insbesondere Preußen. König Friedrich II. von Preußen verhinderte durch seinen militärischen Einmarsch in Böhmen die Realisierung des Tauschprojekts. Im Mai 1779 beendete der Friede von Teschen den Bayerischen Erbfolgekrieg. Das Innviertel fiel zwar an Österreich, aber die bis dahin strittigen wittelsbachischen Hausverträge erhielten nun ihre reichsrechtliche Anerkennung. Den erneuten Versuch Kaiser Josephs II., das Projekt doch noch zu verwirklichen, vereitelte der Preußenkönig 1785 durch die Gründung des Deutschen Fürstenbundes zur Erhaltung der Reichsverfassung.

Auf wenig Zustimmung in Bayern stieß auch die von Karl Theodor vorgenommene rasche Einführung der moderneren pfälzischen Verwaltungsform, die auf vorhandene bayerische Einrichtungen nur in geringem Maße Rücksicht nahm. Die teilweise Befreiung der Bauern aus der Grundherrschaft, die 1779 auf den kurfürstlichen Kammergütern in die Wege geleitet wurde, fand bei den bayerischen Grundherrn kaum Nachahmung. Der Geheime Ratskanzler Wiguleus Xaver Aloys von Kreittmayr sprach deshalb bereits im August 1778 von dem »durch die viele reformen ohnehin schon höchst disgoustierten hiesigen publico«. Unmut in der bayerischen Bevölkerung erregte zudem die üppige Versorgung von Karl Theodors unehelichen Kindern. Seine weiterhin betriebene Förderung von Kunst, Musik und Wissenschaften traf ebenfalls auf keine echte Würdigung, weil hier die gewachsenen Strukturen gleichermaßen selten Berücksichtigung fanden. Sein Leibadjutant Sir Benjamin Thompson, der spätere Graf Rumford, sorgte zwar für wichtige soziale und militärische Reformen, aber auch dies wurde nicht unbedingt geschätzt.

Nur wenige Wochen nach dem Tod der Kurfürstin Elisabeth Auguste im August 1794 strebte Karl Theodor eine zweite Ehe an, um doch noch zu einem legitimen männlichen Erben zu gelangen. Im Februar 1795 heiratete er im Alter von 70 Jahren die über 50 Jahre jüngere Maria Leopoldine von Modena-Este. Die gegen ihren Willen in diese Ehe gedrängte Habsburgerin ging jedoch bald eigene Wege und zeigte sich nicht bereit, für den ersehnten Nachwuchs zu sorgen. Auf diese Weise blieb die zweite Ehe Karl Theodors ebenso kinderlos. Dass ihm ein legitimer Sohn als Erbe fehlte, stellte für ihn die Tragödie seines Lebens dar.

Obwohl sich Kurfürst Karl Theodor anfangs in Bayern für fortschrittliche Regierungsmaßnahmen und Reformen eingesetzt hatte, geriet die Innenpolitik des alternden Monarchen unter dem Eindruck der Französischen Revolution von 1789 zunehmend in konservativ-reaktionäre Bahnen. Bereits 1785 hatte die Verfolgung des Geheimordens der »Illuminaten« begonnen, dem man gefährliche Umsturzabsichten unterstellte. Auch andere bisher von Karl Theodor geförderte aufklärerische Gesellschaften sahen sich nun Repressionen ausgesetzt. 1794 musste der Kurfürst erleben, dass die linksrheinischen Teile der Pfalz und das Herzogtum Jülich am Niederrhein im Zuge des ersten Koalitionskriegs gegen das revolutionäre Frankreich verloren gingen.

Seit 1782 hatten wiederholte Schlaganfälle Karl Theodors Leistungsvermögen zugesetzt. Als er am Abend des 12. Februar 1799 beim Kartenspiel einen erneuten Schlaganfall erlitt und vier Tage später starb, betrauerten ihn bloß seine unehelichen Kinder wahrhaft. Seine Untertanen, die seiner Herrschaft überdrüssig waren, begrüßten dagegen freudig den Regierungsantritt seines von ihm wenig geschätzten Neffen Maximilian Joseph aus der Nebenlinie Pfalz-Zweibrücken, der 1806 zum ersten bayerischen König aufsteigen sollte.

Das Königreich Bayern

Vor dem Hintergrund des gewaltigen Umbruchs, den Europa im Gefolge der Französischen Revolution und vor allem unter dem Einfluss Napoleon Bonapartes durchlief, erfolgte am 1. Januar 1806 Bayerns Erhebung zum Königreich. Wichtiger als der Titel war für die weitere staatliche Entwicklung jedoch die damit verbundene volle Souveränität, die Bayern in dieser Form bis dahin nie besessen hatte. Sie erst ermöglichte es, sich über die überkommenen Systeme und das alte Rechtsgefüge hinwegsetzen zu können, die der Neuorganisation des Staates hinderlich waren.

Der erste bayerische König Maximilian I. Joseph, Stammvater aller heute noch lebenden Mitglieder des Hauses Wittelsbach, war 1799 auf dem Erbweg als Kurfürst nach München gekommen. Mit diesem leutseligen Fürsten trat eine neue Linie die Herrschaft über Pfalz-Bayern an. Unter der Einwirkung seines leitenden Staatsministers Maximilian Joseph von Montgelas hatte er 1805 in letzter Minute die Neutralität aufgegeben und ein Bündnis mit Kaiser Napoleon geschlossen, das sich schon seit Längerem angebahnt hatte. Im Grunde gab es für Bayern auch keine Alternative mehr, um seine staatliche Existenz zu bewahren. Frankreich bot im Gegensatz zu Österreich mehr Schutz und zudem Aussicht auf territorialen Gewinn. Bereits 1802/03 hatte Max Joseph zu jenen Fürsten gehört, die für ihre Verluste auf dem linken Rheinufer mit den Territorien der säkularisierten und mediatisierten geistlichen und kleineren weltlichen Reichsständen sowie der vordem landständischen Klöster großzügig entschädigt wurden.

König Max I. Joseph stützte sich während des Großteils seiner Regierungszeit ganz auf Montgelas. Bis zu seinem Sturz im Jahr 1817 entschied dieser zu den wichtigsten Persönlichkeiten der bayerischen Geschichte zählende Minister weithin über die Ausgestaltung der bayerischen Innen- und Außenpolitik. Seit 1799 setzte er ein riesiges Reformprogramm ins Werk, um Bayern erfolgreich in die Zukunft steuern zu können. Mit Max Josephs

Billigung verantwortete er den Staatsneubau wie auch den damit zusammenhängenden enormen Traditionsbruch. In einer Revolution von oben wurden die folgenschwere Säkularisation von 1803, die Beschränkung der Rechte des Adels, der administrative Neuaufbau des Staates, die Gleichberechtigung der christlichen Konfessionen, die Tolerierung der Juden sowie der Erlass der Konstitution von 1808 durchgeführt, um nur einige Eckpunkte des Reformwerks zu nennen.

Die Hinwendung zu Frankreich zahlte sich aus. Bayern wurde langfristig vor allem um fränkische und schwäbische Territorien vergrößert und gewann ein weitgehend geschlossenes Staatsgebiet. Im Gegenzug entrichtete es einen hohen Blutzoll in Napoleons Schlachten. Überdies musste es 1806 dem von Napoleon initiierten Rheinbund beitreten, der seine eben erlangte Unabhängigkeit zu unterminieren drohte. Nach dem Fiasko des Russlandfeldzugs von 1812, in dem das bayerische Rheinbundkontingent nahezu gänzlich unterging, veranlasste Montgelas im Oktober 1813 gerade noch rechtzeitig die Abwendung von Napoleon und Bayerns Frontwechsel auf die Seite der Alliierten. Nun verbürgte Österreich die staatliche Unverletzlichkeit Bayerns. Dieses Zusammengehen mit Österreich sollte bis 1866 eine außenpolitische Konstante des Königreichs bleiben. Auf dem Wiener Kongress von 1814/15, der eine Neuordnung Europas vornahm, konnte Bayern neben seiner Königskrone auch seinen Besitzstand überwiegend bewahren. Der in Wien gegründete Deutsche Bund genügte Max Joseph und Montgelas vollständig – ein weitergehender Zusammenschluss hätte Bayerns neu gewonnene Souveränität begrenzt. Die nach Montgelas' Sturz erlassene Verfassung von 1818, die aus dem Königreich eine konstitutionelle Monarchie werden ließ, gab bis 1918 die Rahmenbedingungen vor. Sie garantierte die Grundrechte und installierte eine parlamentarische Körperschaft in zwei Kammern.

Mit Ludwig I. gelangte nach Max I. Josephs Tod 1825 ein ganz anderer Monarchentyp auf den Thron. Sein Regierungsstil unterschied sich deutlich von jenem seines Vaters, der die Amtsgeschäfte weitgehend seinem Staatsminister Montgelas überlassen hatte. Ludwig sah in seinen Ministern in erster Linie Erfüllungsgehilfen. Er vertrat so strikt das Monarchische Prinzip, dass es anachronistisch anmutet. Zwar hatte er sich als Kronprinz für die Einführung der Verfassung von 1818 eingesetzt, doch als König empfand er sie nicht selten als ein Ärgernis. Obwohl es in seiner Regierungszeit zu heftigen Auseinandersetzungen mit den jeweiligen Landtagen kam, zog er es trotzdem nie ernsthaft in Betracht, die Konstitution aufzuheben. Er war aber bestrebt, die Verfassung vor jeglichen liberalen oder gar revolutionären Veränderungen zu schützen. Wichtig war es für ihn, Bayerns Eigenständigkeit im Rahmen des Deutschen Bundes zu erhalten. Sein autokratisches Herrschaftsverständnis, das in eine Selbstregierung mündete, passte im Grunde nicht mit dem konstitutionellen System zusammen. Es gelang Ludwig I., Bayern seinen Stempel aufzudrücken. Er sorgte für die innere Integration des jungen Königreichs und machte sich um die Sanierung des Staatshaushalts verdient. Beim Abbau des enormen Schuldenbergs schreckte er nicht vor Härten zurück. Heute genießt vor allem seine Kulturpolitik hohes Ansehen. Neben dem Erwerb von bedeutenden Kunstwerken und der Errichtung von Denkmälern im ganzen Land spielten seine großen Bauvorhaben eine herausragende Rolle. Besonders München profitierte davon, da der König seine Hauptstadt zu einem Zentrum der Kunst in Deutschland machen wollte. Anders als sein Enkel Ludwig II. behielt er bei seinen Bauaufträgen die Kosten genau im Auge. Ein weiterer wesentlicher Bestandteil seiner Kulturpolitik war die Wieder- und Neugründung von Klöstern, mit denen er Wunden der Säkularisation beseitigen wollte.

Das Ende seiner Regierungszeit läutete seine neue Mätresse ein, die im Herbst 1846 in München eingetroffene Lola Montez. Die skandalumwitterte Tänzerin strebte zum Missfallen weiter Kreise eine politisch und gesellschaftlich einflussreiche Position an. Durch die dadurch ausgelösten tumultartigen Auseinandersetzungen war die Atmosphäre in München noch so aufgeladen, dass es im März 1848 unter dem Eindruck der Pariser Februarrevolution erneut zu Unruhen kamen, bei denen Verfassungsreformen gefordert wurden. Zwar bewilligte Ludwig I. diese sowie die Einberufung des Landtags, doch war er nicht willens, unter diesen Bedingungen weiter zu regieren. Er zog es vor, am 20. März 1848 freiwillig abzudanken.

Durch die Abdankung seines Vaters gelangte Maximilian II. 1848 unerwartet auf den bayerischen Thron. Mit seinem großen Interesse an Wissenschaft, Sozialpolitik und Technik erschien er wie eine Verkörperung des damaligen Bildungsbürgertums. Dazu passte auch sein äußeres Erscheinungsbild; denn statt der sonst bei Monarchen üblichen Uniform bevorzugte er bürgerliche Kleidung oder Tracht. Mit seiner eher kühlen und distanzierten Art war er jedoch in der Bevölkerung nicht übermäßig beliebt.

Trotz der Bewilligung der Märzforderungen verblieb die Exekutive weiterhin fest in der Hand des Königs und der von ihm ernannten Minister, sodass es Maximilian II. möglich war, den Kurs der Politik zu bestimmen. Wie sein Vater regierte er aus dem Kabinett heraus, aber anders als der autokratische Ludwig I. bemühte sich Maximilian bei anhängigen Entscheidungen um die Einholung von Gutachten und Expertenmeinungen. Um Bayerns Position nach innen und außen zu stärken, berief er vielfach bedeutende Gelehrte aus Norddeutschland. Diese »Nordlichter« wurden nicht überall gern gesehen. Hauptsächlich setzte Maximilian auf die Förderung der Naturwissenschaften und der Geschichtswissenschaft. Ebenso wichtig war ihm die Förderung des Schulwesens. In seine Regierungszeit fällt sowohl die Gründung des Bayerischen Nationalmuseums als auch des Maximilianeums, eine aus seinem Privatvermögen begründete Studienstiftung für hochbegabte bayerische Abiturienten. Technische Innovationen und der Eisenbahnbau standen ebenfalls ganz oben auf seiner Agenda. Neben der Kulturpolitik beschäftigte sich Maximilian intensiv mit der Sozialpolitik; denn ihm entgingen nicht die negativen Folgen der Industrialisierung. Der bayerische Landtag zeigte hingegen kaum Interesse für soziale Gesetzgebung.

Da er wie sein Vater die Idee eines deutschen Nationalstaates ablehnte, setzte Maximilian II. in der Deutschen Frage auf die »Trias-Idee«, um die bayerische Souveränität zu wahren. Aus diesem Grund verweigerte er der von der Frankfurter Nationalversammlung im März 1849 verabschiedeten Reichsverfassung seine Zustimmung, die ein preußisches Erbkaisertum und ein Ausscheiden Österreichs vorsah. Dies löste vor allem in den neubayerischen Gebieten empörte Reaktionen aus. In der bayerischen

Rheinpfalz kam es sogar zum Aufstand, der mit Hilfe preußischer Truppen blutig niedergeschlagen wurde. Um seinem Königreich eine selbstständige Rolle zu erhalten, verfolgte Maximilian mit seinem Außenminister und Vorsitzenden des Ministerrats, Ludwig von der Pfordten, die politische Vision eines sogenannten Dritten Deutschlands. Bei diesem Konzept sollten die deutschen Mittel- und Kleinstaaten unter Bayerns Führung neben den Großmächten Österreich und Preußen eine dritte Kraft bilden. Diese angestrebte Vorherrschaft Bayerns lag natürlich nicht im Interesse der übrigen kleinen und mittleren Mächte, woran diese Idee letztlich nicht ganz unerheblich krankte. Als Maximilian II. am 10. März 1864 mit nur 52 Jahren nach kurzer Krankheit starb, war die Deutsche Frage weiterhin noch nicht geklärt.

Mit dem 19 Jahre alten König Ludwig II., dem »Märchenkönig«, betrat 1864 der bis heute wahrscheinlich weltweit berühmteste und schillerndste Wittelsbacher die politische Bühne. Um seine Person hat sich seitdem ein regelrechter Kult- und Mythenkranz gebildet, hinter dem die reale Gestalt beinahe verschwindet.

In Ludwigs Regierungszeit fiel eine tiefgreifende Veränderung im Hinblick auf Bayerns Position innerhalb Deutschlands. Infolge der Kriege von 1866 und 1870/71, an denen sich der König ungern beteiligt hatte, kam es 1871 zur kleindeutschen Lösung der Deutschen Frage unter Führung Preußens. Als Bayern Gliedstaat des Deutschen Kaiserreichs wurde, büßte es wesentliche Souveränitätsrechte ein. Die Reichsgründung stellte daher in Ludwigs Augen trotz einiger »Separatrechte« eine Mediatisierung Bayerns und einen Triumph des preußischen Hegemonialanspruchs dar. Ihn belastete das Gefühl, in einem entscheidenden Moment der bayerischen Geschichte und seines Hauses versagt zu haben. Schon früher hatte er übersteigerte Vorstellungen von seiner Rolle als König gehegt. Nun zog er es immer mehr vor, aus der für ihn unerfreulichen Realität in Traumwelten zu flüchten und sich bevorzugt dem Theater und seinen Schlossbauten zu widmen. Dieser Hang des Königs kam den Interessen seiner Minister entgegen, denn er begünstigte eine Minister-Regierung.

Trotz seiner konservativen Einstellung hatte König Ludwig II. stets liberale Ministerien berufen. Sie gegen ein katholisch-konservatives Ministerium entsprechend der Landtagsmehrheit auszutauschen, hätte einer Parlamentarisierung Vorschub geleistet, was Ludwig nicht wünschte. Als seine Bauwut und die damit einhergehende totale Überschuldung der königlichen Kabinettskasse 1886 eine Staatskrise heraufbeschwor, bezog das Ministerium unter Johann von Lutz gegen den König Stellung. Wegen der drohenden königlichen Zahlungsunfähigkeit fürchteten die Minister, die auch um ihre eigene Position besorgt waren, eine schwere Erschütterung der konstitutionellen Monarchie. Mit Hilfe eines psychiatrischen Gutachtens konnte der für geisteskrank erklärte Ludwig II. am 10. Juni 1886 entmündigt und abgesetzt werden. Prinz Luitpold, ein jüngerer Bruder von Ludwigs Vater, wurde zum Regenten ausgerufen.

Nach dem bis heute ungeklärten Tod Ludwigs II. im Starnberger See am 13. Juni 1886 führte Prinzregent Luitpold mit Billigung des Parlaments die Regierungsgeschäfte für Ludwigs jüngeren, aber geisteskranken und daher regierungsunfähigen Bruder fort, der nun als König Otto I. firmierte. Luitpold gelang es, die bayerische Monarchie während seiner 26-jährigen Regierungszeit wieder zu festigen. Obwohl er kein kreativer politischer Kopf war, brachte er jene Eigenschaften mit, die der Dynastie aufs Neue zu Ansehen und Popularität verhalfen. Anders als sein Neffe scheute Luitpold den Kontakt mit der Öffentlichkeit nicht, sondern erwies sich als volkstümlicher und leutseliger Herrscher. In vielfacher Hinsicht wirkte er als die idealtypische Verkörperung der monarchischen Idee in ihrer Endphase in Deutschland. Dies trug zur später idyllisch verklärten Sicht auf die nach ihm benannte Prinzregentenzeit bei. Dass es in dieser Epoche trotz Friedens, Wirtschaftsaufschwungs und kultureller Blüte zu beträchtlichen gesellschaftlichen Verwerfungen kam, wird gern ausgeblendet.

Wenngleich sich Luitpold durch die Beibehaltung der Regentschaft mit einem Bruchteil der königlichen Apanage bescheiden musste, versuchte er nie, den Königstitel anzunehmen. Er pflegte einen präsidial-repräsentativen Regierungsstil und vermied in der Regel die Auseinandersetzung mit den vielfältigen Problemen seiner Zeit. Diese Aufgabe überließ er weitestgehend der Regierung und der bayerischen Ministerialbürokratie, bei der die eigentliche Macht lag. Nur auf dem Gebiet der Kulturpolitik wusste Luitpold Akzente zu setzen. Erst kurz vor Ende seiner Regentschaft ließ er sich von seinem Sohn und Nachfolger Ludwig dazu bringen, mit dem Zentrumspolitiker Georg von Hertling erstmals einen Regierungschef zu berufen, dessen Partei die Mehrheit im Landtag besaß, was ein Novum war. Hertling führte allerdings wie seine Vorgänger die Tradition der Beamtenministerien fort.

Nach Luitpolds Tod im Dezember 1912 trat sein ältester Sohn Ludwig, der selbst bereits im fortgeschrittenen Alter war, verfassungskonform die Nachfolge als Prinzregent an. Kaum ein Jahr später wurden die Beendigung seiner Regentschaft sowie seine Proklamierung als König Ludwig III. herbeigeführt. Da König Otto nach wie vor lebte, stieß dieser Griff Ludwigs nach der Krone nicht überall auf Sympathie, sondern wurde vielmehr als bedenklich für das Legitimitätsprinzip und das Gottesgnadentum angesehen. Die Hauptverantwortung für die dafür nötige Verfassungsänderung trug wohl Ludwigs leitender Minister Georg von Hertling.

Durch den Ausbruch des Ersten Weltkriegs blieb Ludwig III. so gut wie keine Zeit, sich als König zu beweisen. Vereinte im Sommer 1914 König und Volk noch die Begeisterung über die Kriegserklärung und der Glaube an die Gerechtigkeit der Sache, kippte angesichts des Kriegsverlaufs, der einen Siegfrieden immer unwahrscheinlicher werden ließ, bald die Stimmung in der Bevölkerung. Zu den bereits seit Längerem vorhandenen sozialen Spannungen kamen durch den Krieg, dessen Anforderungen sich alles unterzuordnen hatte, neue hinzu. Die Zivilbevölkerung litt unter einer miserablen Ernährungs- und Versorgungslage. Ludwig III. und seine Regierung sahen sich dem Vorwurf ausgesetzt, die bayerischen Interessen gegenüber Berlin zu vernachlässigen. Eine ausgeprägte Reichsverdrossenheit griff um sich. Die hohe Zahl der bayerischen Kriegstoten ließ die Durchhalteparolen immer mehr ins Leere laufen. Kriegsmüdigkeit und Friedenssehnsucht breiteten sich aus. Zunehmend gerieten die bayerische wie auch die anderen deutschen Monarchien in eine schwere Autoritätskrise. Der fatale Eindruck, dass es König und Regierung an der Fähigkeit mangelte, den Krieg zu beenden, sorgte für einen massiven Ansehensverlust des Staates und seiner Repräsentanten. Die schon ausgearbeitete Verfassungsreform, die im November 1918 das Königreich von einer konstitutionellen in eine parlamentarische Monarchie verwandelt hätte, kam zu spät und wurde von den Geschehnissen überholt. Einen Tag vor ihrer Verabschiedung brach in München am 7. November die Revolution aus. Im Anschluss an eine Friedensdemonstration löste eine radikale Minderheit den revolutionären Umsturz aus, dem sich keine staatlichen Autoritäten mehr in den Weg zu stellen bereit waren.

Der von den Ereignissen völlig überrumpelte Ludwig III. verlor in der Novemberrevolution 1918 als erster deutscher Monarch seinen Thron. Mit einem Schlag endeten 738 Jahre wittelsbachischer Herrschaft in Bayern. Das Königreich Bayern war nach 112 Jahren Geschichte. Für das Land, das durch die Revolution tiefgreifende Umwälzungen erfuhr, begann ein neuer Abschnitt als Freistaat.

Maximilian IV./I. Joseph

* 1756 in Mannheim
† 1825 in München-Nymphenburg

Kurfürst von Pfalz-Bayern, König von Bayern

Dem ersten bayerischen König Max I. Joseph hatte niemand an der Wiege gesungen, dass er einst zum Herrscher eines größeren deutschen Staates aufsteigen würde. Als nachgeborener Prinz der wittelsbachischen Nebenlinie Pfalz-Birkenfeld-Zweibrücken war er eigentlich nicht zum regierenden Fürsten bestimmt gewesen. Durch den Tod mehrerer Verwandter, die ohne legitime Nachkommen verblieben waren, rückte er in die erste Reihe auf und wusste sich in der unruhigen Ära der Napoleonischen Kriege zu behaupten. Zwar war Max Joseph keine herausragende Fürstenpersönlichkeit mit besonderen intellektuellen Gaben, aber neben gewinnendem Charme verfügte er über gesunden Menschenverstand, das notwendige Anpassungsvermögen und einen sicheren politischen Instinkt. Als weiterer Pluspunkt kam hinzu, dass er die Fähigkeit besaß, sich von seinen Mitarbeitern nicht nur beraten zu lassen, sondern auch deren gut begründeten Vorschlägen zu folgen. Gerade bei der Auswahl seiner Minister und Berater bewies er eine glückliche Hand und viel Menschenkenntnis. Dies alles verhalf ihm dazu, den durch eine günstige Fügung des Schicksals ererbten Thron seinem Haus zu bewahren und dessen Herrschaftsgebiet sogar zu vergrößern. Seine umgängliche und natürlich-ungezwungene Art machten ihn zu einem populären Monarchen. Dass er sich in der Sprache des einfachen Volks auszudrücken wusste, trug nicht unwesentlich dazu bei. Ein adeliger Zeitgenosse, der sächsische Graf Karl von Nostitz, zeichnete von ihm folgendes Bild, das zwar nicht schmeichelhaft, jedoch wohl ziemlich zutreffend ausfiel: »Der König von Bayern sieht aus wie ein grober, verdrießlicher bayerischer Fuhrmann, hat aber dabei einen Anstrich von Biederkeit und Rechtlichkeit. Er ist der bürgerlichste König.«

Maximilian Joseph wurde am 27. Mai 1756 als zweiter Sohn des Pfalzgrafen Friedrich Michael, eines jüngeren Sohnes des Herzogs Christian III. von Zweibrücken, und der Prinzessin Maria Franziska Dorothea von Pfalz-Sulzbach geboren. Schon früh wurde er dem mütterlichen Einfluss entzogen, weil die Pfalzgräfin wegen eines nicht folgenlos gebliebenen Fehltritts 1760 hinter Klostermauern verbannt wurde. Der Prinz war erst elf Jahre alt, als er auch den meistens aufgrund seiner militärischen Laufbahn als kaiserlicher Feldmarschall abwesenden Vater verlor, der mit noch nicht 44 Jahren starb. Über Max Josephs Erziehung bestimmte von da an weitgehend sein Onkel, der regierende Herzog Christian IV. von Zweibrücken. Wie für viele jüngere Fürstensöhne war für ihn eine Militärkarriere vorgesehen. Im März 1776 wurde der 20-Jährige zum Kommandeur des Regiments Royal Alsace ernannt, eines der vornehmsten französischen Fremdenregimenter. Seitdem lebte er fast ununterbrochen in Straßburg, wo er glückliche und sorgenfreie Jahre verbrachte.

Max Josephs vergleichsweise ungebundenes Leben endete, als der einzige Sohn seines 1775 zur Regierung im Herzogtum Pfalz-Zweibrücken gelangten Bruders Karl II. August im August 1784 starb. Nun ruhten so gut wie alle Hoffnungen des vom Aussterben bedrohten Hauses Wittelsbach auf Max Joseph. Er kam daraufhin seinen dynastischen Verpflichtungen nach und heiratete im September 1785 Auguste Wilhelmine von Hessen-Darmstadt. Sein bereits im folgenden Jahr geborener Sohn Ludwig sicherte die Fortführung der Wittelsbacher Erbfolge. Aus Max Josephs erster Ehe stammten insgesamt fünf Kinder, von denen eine Tochter im Kindesalter verstarb. Mit dem Ausbruch der Französischen Revolution im Jahr 1789 nahm die Straßburger Zeit für den Pfalzgrafen und seine Familie ein jähes Ende. Zuerst brachten sie sich nach Darmstadt, dann nach Mannheim vor den französischen Revolutionstruppen in Sicherheit. Zwar erbte Max Joseph 1795 das Zweibrücker Herzogtum von seinem verstorbenen Bruder, doch er war nur ein Fürst ohne Land, weil sein Territorium inzwischen längst von den Franzosen besetzt war. Im Juli 1796 floh Max Joseph, der seine lungenkranke Frau Auguste Wilhelmine wenige Monate zuvor verloren hatte, mit seinen Kindern in das damals preußische Ansbach. Hier lernte er die um 20 Jahre jüngere Prinzessin Karoline von Baden kennen, in die er sich heftig verliebte. Seine künftige Schwiegermutter Amalie von Baden stellte fest: »Der Herzog ist der beste Mensch von der Welt, angebetet von seiner ganzen Umgebung. Ich halte ihn für etwas schwach, aber für einen Ehemann ist das kein Fehler. Er ist verliebt wie ein Mann von zwanzig Jahren. Bis es entschieden war, hat er mich unvorstellbar gequält, sagte, daß er der unglücklichste der Menschen sei, wenn sie ihm absage«. Aus dieser im März 1797 geschlossenen zweiten Ehe Max Josephs gingen acht Kinder hervor, von denen fünf Töchter erwachsen wurden. Die Zeit im Ansbacher Exil nutzte der Wittelsbacher auch in politischer Hinsicht, um sich auf die bevorstehende Regierungsübernahme im Kurfürstentum Pfalz-Bayern vorzubereiten. Sein wichtigster Berater, Maximilian Graf Montgelas, verfasste hierzu ein umfangreiches Reformprogramm, das *Ansbacher Mémoire* von 1796, das auf eine Neugestaltung des Staates hinauslief.

Nach dem Tod seines Onkels, des Kurfürsten Karl Theodor von Pfalz-Bayern, am 16. Februar 1799 trat Max Joseph dessen Nachfolge an. Bei seinem Eintreffen in München wurde er von der Bevölkerung begeistert begrüßt. Graf Montgelas wurde nun für fast zwei Jahrzehnte sein leitender Minister und bestimmte bis 1817 die Innen- und Außenpolitik. Max Joseph verließ sich trotz eines starken fürstlichen Selbstbewusstseins so vollkommen auf diesen höchst befähigten Staatsmann, dass sein Anteil an dem mit seiner Herrschaftsübernahme begonnenen tiefgreifenden Reformwerk seltsam farblos erscheint. Als Integrationsfigur seines sich in verhältnismäßig kurzer Zeit rasant verändernden Staates kam dem Fürsten aber eine gewichtige politische Rolle zu. Montgelas formte mit seinen vielfältigen Reformen im Rechts-, Verwaltungs-, Bildungs-, Militär-, Wirtschafts- und Finanzsektor das moderne Bayern, das zu einem effizienten Staatswesen umgestaltet wurde. Seinen vorläufigen Abschluss fand der Umbau mit der Konstitution von 1808.

Die außenpolitische Situation Pfalz-Bayerns entwickelte sich seit dem Ende des 18. Jahrhunderts äußerst heikel. Bereits in seinem ersten Regierungsjahr sah sich Kurfürst Max IV. Joseph mit Krieg konfrontiert. Bis zum Ende der napoleonischen Ära war sein Herrschaftsgebiet immer wieder Kriegsschauplatz, da wegen seiner geopolitischen Lage keine Neutralität möglich war. Bayern befand sich deshalb in einem fast permanenten Kriegszustand, unter dem die Bevölkerung schwer zu leiden hatte. Zwar musste Max IV. Joseph 1801 auf die Kurpfalz, die Herzogtümer Pfalz-Zweibrücken und Jülich verzichten, doch wie andere Reichsfürsten auch erhielt er durch den Reichsdeputationshauptschluss vom 25. Februar 1803 Ersatz in Form von ehemals reichsunmittelbaren geistlichen Fürstentümern und kleineren weltlichen Herrschaften. Durch diese Bayern angegliederten Gebiete in Franken und Schwaben entstand ein weitgehend geschlossenes Territorium. Gegenüber Montgelas bekannte Max Joseph, dass ihn der Verlust der Pfalz, seiner Heimat, »unendlich« schmerze. »Trotzdem würde ich sie noch eher opfern als den Inn. Erhalten wir uns wenigstens diesen und arrondieren wir uns, soviel wir nur können.«

Durch Max Josephs vorsichtige Annäherung an das siegreiche Frankreich profitierte Bayern in den kommenden Jahren. Schon durch seine Herkunft und Erziehung nahm er Frankreich gegenüber eine aufgeschlossene Haltung ein. Der Dichter August Graf von Platen, der in seiner Jugend Page am Münchner Hof gewesen war, vermerkte, dass Max Joseph generell »lieber Französisch als Deutsch« sprach. Auf einen ersten Vertrag Bayerns mit Napoleon Bonaparte im Jahr 1801 folgte vier Jahre später der entscheidende Bündniswechsel. Als Napoleons Verbündeter gehörte Max Joseph zu den Gewinnern bei dessen großer territorialer Umgestaltung von Europa. Er erhielt nicht nur weitere Gebiete zugeschlagen, die sein Staatsgebiet großzügig abrundeten, sondern kam auch in den Genuss der vollständigen Souveränität in Verbindung mit einer Rangerhöhung. Am 1. Januar 1806 wurde die Annahme der Königswürde in einem schlichten Staatsakt in der Münchner Residenz vollzogen. Max I. Joseph erklärte bei dieser Gelegenheit, er habe sich »bewogen befunden, Baierns Unabhängigkeit zu begründen«. Um den Eindruck zu vermeiden, dass es eine Königskrone von Napoleons Gnaden sei, betonte er, dass es sich hierbei um »den dem Regenten Baierns angestammten Titel eines Königs von Baiern« handle. Anschließend wurde die Erhebung Bayerns zum Königreich öffentlich bekannt gegeben. Von seiner neuen Würde zeigte sich der neue König offenbar nicht sonderlich beeindruckt, denn am Tag nach der Proklamation bemerkte er gegenüber seiner Umgebung bloß kurz: »Wir bleiben die Alten.« Zu einer feierlichen Krönung kam es nie. Auch unter seinen Nachfolgern unterblieb dies.

Zur Festigung des bayerisch-französischen Bündnisses musste wenige Tage später Max Josephs Tochter Auguste Amalie auf Druck Napoleons hin dessen Stiefsohn, Eugène de Beauharnais, heiraten. Die Gegenleistungen für die Erhebung Bayerns zum Königreich beschränkten sich nicht allein auf diese in den Augen der Wittelsbacher »unwürdige« Eheverbindung mit Kaiser Napoleons Familie, sondern mussten auch in Form weiterer den ganzen Staat und die Bevölkerung in starke Mitleidenschaft ziehenden Kompensationen erbracht werden. Das Königreich war genötigt, dem napoleonischen Rheinbund beizutreten, sich an den ständigen Feldzügen Napoleons mit großen Truppenkontingenten zu beteiligen und dafür enorme finanzielle Belastungen zu schultern, die das Land nahe an den Rand des Staatsbankrotts trieben. Als der französische Herrscher 1812 einen Feldzug gegen Russland unternahm, musste ihm Bayern hierzu 30 000 Soldaten stellen. Von diesem katastrophal gescheiterten Vorhaben kehrten lediglich etwa 4000 Mann wieder zurück in ihre bayerische Heimat. Da das Bündnis mit Frankreich inzwischen keinerlei Vorteile mehr für das Königreich bot, wurden die Stimmen lauter, die auf ein Ende dieser Allianz drängten. Um nicht in den Sog eines Napoleon drohenden militärischen Fiaskos hineingezogen zu werden, vollführte Max I. Joseph, obwohl ihn heftige Gewissensbisse plagten, kurz vor der Völkerschlacht bei Leipzig im Oktober 1813 den Bündniswechsel ins antinapoleonische Lager. Er stand dadurch gerade rechtzeitig auf der Seite der Sieger.

Im Zuge des Wiener Kongresses und der ihm nachfolgenden Konferenzen, die Deutschland und Europa nach Napoleons Niederlage neu ordneten, musste Bayern zwar Vorarlberg, Tirol, Salzburg und das Innviertel an Österreich zurückgeben, erhielt aber dafür Würzburg sowie Aschaffenburg und die links des Rheins liegende Pfalz, womit das Königreich seine endgültige territoriale Gestalt erlangte. Im neu geschaffenen Deutschen Bund war es der drittgrößte Staat nach Österreich und Preußen. Seinen langjährigen und einflussreichen Weggefährten Montgelas, der den bayerischen Staat geschickt durch die Wirrnisse der napoleonischen Epoche gelenkt hatte, entließ Max I. Joseph 1817, vor allem auch auf Drängen seines ältesten Sohnes, des Kronprinzen Ludwig. Gegenüber dem französischen Gesandten betonte der König im Hinblick auf den Staatsminister jedoch eigens: »Er hat mir große Dienste erwiesen und lange Zeit«. Nach Montgelas' Entlassung fand der innere Aufbau des Landes seinen Abschluss mit der Verfassung von 1818, die aus dem Königreich eine konstitutionelle Monarchie machte. Bayern gehörte damit zu den fortschrittlichsten deutschen Staaten. Diese Konstitution hatte im Kern ein ganzes Jahrhundert lang Bestand. Max I. Joseph zeigte sich allerdings bereits nach der ersten Sitzungsperiode des Landtags nur wenig erfreut über diese neue Errungenschaft, deren Einrichtung er offensichtlich bereute. Im Vergleich mit den badischen Ständen stellte er in puncto auf die bayerischen fest: »Bei uns haben sie länger getagt, dafür sind wir sie aber auf drei Jahre los«.

Da Max Joseph bei seinen Untertanen beliebt war, erhielt er den Beinamen »der gute Vater Max«. Der preußische Gesandte etwa wusste von der Eröffnung des Oktoberfestes 1825 nach Berlin zu berichten: »Der König, der sich unter die Menge mischte, um die Ausstellungsgegenstände zu besichtigen, und vor dem Pavillon mit herzlicher Freundlichkeit der Preisverteilung beiwohnte, war wie ein Vater im Kreis seiner Familie.« In der Nacht vom 12. auf den 13. Oktober 1825 starb der erste bayerische König friedlich und unvermutet.

Ludwig I.

* 1786 in Straßburg
† 1868 in Nizza

König von Bayern

Eine der bemerkenswertesten, aber auch widersprüchlichsten Wittelsbacher Herrschergestalten war der am 25. August 1786 geborene König Ludwig I. von Bayern. Nicht von ungefähr charakterisierte ihn Johann Wolfgang von Goethe nach dem Kennenlernen als »dies merkwürdige vielbewegliche Individuum auf dem Throne«. Ludwig selbst betrachtete sich als Persönlichkeit einer Zeitenwende: »Ich gehöre zur alten und neuen Zeit und in zwei Jahrhunderte.«

Bei seiner Geburt wurde der Sohn des Zweibrücker Pfalzgrafen Maximilian Joseph und der Prinzessin Auguste Wilhelmine von Hessen-Darmstadt als potenzieller Erbnachfolger des vom Aussterben bedrohten Hauses Wittelsbach begeistert begrüßt. Max Joseph stand damals als Kommandeur des Regiments Royal Alsace in französischen Militärdiensten. Mit Ausbruch der Französischen Revolution änderte sich die Situation schlagartig. In den kommenden Jahren musste die Pfalzgrafenfamilie immer wieder vor den Heeren der französischen Revolutionsarmee fliehen. Diese Erlebnisse prägten Ludwigs Kindheit und Jugend nachhaltig und sorgten bei ihm zeitlebens für eine antifranzösische Einstellung. Ein weiteres bestimmendes Ereignis war für ihn der frühe Verlust seiner Mutter, die im März 1796 starb. Zu seiner Stiefmutter Karoline von Baden fand er nie ein herzliches Verhältnis. Kompliziert gestaltete sich auch die Beziehung zum Vater. »Wir waren in gar vielem das Gegentheil voneinander«, stellte er im Rückblick fest. Im Februar 1799 stieg Ludwig zum Kurprinzen auf, da sein Vater als Kurfürst Maximilian IV. Joseph in Pfalz-Bayern die Regierung antrat.

Von klein auf litt Ludwig an Schwerhörigkeit und einem Sprachfehler, was ihn lebenslang in seiner Kommunikation beeinträchtigte. Ein Ventil boten für ihn wohl seine Gedichte. Diese sehr privaten, wenngleich etwas holprig wirkenden Bekenntnisse wurden sogar publiziert. Im Rahmen seiner Erziehung kam vor allem dem katholischen Theologen Joseph Anton Sambuga Einfluss zu. Er vermittelte dem Prinzen eine christlich-patriarchalische Herrschaftsauffassung, die für ihn bestimmend wurde. Ein kurzzeitiger Besuch der Universitäten Landshut und Göttingen und Reisen ins Ausland rundeten seine Ausbildung ab. In Italien entdeckte er die Kunst und die Antike für sich. Er kam in Kontakt zur deutschen Künstlerkolonie in Rom und begann trotz großer persönlicher Sparsamkeit systematisch sowohl moderne als auch antike Kunstwerke zu erwerben. Für seine exquisite Sammlung römischer und griechischer Skulpturen ließ er noch als Thronfolger ab 1816 die Glyptothek erbauen, das älteste öffentliche Museum in München.

Schon früh entwickelte sich bei ihm ein deutsches Nationalgefühl, das sich hauptsächlich aus seinen Kindheits- und Jugendtraumata speiste. Dass sein Vater 1805 ein Bündnis mit Napoleon einging, traf ihn schwer. Noch zwei Jahre später schrieb er seinem Vater: »Wenn der Satan in menschlicher Gestalt wandelte, glaube ich, es wäre Napoleon«. Mit seiner nur mühsam verhüllten Abneigung gegen den französischen Kaiser, dessen imperiale Selbstdarstellung trotzdem nicht ohne Eindruck auf ihn blieb, bewegte er sich auf gefährlich dünnem Eis. Da sich die ursprünglich für ihn geplanten Heiratsprojekte nicht verwirklichen ließen, befürchtete Ludwig, dass Napoleon ihn zu einer unerwünschten Heirat zwingen könnte. 1809 kam er zu dem Schluss: »Ich bin bald vierundzwanzig Jahre alt, ich muß unbedingt heiraten. Ist das einmal geschehen, können solche Anschläge auf meine Freiheit von Paris her nicht gemacht werden. Eine Ehe außerhalb des Kreises der napoleonischen Verbündeten wird der Kaiser der Franzosen unmöglich machen. Nun gut, es gibt ja leider so viele deutsche, ins politische Gefolge des Korsen gedrängte Fürsten, es bleibt nichts übrig, als aus ihren Familien eine Gattin zu wählen.« Er entschied sich für Prinzessin Therese von Sachsen-Hildburghausen. Das kleine sächsische Herzogtum war wie Bayern ein Mitgliedstaat in dem von Napoleon gegründeten Rheinbund. Im Oktober 1810 wurde die Hochzeit in München gefeiert. Zum Festprogramm gehörte neben anderen Volksbelustigungen ein Pferderennen auf der später nach der Braut benannten Theresienwiese, aus dem sich das seitdem alljährlich veranstaltete Münchner Oktoberfest entwickelte. Ludwigs Ehe mit Therese entstammten neun Kinder, von denen acht erwachsen wurden.

Als es im Oktober 1813 zum Bündniswechsel Bayerns kam, durfte Ludwig zu seiner Enttäuschung nicht aktiv am Waffengang gegen Napoleon teilnehmen. Der Wiener Kongress von 1814/15 blieb hinter seinen Erwartungen zurück; denn bei der Neuordnung Europas fand die eigentliche Abrechnung mit Frankreich nicht statt. Der dort neu gegründete Deutsche Bund entsprach ebenfalls nicht seinen Vorstellungen. Erfolgreicher war er mit seiner Intrige gegen Maximilian von Montgelas. Seit 1806 verfolgte er das Ziel, den scheinbar allmächtigen Minister seines Vaters zu Fall zu bringen. Er sah in diesem nicht nur den Urheber des Bündnisses mit Frankreich, sondern auch der von ihm abgelehnten rein rationalen Staatskonstruktion. Als sich Montgelas gegen die geplante neue bayerische Verfassung stellte, sorgte Ludwigs Drängen mit dafür, dass König Max I. Joseph den Minister 1817 entließ. Dass sich Ludwig im Hinblick auf die Verfassung von 1818 für eine gewisse Begrenzung der Kronrechte und eine Teilhabe des Volks an den Staatsgeschäften einsetzte, trug ihm den Ruf eines liberalen Hoffnungsträgers ein.

Als Ludwig I. im Oktober 1825 den bayerischen Königsthron bestieg, war er gut vorbereitet. Er erwies sich als fleißiger und effizienter »Schreibtischarbeiter«, der sich ab den frühen Morgenstunden seinen Amtsgeschäften widmete. Sein Reformwille war groß, aber schnell zeigte sich, dass es mit ihm keine Fortentwicklung hin zu einem modernen Repräsentativsystem geben würde. Sein Herrschaftssystem war autokratisch. In erster Linie regierte er durch sein Kabinettsekretariat und setzte Verordnungen als Regierungsinstrument ein. Eine solche Selbstregierung hätte besser in die Blütezeit des Absolutismus gepasst als in jene des frühen Konstitutionalismus. 1847 verstieg sich Ludwig zu der Aussage:

»In Bayern besteht das monarchische Prinzip. Der König befiehlt, die Minister gehorchen. [...] Der König läßt sich nicht durch Minister vorschreiben, was er tun oder lassen soll.« Er machte sich dadurch persönlich angreifbar, weshalb die mit aller Schärfe geführten Verfassungskämpfe in den Jahren bis 1848 meist ihn zum Ziel hatten. Da beide Kammern des bayerischen Landtags nicht bereit waren, sich auf ein Absegnen der königlichen Politik zu beschränken, trat bei Ludwig eine Entfremdung vom Konstitutionalismus ein. Unter dem Eindruck der Juliunruhen von 1830 schlug er eine immer reaktionärere politische Richtung ein.

Nichtsdestotrotz erwies sich die Regierung Ludwigs I. als eine glanzvolle Regentschaft. Mit einer drastischen Sparpolitik gelang es ihm, die Finanzen des bayerischen Staates zu sanieren. Seit 150 Jahren war der Staatshaushalt damit zum ersten Mal ausgeglichen. Er selbst betrachtete dies als seine größte staatsmännische Leistung. Beharrlich, aber vergeblich bemühte er sich, Teile der an Baden gefallenen Pfalz zurückzugewinnen. Den wichtigsten, wenn auch nur kurzlebigen außenpolitischen Erfolg stellte die Etablierung einer wittelsbachischen Sekundogenitur in Griechenland dar. Früh hatte Ludwig den Befreiungskampf der Griechen gegen die Herrschaft der Osmanen unterstützt. Als sich die Großmächte Russland, England und Frankreich 1832 auf seinen zweiten Sohn Otto als griechischen König einigten, sah er darin die Möglichkeit, das dynastische Ansehen seines Hauses zu erhöhen. Beim Aufbau eines leistungsfähigen Staatswesens in Griechenland wurde Bayern mit enormen Herausforderungen konfrontiert. Ludwig erlebte noch, wie sein Sohn den Thron nach einer Revolte 1862 wieder verlor. Innerhalb des Deutschen Bundes förderte Ludwig I. 1833 die Bildung des Deutschen Zollvereins, wodurch die innerdeutschen Zölle beseitigt wurden.

Da Ludwigs Herrschaft in eine außenpolitisch eher ruhige Zeit fiel, konnte er sich nahezu völlig auf die Innenpolitik konzentrieren, wie zum Beispiel auf eine Verbesserung der Verkehrswege und auf zahlreiche Neugründungen bzw. Wiedererrichtungen von Klöstern. Das Bildungswesen sollte nach seinem Willen im christlichen Sinn erneuert werden. Um seine Hauptstadt zu einem geistig-künstlerischen Mittelpunkt in Deutschland zu machen, wurde die bayerische Landesuniversität 1826 von Landshut nach München verlegt. Unter dem später betont konfessionalisierten Kurs von Ludwigs Regierung büßte die Münchner Universität jedoch an Attraktivität gegenüber anderen Universitäten ein. Mit der von ihm betriebenen katholischen Restauration in Bayern sorgte der Monarch für gesellschaftliche Verwerfungen. Seine evangelischen Untertanen sahen sich in ihrer Glaubens- und Gewissensfreiheit verletzt, so etwa durch den »Kniebeugeerlass« von 1838, der bei Prozessionen und im Militärgottesdienst auch von protestantischen Soldaten das Niederknien vor dem Allerheiligsten verlangte. Zudem trat Ludwig I. seit 1837 als Vorkämpfer für die Rechte der deutschen Katholiken auf.

Um die Integration der Franken, Schwaben und Pfälzer zu fördern und ein bayerisches Staatsbewusstsein auszubilden, benannte Ludwig die acht Kreise 1837 nach den Stämmen um. Schon früher hatte er das Staatswappen und seine Titulatur umgestaltet. Seit 1835 nannte er sich »König von Bayern, Pfalzgraf bei Rhein, Herzog von Bayern, Franken und in Schwaben«. Im Oktober 1825 betraf eine seiner ersten Anordnungen die Änderung der Schreibweise des Landesnamens: Aus »Baiern« machte der begeisterte Philhellene »Bayern«.

Besondere Verdienste erwarb sich Ludwig I. um Kunst und Kultur. Angesichts der bescheidenen politischen Möglichkeiten Bayerns bleibe ihm, wie er einmal äußerte, nichts übrig, »als der Mäzen Europas zu werden.« Sein großartiges »Kunstkönigtum«, dem nicht nur München, sondern ganz Bayern eindrucksvolle Bauten und Kunstwerke verdankt, bestimmt bis heute überwiegend die Beurteilung seines Wirkens. Vornehmlich auf dem Gebiet der Architektur hinterließ seine Kunstpolitik deutliche Spuren. Hier standen hauptsächlich die Architekten Leo von Klenze und Friedrich von Gärtner in seiner Gunst. Anders als bei seinem Enkel Ludwig II. waren seine Bauwerke meist bewusst für die Öffentlichkeit bestimmt. Er sah in Kunst und Architektur wertvolle Instrumente zur Volkserziehung.

Im Oktober 1846 erschien in München mit der skandalumwitterten Tänzerin Lola Montez der Auslöser für die Revolution von 1848, die Ludwigs Thron ins Wanken brachte. Im Grunde diente die Abenteurerin, für die der König sofort entflammt war, nur als Vorwand für die Attacken gegen dessen neoabsolutistisches Regierungssystem. Im Gegensatz zu seinen früheren Affären stieß dieses Verhältnis von Anfang an auf Ablehnung, maßte sich doch die Montez an, Ludwig in seinen Entscheidungen zu beeinflussen. Durch ihren Wunsch, zur Gräfin von Landsfeld aufzusteigen und Eintritt in die Hofgesellschaft zu erlangen, kam es in München 1847 zu ersten Unruhen. Unter dem Eindruck der französischen Februarrevolution geriet im März 1848 die noch aufgeheizte Atmosphäre in der Stadt erneut in Bewegung. Wie andernorts in Deutschland bildeten die Unzufriedenheit mit dem politischen System und die Notlage der unteren Schichten die Hauptgründe für die revolutionären Ereignisse. Die Tumulte und Ausschreitungen, die sich nach der Ausweisung der Montez aus Bayern fortsetzten, mündeten in eine Bürgeradresse an den König mit der Forderung nach einer freiheitlichen Fortbildung der Verfassung. Der Monarch sah sich zum Nachgeben genötigt und gewährte am 6. März 1848 alle »Märzforderungen«, wodurch eine Revision der Verfassung ermöglicht wurde. Aus dieser Kapitulation und seinem Autoritätsschwund zog Ludwig I. die für ihn einzig folgerichtige Konsequenz und dankte am 19. März 1848 zugunsten seines Sohnes Maximilian ab. Er selbst begründete den Schritt mit seinem Herrschaftsverständnis: »Regieren konnte ich nicht mehr und einen Unterschreiber abgeben wollte ich nicht. Nicht Sklave zu werden, wurde ich Freyherr.«

Nach seinem Thronverzicht blieben Ludwig noch fast 20 Jahre als »Privatmann« fern des politischen Geschäfts beschieden, wobei er sich nur schwer mit seinem Machtverlust abfinden konnte. Im Jahr seiner Abdankung klagte er: »Ich bin, wie wenn ich gestorben wäre und sehe, wie es nach dem Tode gehet.« Da er sich die Hälfte der Zivilliste vorbehalten hatte, konnte er weiterhin als Kunstmäzen wirken, freilich in bescheidenerem Umfang. Einen Großteil seiner noch nicht abgeschlossenen Bauprojekte finanzierte er aus eigenen Geldmitteln fertig. Ebenso war es ihm möglich, kirchliche und karitative Einrichtungen zu fördern. Hart traf es ihn, dass er mit seinem Privatvermögen für die einst der griechischen Regierung eingeräumte Anleihe in Höhe von 1,5 Millionen Gulden aufkommen musste. Er hatte diese Gelder 1835/37 ohne vorherige Bewilligung durch den bayerischen Landtag zur Verfügung gestellt, der dies nun als reine Privatangelegenheit des Königshauses ansah. Der Exmonarch wurde dadurch zum Privatgläubiger Griechenlands. Nachdem er noch den Tod seiner Frau, seiner beiden älteren Söhne, zweier Töchter und einer Schwiegertochter hatte erleben müssen, starb Ludwig I. im Alter von 82 Jahren am 29. Februar 1868 in Nizza, wo er in seinen letzten Lebensjahren die Winter wegen des milden Klimas zu verbringen pflegte.

Ludwig II.

* 1845 in München-Nymphenburg
† 1886 in Berg am Starnberger See

König von Bayern

»Ein ewiges Rätsel bleiben will ich mir und anderen.« Kaum ein anderer Ausspruch König Ludwigs II. von Bayern sollte sich mehr bewahrheiten. Am 25. August 1845 als ältester Sohn des damaligen bayerischen Kronprinzen Maximilian und der preußischen Prinzessin Marie geboren, stieg er 1848 durch die Abdankung seines Großvaters, König Ludwigs I., zum Kronprinzen auf. Noch vor seinem 19. Geburtstag folgte er seinem unerwartet früh verstorbenen Vater, König Maximilian II., auf den Thron. Als er am 10. März 1864 zum König ausgerufen wurde, war der übertrieben ichbezogene Prinz nur ungenügend auf sein Amt als Herrscher des bedeutendsten deutschen Mittelstaates vorbereitet.

Zu Beginn seiner Regierungszeit widmete sich Ludwig II. voll Eifer seinen staatsmännischen Pflichten und Aufgaben. Bald sollten ihm seine persönlichen Interessen und Leidenschaften aber wichtiger werden, da er widerwillig erkennen musste, dass er als konstitutioneller Monarch nicht unbeschränkt herrschen konnte. Im Königreich Bayern war die Staatsbürokratie im Besitz der eigentlichen Macht und zog den autokratischen Bedürfnissen des Königs und dessen unzeitgemäßen Vorstellungen vom Gottesgnadentum enge Grenzen. Für eine Weiterentwicklung des Parlamentarismus konnte sich Ludwig folglich nicht erwärmen und bekannte: »Entweder herrsche Ich oder das Volk, zusammen tun wir nicht gut.« Er ging dazu über, nur noch schriftlich mit den Ministern über seinen Kabinettssekretär zu kommunizieren. Seinen politischen und administrativen Pflichten kam er trotzdem immer bis zu seinem letzten Regierungstag am 8. Juni 1886 nach. Auf Distanz ging Ludwig auch zu seiner Residenzstadt München, deren höfische und bürgerliche Gesellschaft er nicht mochte. Hatte der König seine Untertanen anfangs mit seinem guten Aussehen fasziniert, entstand zuletzt der fatale Eindruck, dass er seinen Obliegenheiten als Monarch nicht mehr Genüge tat, weil er sich den von ihm als lästig empfundenen Repräsentationspflichten entzog und für sein Volk fast gar nicht mehr in der Öffentlichkeit präsent war.

Der an militärischen Fragen und Krieg wenig interessierte König, der zeitlebens zivile Kleidung bevorzugte, musste innerhalb kurzer Zeit sein Land in zwei Kriege führen. Nach der bayerischen Niederlage an der Seite Österreichs und der anderen deutschen Mittelstaaten im Deutschen Krieg von 1866 näherte er sich, durch die äußeren Umstände gezwungen, im Reichsgründungsprozess Preußen an. 1870 beteiligte sich Ludwig II. wegen des Schutz- und Trutzbündnisses mit Preußen am Deutsch-Französischen Krieg. Gegen die Zusicherung von Sonderrechten trat Bayern 1871 dem Deutschen Reich bei. Die Kaisererhebung des preußischen Königs Wilhelm I. wurde von Ludwig als »Akt von politischer Klugheit, ja von Notwendigkeit im Interesse der Krone und des Landes« akzeptiert. Am 30. November 1870 schrieb er daher den von dem preußischen Ministerpräsidenten Otto von Bismarck entworfenen, lediglich leicht abgeänderten sogenannten Kaiserbrief an den preußischen König, in dem er Wilhelm I. aufforderte, den Titel eines Deutschen Kaisers anzunehmen. Seine Bereitschaft, diese in seinen Augen »geradezu herabwürdigende Rolle« zu übernehmen, vergalt ihm Bismarck seit 1873 mit geheimen Geldzahlungen aus dem »Welfenfonds«, jenem von Preußen beschlagnahmten Vermögen des 1866 entthronten hannoverschen Königshauses. Insgesamt erhielt Ludwig im Lauf der Jahre fünf Millionen Mark. Nur ungern fand er sich mit dem Kaiserreich ab, weshalb er zeitweise erwog, zugunsten seines zwei Jahre jüngeren Bruders Otto abzudanken. Die Ereignisse von 1870/71 bewirkten bei Ludwig II. eine Art innere Emigration. Während er seitdem die Hohenzollern ablehnte, schätzte er jedoch Bismarck, den er immer wieder um Rat anging.

Neben seinem Interesse an aktuellen wissenschaftlichen Fragen galt seine Aufmerksamkeit vorrangig dem musikalischen

Schaffen des Komponisten Richard Wagner, den er bereits wenige Monate nach seiner Thronbesteigung nach München holte und großzügig förderte. Als Ludwig im Alter von 15 Jahren erstmals Wagners Oper *Lohengrin* gehört hatte, war er zutiefst ergriffen. Die Gesamtkunstwerke des Komponisten sprachen seine romantischen Saiten an. Wagner stellte allerdings nüchtern fest: »Der König ist ganz unmusikalisch und nur mit einem poetischen Gemüt begabt«. Auf ausdrücklichen Wunsch der Staatsregierung, der königlichen Familie, der Hofgesellschaft und des Großteils des Münchner Bürgertums musste sich Ludwig II. im Dezember 1865 von dem unbeliebten Wagner trennen. Dennoch erlebten mehrere Wagner-Opern ihre Uraufführung in München. Obwohl sich das Verhältnis zwischen »Meister« und »Jünger« im Lauf der Jahre merklich eintrübte, leistete Ludwig ungeachtet der eigenen angespannten finanziellen Kassenlage eine Bürgschaft für das zwischen 1872 und 1875 erbaute Bayreuther Richard-Wagner-Festspielhaus. Seit 1872 zog es der menschenscheue König vor, sich die Opern von Wagner, aber auch Schauspiele und Opern anderer Komponisten auf eigene Kosten in Separatvorstellungen ohne Publikum vorführen zu lassen: »Ich will selbst schauen, aber kein Schauobjekt für die Menge sein!«

Seiner außerordentlichen Bauleidenschaft verdankt Bayern die heute weltweit populären Schlösser Linderhof, Neuschwanstein und Herrenchiemsee, in denen Ludwigs Vorstellungen vom *Grand siècle* Frankreichs, von der germanisch-mittelalterlichen Mythenwelt Richard Wagners und vom Märchenzauber des Orients Wirklichkeit wurden. Bei den Prachtbauten kamen modernste Technologien wie etwa Stahlbau oder Zentralheizung zur Anwendung. Das Münchner Kunstgewerbe verdankte den königlichen Aufträgen seinen enormen Aufschwung. Durch die umfangreichen Bauarbeiten wurde außerdem die Bevölkerung in den strukturschwachen Gebieten, in denen die Schlösser entstanden, in Lohn und Brot gesetzt. Ludwig II. entwickelte selbst die Konzeptionen für seine Bauten und überwachte deren Ausführung bis ins kleinste Detail. »O es ist nothwendig sich solche Paradiese zu schaffen, solche poetischen Zufluchtsorte, wo man auf einige Zeit die schauderhafte Zeit, in der wir leben, vergessen kann«, schrieb er 1869. Bauen wurde für ihn Daseinszweck. Seine Schlösser waren allein ihm vorbehalten, sie sollten nicht vom Blick des Volks »besudelt« werden. Darüber hinaus ließ sich Ludwig auf dem Schachen im Wettersteingebirge das sogenannte Königshaus, ein alpines Holzhaus, errichten. Daneben entstanden noch mehrere Berghütten nach dem Vorbild von Bühnenbildern aus Wagners Opern. In seinen letzten Lebensjahren beschäftigte er sich mit der Planung der im gotischen Stil gehaltenen Burg Falkenstein bei Pfronten und eines chinesischen Sommerschlosses am Plansee.

Seine Verlobung mit Herzogin Sophie Charlotte in Bayern, die sich als Einzige aus seinem familiären Umfeld für Wagners Musik interessierte, löste Ludwig im Oktober 1867 zur Empörung seiner Verwandtschaft und des Hochadels wieder auf. Er selbst empfand dies als ein »Aufleben von qualvoller Alp«. Aufgrund seiner streng religiösen, bigotten Erziehung litt er unter seinen homoerotischen Neigungen. Er wollte wie die Wagner'schen Bühnenhelden sein: keusch, wahr und schön.

Ludwigs Verhalten nahm gegen Ende seines Lebens immer sonderbarere Züge an. Er lebte völlig zurückgezogen auf seinen Schlössern. Wegen seiner ungesunden und unmäßigen Ess- und Trinkgewohnheiten gingen seine einstmals eindrucksvolle Erscheinung und sein gut aussehendes Gesicht verloren. Sein Äußeres wurde obendrein durch ein stark schadhaftes Gebiss beeinträchtigt, das ihm nicht nur die Kommunikation erschwerte, sondern auch häufig Schmerzen bereitete. Ludwig ließ sich immer mehr gehen und vernachlässigte seine Kleidung. Durch seinen Hang, die Nacht zum Tag zu machen, gestaltete sich der Umgang mit ihm schwierig. Seine Dienerschaft behandelte der impulsive, cholerische Monarch oft demütigend.

Vor allem Ludwigs exzessive Bautätigkeit und die dadurch herbeigeführte totale Verschuldung seiner privaten Kabinettskasse lösten seinen Sturz aus. Anfang 1884 waren die Schulden auf 8,25 Millionen Mark angestiegen. Die ihm jährlich aus der königlichen Zivilliste zur Verfügung stehenden Gelder reichten nicht aus, die Unkosten für die Schlossbauten zu decken. Das Ministerium vermittelte ihm daraufhin eine Anleihe von 7,5 Millionen

Mark. Reichskanzler Bismarck wies eine zusätzliche Million aus dem Welfenfonds an. Statt nun strikt zu sparen, wie ihm nahegelegt worden war, ordnete Ludwig die Fortsetzung der Baumaßnahmen an. Im Sommer 1885 hatten sich neue Schulden in Höhe von über 6 Millionen Mark angehäuft. Die königliche Kabinettskasse war damit um das Dreifache verschuldet.

Bismarcks Rat vom April 1886 an den König, sich wegen der erforderlichen Summen an den Landtag zu wenden, stieß weder beim liberalen Kabinett, das wohl Rücktrittsforderungen fürchtete, noch bei den führenden Vertretern der oppositionellen katholisch-konservativen Patriotenpartei, die sich vom König zurückgesetzt fühlten, auf Gegenliebe. Angesichts der verfahrenen Lage, die in eine Staatskrise zu münden drohte, sahen sich die Minister zum Durchgreifen genötigt und schlossen sich gegen den König zusammen, um diesen seines Amtes zu entheben. »Die Minister hätten die Dinge nicht soweit kommen lassen dürfen«, kritisierte Fürst Bismarck 1890 im Rückblick. »Sie hätten die planlose Verschwendung zur rechten Zeit abschneiden oder selbst gehen müssen. Sie haben zugesehen und geduldet, bis sie sich nimmer hinaussahen. So wurde der König das Opfer seiner Diener, der hohen wie der niederen.« Da die persönlichen Schulden des Monarchen aus verfassungsrechtlicher Sicht keinen Grund boten, ihn abzusetzen, musste man zur Erreichung dieses Zwecks den Gesundheitszustand des Königs instrumentalisieren. Das nötige Gutachten erstellte der Obermedizinalrat und Lehrstuhlinhaber für Psychiatrie in München, Professor Dr. Bernhard von Gudden. Weder er noch ein anderer Psychiater der hierfür eingesetzten ärztlichen Kommission untersuchte und befragte dabei den Monarchen persönlich, was eine Missachtung der Regeln korrekter psychiatrischer Begutachtung darstellte. Ebenso wurde auf das Zeugnis der königlichen Leibärzte verzichtet. Gudden verfasste sein Gutachten im Eilverfahren und bloß auf der Grundlage von einseitigen, ausschließlich negativen Zeugenaussagen und Dokumenten. Das am 8. Juni 1886 vorgelegte Gutachten attestierte Ludwig II. fortgeschrittene, unheilbare Paranoia. Da keine freie Willensbestimmung mehr gewährleistet war, war er demnach regierungsunfähig. Bei einer längeren Verhinderung des Monarchen sah die bayerische Verfassung von 1818 die Einsetzung einer Regentschaft vor. Gemäß der Erbfolgeordnung wäre dies eigentlich Ludwigs Bruder Otto gewesen, der aber seit 1875 als unheilbar geisteskrank galt. Der nächste Agnat war der 65 Jahre alte Onkel des Monarchen, Prinz Luitpold, der sich bereit erklärte, die Regentschaft zu übernehmen, deren Proklamation am 10. Juni 1886 erfolgte.

Erst im zweiten Anlauf glückte es, Ludwig II. am 12. Juni 1886 auf Schloss Neuschwanstein in Gewahrsam zu nehmen und nach Schloss Berg am Starnberger See zu bringen. Den Ratschlag, sofort nach München zu fahren und sich dem Volk zu zeigen, hatte der König im Vorfeld genauso abgelehnt wie den Vorschlag, in das nahegelegene österreichische Tirol zu fliehen. Voll Bitterkeit äußerte Ludwig: »Man schleudert mich von der höchsten Höhe in das Nichts, man vernichtet mein Leben, man erklärt mich lebend für tot, das halte ich nicht aus. Wenn man mir die Krone aberkannt hätte, das würde ich ertragen haben. Aber daß man mir den Verstand aberkennt, mir die Freiheit nimmt und mich wie meinen Bruder behandelt, nein, das ertrage ich nicht, ich will diesem Schicksal entgehen, man treibt mich in den Tod«. Der auf Freiheit und Freizügigkeit bedachte scheue König sah sich in Berg, das vorher rasch zu einer Privatirrenanstalt umfunktioniert worden war, auf Schritt und Tritt beobachtet und ständig von Ärzten und Pflegern umgeben, die seinen Tagesablauf reglementierten. Was ihn hier für ein Leben erwarten würde, war ihm nur zu klar, da er ja die Berichte über seinen internierten Bruder kannte. Am nächsten Tag kam es zu jenem folgenschweren Abendspaziergang von Professor Gudden mit seinem königlichen Patienten, von dem sie beide nicht lebend zurückkehren sollten. Gegen 23 Uhr wurden ihre Leichen im Wasser des Sees treibend gefunden. Bis heute sind die genauen Umstände, die zu ihrem Tod am 13. Juni 1886 führten, nicht geklärt. Sie bieten deshalb Stoff für unzählige, zum Teil überaus fragwürdige Theorien. Die offizielle Version, dass der Psychiater Ludwig von einem Selbstmordversuch abhalten wollte und dabei selbst ums Leben kam, stieß nicht überall auf Glauben. Als Ludwigs Tod bekannt gemacht wurde, zeigte sich die Bevölkerung erschüttert. Der zu Lebzeiten wenig populäre Herrscher fing als Toter an, volkstümlich zu werden, und der Mythos vom »Märchenkönig« nahm seinen Anfang. Anstatt für ihn führte Prinzregent Luitpold die Regierungsgeschäfte nun für seinen geisteskranken Neffen König Otto I.

Elisabeth (Sisi)

* 1837 in München
† 1898 in Genf

Kaiserin von Österreich, Königin von Ungarn und Böhmen

Die meist fern der Habsburgermonarchie lebende Kaiserin Elisabeth war zum Zeitpunkt ihres Todes bei ihren Untertanen nicht sonderlich beliebt. Graf Erich Kielmannsegg bemerkte etwa: »Es wurden ihr nur wenige Tränen nachgeweint.« Den Großteil ihres Lebens hatte sich diese Wittelsbacherin konsequent den in sie gesetzten Rollenerwartungen als Ehefrau, Mutter und Kaiserin verweigert. Ihr tragischer Tod ließ aber die Kritik zunehmend verstummen. Der Mythos der schönen, unverstandenen und einsamen Kaiserin entstand. Die österreichische Schriftstellerin und Pazifistin Bertha von Suttner erkannte dies bereits wenige Jahre nach dem Mordanschlag und schrieb über das Phänomen »Elisabeth« zutreffend: »Vom Grau des Alltags hebst du dich ab für alle Zeiten – eine Gestalt in leuchtendem Schwarz«.

Elisabeth Amalie Eugenie, genannt Sisi, kam am 24. Dezember 1837 als drittes Kind des Herzogs Maximilian in Bayern und der bayerischen Königstochter Ludovika in München zur Welt. Zusammen mit ihren Geschwistern wuchs sie abseits vom bayerischen Königshof auf und entwickelte sich dank ihrer unbeschwerten Jugend auf dem väterlichen Landsitz in Possenhofen am Starnberger See bzw. im Herzog-Max-Palais in München zu einem freiheitsliebenden und sensiblen Mädchen. Sie lernte zwar ausgesprochen gut reiten, schwimmen, angeln und bergsteigen, doch ihre Erziehung im höfischen Sinn blieb gemessen an ihrem Stand nur unzureichend. Sie beherrschte daher die im höfischen Umfeld als wichtig betrachteten Fertigkeiten und Umgangsformen bloß in bescheidenem Umfang, als sie eine der glanzvollsten

Partien machte, die der europäische Hochadel damals zu bieten hatte.

Statt sich wie vorgesehen während eines Sommeraufenthaltes in Bad Ischl 1853 in Elisabeths ältere Schwester Helene zu verlieben, entschied sich Kaiser Franz Joseph I. von Österreich, der zu jener Zeit begehrteste Junggeselle Europas, für die 15-jährige Sisi, die lediglich als Begleitung Helenes fungieren sollte. Am 18. August 1853 hielt er zur Überraschung der Anwesenden um die Hand seiner blutjungen Cousine an. Laut Erzherzogin Sophie, der Mutter des Kaisers und Tante der Braut, ahnte Elisabeth »nichts von dem tiefen Eindruck, den sie auf Franzi gemacht hatte. Bis zu dem Augenblick, als ihre Mutter ihr davon sprach, war sie nur von Scheu und Schüchternheit erfüllt, die ihr die vielen sie umringenden Menschen einflößten.« Im April 1854 fand die prachtvolle Hochzeit in Wien statt.

Elisabeth, die einem nichtregierenden Zweig der Wittelsbacher entstammte und deshalb nicht daran gewöhnt war, ihre Person ganz den Anforderungen der Staatsräson unterzuordnen, kam an einen vom steifen spanischen Hofzeremoniell beherrschten Hof. Sie fühlte sich bei ihren repräsentativen Auftritten wie ein Pferd »im Geschirr« vorgeführt. Da der Kaiser von Regierungsgeschäften in Beschlag genommen war, vereinsamte sie und war unglücklich. Im Rückblick erklärte sie: »Die Ehe ist eine widersinnige Einrichtung. Als 15jähriges Kind wird man verkauft und tut einen Schwur, den man nicht versteht und dann 30 Jahre oder länger bereut und nicht mehr lösen kann.« Um aus der in höfischen Belangen unerfahrenen Elisabeth eine würdige Repräsentantin des Habsburgerreichs zu machen, widmete sich ihre Schwiegermutter Erzherzogin Sophie mit Franz Josephs Einverständnis der Erziehung der jungen Kaiserin. In den ersten Ehejahren unterwarf sich Elisabeth den an sie gestellten Forderungen. In rascher Folge wurde sie Mutter und sicherte so den Fortbestand der Dynastie: Auf die 1855 geborene und bereits im Alter von zwei Jahren verstorbene Tochter Sophie folgte 1856 die Tochter Gisela. 1858 kam der ersehnte Kronprinz Rudolf zur Welt. Kaiserin Elisabeth musste allerdings hinnehmen, dass ihr die Kinder entzogen wurden und unter die Obhut der Erzherzogin Sophie kamen, die für eine angemessene Erziehung nach den Maßstäben des Wiener Hofes sorgte. Lediglich ihr viertes und letztes Kind, die 1868 geborene Marie Valerie, konnte Elisabeth bei sich behalten. Um dieses Kind kümmerte sie sich mit einer übertrieben anmutenden Mutterliebe, die den älteren Geschwistern wohl vorenthalten blieb.

1860 brach Kaiserin Elisabeth aus ihrem goldenen Käfig aus. Den Anstoß dazu hatten Liebesaffären des Kaisers gegeben, die sie als Verrat empfand. Krankheiten dienten ihr nun als Vorwand für ausgedehnte Reisen, die einer Flucht vor dem ihr verhassten Wiener Hof glichen. Bis zu ihrem Tod sollte rastloses Reisen ihr weiteres Leben bestimmen. Nur noch selten kehrte sie nach Wien zurück. Ihre repräsentativen und sozialen Pflichten als Kaiserin und Landesmutter ignorierte Elisabeth. Obwohl sie die monarchische Staatsform als nicht mehr zeitgemäß verachtete, schöpfte sie sämtliche Möglichkeiten ihrer gesellschaftlichen Stellung aus und lebte ganz ichbezogen ausschließlich für ihre »Selbstverwirklichung«. Ihr exzentrischer Lebensstil fand weder Verständnis noch Billigung bei der Wiener Gesellschaft.

Als sie 1862 nach fast zweijähriger Abwesenheit wieder zu ihrer Familie nach Wien kam, hatte sich die Kaiserin verwandelt: Aus der unsicheren jungen Frau war eine selbstbewusste Schönheit geworden, die von ihrem Ehemann fordern konnte, was sie wollte. Am 27. August 1865 setzte sie in einem Ultimatum durch, dass sie über die Erziehung der Kinder zu verfügen habe. Sie beendete damit die streng militärische Erziehung ihres Sohnes Rudolf und erreichte, dass er bis zu seiner Volljährigkeit eine bürgerlich-liberale Erziehung erhielt. Für sich selbst verlangte Elisabeth: »Ferner wünsche ich, daß, was immer meine persönlichen Angelegenheiten betrifft, [...] mir allein zu bestimmen vorbehalten bleibt.«

In die Sechzigerjahre fällt überdies das politische Engagement der Kaiserin für den Ausgleich mit Ungarn. Sie liebte dieses Land, dessen Interessen sie letztlich auch deshalb unterstützte, da sie sich dadurch vom politischen Umfeld ihrer höchsteinflussreichen Schwiegermutter distanzieren konnte. Dass sie mit ihrer emsigen Förderung der weitgehenden Unabhängigkeit Ungarns dagegen der Gesamtmonarchie Schaden zufügte, übersah sie. Franz Josephs Hinweis, dass es unklug wäre, sich allein auf den »ungarischen Standpunkt zu stellen« und dafür jene Länder zu vernachlässigen, »welche in fester Treue namenlose Leiden erduldeten«, ignorierte sie. Sie wirkte entscheidend mit darauf ein, dass das Kaisertum Österreich in die Österreichisch-Ungarische Doppelmonarchie umgewandelt wurde. Am 8. Juni 1867 wurde das Kaiserpaar mit der ungarischen Königskrone gekrönt. Das dem Paar vom ungarischen Volk geschenkte Schloss Gödöllő wurde für Elisabeth ein beliebter Zufluchtsort. Außer für den Ausgleich mit Ungarn kümmerte sich die Wittelsbacherin ansonsten wenig um politische und gesellschaftliche Fragen, obwohl die Habsburgermonarchie in den 44 Jahren, in denen sie Kaiserin war, eine krisenhafte Phase durchlebte und von zahlreichen Fehlschlägen und Erschütterungen schwer getroffen wurde.

»Basis« von Elisabeths Macht war ihre Schönheit. In den Sechzigerjahren galt sie als eine der schönsten Frauen ihrer Zeit. Den Schah von Persien, Nasr-ed-Din, der sie 1873 anlässlich der Wiener Weltausstellung sah, beeindruckte ihr Aussehen dermaßen, dass er in seinem Tagebuch notierte: »Sie hat eine wunderschöne weiße Haut und die Gestalt einer Zypresse, eine Majestät vom Scheitel ihrer prächtigen Haarfülle bis zur Sohle«. Die Kaiserin war sich sehr wohl bewusst, welche Macht ihr diese Schönheit verlieh. In späteren Jahren weigerte sie sich aus diesem Grund, Malern Modell zu sitzen oder sich fotografieren zu lassen, um ihren Ruhm als außerordentliche Schönheit bewahren zu können. Sie betrieb einen wahren Schönheitskult. Sie lebte ganz für die Erhaltung ihrer Schönheit und Gesundheit. Strenge Diäten, tägliche Turnübungen und stundenlange Gewaltmärsche sollten ihre Figur in Form halten. In den Siebzigerjahren genoss Elisabeth außerdem den Ruf einer der besten Jagdreiterinnen der Welt. Besonders stolz war sie auf ihr prachtvolles Haar, das in kunstreichen Flechtfrisuren hochgesteckt wurde. Als »Sklavin« ihrer Haare nutzte die Kaiserin die langen Frisierstunden, um Ungarisch sowie Neu- und Altgriechisch zu lernen. Sie erweiterte ihre Literaturkenntnisse und wurde zu einer großen Verehrerin Heinrich Heines, in dessen stilistischer Nachfolge sie ihre stark biografisch geprägten Gedichte schrieb. Es entstand ihr »Poetisches Tagebuch«. Als leidenschaftliche Bewunderin der griechischen Kultur ließ sich Elisabeth auf Korfu das Schloss Achilleion erbauen, an dem sie allerdings nach dessen kostspieliger Fertigstellung 1892 weitgehend das Interesse verlor. Sie fühlte sich jetzt durch diesen Besitz in ihrer Bewegungsfreiheit eingeschränkt und stellte fest: »Unsere Träume sind immer schöner, wenn wir sie nicht verwirklichen.« 1907 erwarb der deutsche Kaiser Wilhelm II. schließlich den Besitz.

Der Selbstmord ihres Sohnes Rudolf im Januar 1889 überschattete Elisabeths restliches Leben. Durch ihre beinahe ausschließliche Konzentration auf ihre Lieblingstochter Marie Valerie hatte sie die tragische Entwicklung bei Rudolf nicht wahrgenommen. Sie trug seitdem fast nur noch schwarze Kleidung. Schwermut und Weltverachtung steigerten sich bis zu Selbstmordgedanken. Ihre Unrast schlug sich in einer Intensivierung ihrer Reiseaktivitäten nieder. Bei einem Aufenthalt in Genf wurde die Kaiserin am 10. September 1898 auf dem Weg vom Hotel Beau Rivage zu einem Dampfer von dem italienischen Anarchisten Luigi Lucheni mit einer Feile ermordet. Wie üblich hatte sie auf Sicherheitsbeamte als Begleiter verzichtet, obwohl sie sich der Gefahr von Attentaten bewusst war, und hatte sich bloß von einer Hofdame eskortieren lassen. Der Mordanschlag machte Lucheni jedoch nicht, wie von ihm erhofft, zum Helden der anarchistischen Bewegung. Kaiser Franz Joseph I. traf der Verlust Elisabeths zutiefst: »Sie wissen nicht, wie ich diese Frau geliebt habe.«

Luitpold

* 1821 in Würzburg
† 1912 in München

Prinzregent von Bayern

Die ein Vierteljahrhundert umfassende Regierungszeit des bayerischen Prinzregenten Luitpold, die zunächst angesichts der »Königskatastrophe« von 1886 unter einem denkbar ungünstigen Stern begann, aber dann für eine breite Öffentlichkeit vor allem im Rückblick geradezu zu einem Synonym für die »gute alte Zeit« verklärt wurde, erhielt die weithin akzeptierte Epochenbezeichnung »Prinzregentenzeit«. Diese Benennung war und ist bis heute nicht bloß innerhalb der Geschichtswissenschaft gebräuchlich. Außer Luitpold widerfuhr keinem anderen Wittelsbacher jemals die Ehre, einer Epoche seinen Namen gegeben zu haben.

Luitpold wurde am 12. März 1821 als dritter Sohn des damaligen bayerischen Kronprinzen Ludwig und der Prinzessin Therese von Sachsen-Hildburghausen geboren. Früh stand fest, dass er eine Militärlaufbahn einschlagen sollte. Wenngleich für den nachgeborenen Königssohn kaum mit einer Krone zu rechnen war, erteilte sein Vater 1838 im Hinblick auf Luitpolds Erziehung trotzdem die Anweisung, diese Möglichkeit nicht ganz außer Acht zu lassen: »Zum Soldaten soll sich mein Sohn Luitpold bilden, aber auch, daß er Herrscher sein kann [...]. Gottes Fügung kennt niemand; auch mein Vater wurde, ein Nachgeborener, König!« Nichtsdestotrotz waren in erster Linie Offiziere mit dem Unterricht des Prinzen betraut und eine wirkliche Vorbereitung auf die Rolle eines regierenden Monarchen unterblieb.

Luitpold trat bereits im Alter von 14 Jahren in die bayerische Armee ein. Bemerkenswerterweise kam er zur Artillerie, obwohl dies keine traditionell vom Adel bevorzugte Truppengattung war. Dass er deshalb hier hauptsächlich Bürgerlichen begegnete, mag mit dazu beigetragen haben, seine später so gepriesene Fähigkeit zu entwickeln, sich mit Personen aus allen Gesellschaftsschichten leicht verständigen zu können. Neben seinen militärischen Pflichten blieb ihm in den kommenden Jahren noch genügend Zeit für Reisen zu Bildungszwecken nach Italien, Spanien, Griechenland und in den Nahen Osten. Wie dies für Mitglieder von Herrscherhäusern damals allgemein üblich war, durchlief Luitpold eine rasante militärische Karriere und wurde schließlich 1876 zum Generalfeldzeugmeister im Rang eines Generalfeldmarschalls ernannt. Für Luitpolds Identifikation mit seinen militärischen Aufgaben spricht, dass er auch im privaten Umfeld bevorzugt Uniform trug. Während er am Deutschen Krieg von 1866 als Kommandeur der 3. Division teilnahm, erlebte er den Deutsch-Französischen Krieg von 1870/71 als Vertreter Bayerns im Großen Hauptquartier, dem Sitz der Obersten Heeresleitung. Hier übergab er dem preußischen König Wilhelm I. am 3. Dezember 1870 den sogenannten Kaiserbrief König Ludwigs II. von Bayern. Der Proklamation des neuen Deutschen Kaisers am 18. Januar 1871 im Versailler Schloss wohnte er, zusammen mit Ludwigs jüngerem Bruder Otto, als Repräsentant des Hauses Wittelsbach und des Königreichs Bayern bei. Zusätzlich zu seinen Verpflichtungen im militärischen Bereich übernahm Luitpold, der wie alle Prinzen des königlichen Hauses Mitglied des Staatsrats und der Kammer der Reichsräte war, für seinen ältesten Bruder König Maximilian II. bereits die Vertretung bei offiziellen Anlässen. Von seinem Neffen Ludwig II. wurde der Prinz später damit in noch höherem Maße betraut. Von einer politischen Betätigung im engeren Sinn kann bei ihm aber in den Jahren vor 1886 keine Rede sein. Diese mied der Prinz möglichst, da er sich darin nicht zu Hause fühlte.

Der Lieblingssohn König Ludwigs I. heiratete im April 1844 in Florenz Erzherzogin Auguste Ferdinande, eine Tochter des Großherzogs Leopold II. von Toskana. Es handelte sich dabei um eine Herzensentscheidung. Sein Vater hatte wegen der fragilen Gesundheit der Habsburgerin zunächst Bedenken gehegt. Obwohl Luitpold aufgrund der Kinderlosigkeit seines Bruders, des Königs Otto von Griechenland, als nächster Anwärter auf dessen Thron galt und die griechische Verfassung von 1844 einen griechischorthodoxen Thronfolger forderte, entschieden sich der Prinz und seine Gattin dafür, ihre vier Kinder streng katholisch zu erziehen. Dieser Entschluss ging wohl hauptsächlich auf Luitpolds sehr bewusst katholische Ehefrau zurück. Der frühe Tod der an Lungentuberkulose leidenden Auguste Ferdinande im Frühjahr 1864 traf Luitpold tief. Er ging keine weitere Ehe mehr ein.

Bis 1886 führten Luitpold und seine Familie ein mehr oder weniger unauffälliges und zurückgezogenes Leben. Erst mit der vom Ministerium Lutz betriebenen Entmündigung König Ludwigs II., dessen ausufernde Bauprojekte eine äußerst bedenkliche Finanz- und damit auch eine mögliche Regierungskrise zu verursachen drohten, kamen am 10. Juni 1886 neue Pflichten auf den im 65. Lebensjahr stehenden Prinzen als Verweser des Königreichs Bayern zu. Nach Ludwigs ungeklärtem Tod im Starnberger See am 13. Juni 1886 trat zwar dessen Bruder Otto formell die Regierung als König von Bayern an, doch war er dazu wegen seiner schon seit Längerem bestehenden schweren Geisteskrankheit überhaupt nicht in der Lage. Als nächster regierungsfähiger Agnat blieb Luitpold daher weiterhin Verweser des Königreichs und übernahm jetzt für Otto die Regentschaft. Luitpolds Reputation hatte infolge der tragischen Ereignisse im Juni 1886 anfänglich erheblich gelitten, was diesem keineswegs entgangen war. Zutiefst unglücklich rief er aus: »Man wird sagen, ich sei der Mörder«. In den ersten Tagen nach dem Antritt seiner Regentschaft wagte er sich kaum in die Öffentlichkeit. Durch sein bescheidenes Auftreten sowie durch seine leutselige und zugleich würdevolle Art glückte es ihm jedoch erstaunlich schnell, große Volkstümlichkeit zu erlangen und zu einer Stabilisierung der konstitutionellen Monarchie in Bayern beizutragen. Er war so klug, sich mit den begrenzten politischen Befugnissen und den eingeschränkten finanziellen Möglichkeiten eines Prinzregenten zu begnügen und keine Absetzung Ottos in Erwägung zu ziehen, was überdies seinem streng legitimistischen Denken widersprochen hätte. Zu seiner wachsenden Popularität in allen Bevölkerungsschichten trug wohl ebenso sein Achtung gebietendes Alter sowie seine Naturliebe und die von ihm seit Jugendtagen mit Leidenschaft betriebene Jagd bei. Gerade sein bei den Jagden zutage tretendes volksnahes Benehmen verschaffte ihm Respekt und Verehrung. Die von ihm dabei mit Vorliebe getragene einfache Jagdkleidung sprach in den Augen vieler Zeitgenossen zudem für seine wahre Bodenständigkeit und Heimatliebe. Sympathien verschaffte ihm darüber hinaus sein lebenslanges Interesse für die bildenden Künste. Zwar verfügte er als Regent nur über begrenzte Geldmittel zu ihrer Förderung, doch allein seine Anteilnahme an derartigen Belangen wirkte sich positiv für die Künstler der verschiedenen Richtungen aus. Sein intensiv gepflegter gesellschaftlicher und persönlicher Kontakt mit Künstlern und Wissenschaftlern entsprach überdies ganz dem Lebensgefühl des damaligen Großbürgertums. In vielerlei Hinsicht erlebte die Residenz- und Hauptstadt München, aber auch Bayern generell während Luitpolds Regentschaft eine echte kulturelle, architektonische und wissenschaftliche Blütezeit. Im Übrigen erfuhren auch die wichtigen Bereiche Verkehr und Handel, Gewerbe und Industrie, Technik und Landwirtschaft sowie Rechts- und Verwaltungswesen seine Protektion. 1904 wurde etwa eigens ein Ministerium für Verkehrsangelegenheiten errichtet. Trotz wirtschaftlichen Wachstums und kulturellen Fortschritts sorgten jedoch fortschreitende Technisierung und Industrialisierung auf der anderen Seite für Krisen und gewaltige sozialpolitische Probleme.

Mit großem Pflichteifer widmete sich der Prinzregent seinen vielfältigen Aufgaben. Zügig veranlasste er die Zurückzahlung der hohen Schulden Ludwigs II. Anders als sein autokratischer Vater war Luitpold keine Herrschernatur, sondern machte sich vielmehr bewusst jene Rolle zu eigen, die die tiefen politischen und gesellschaftlichen Veränderungen dem Monarchen in der zweiten Hälfte des 19. Jahrhunderts noch beließen. Er hing somit einem präsidial-repräsentativen Regierungsstil an. Regelmäßig besuchte er bis ins hohe Alter hinein alle Landesteile und nahm, was unter Ludwig II. undenkbar gewesen war, zahlreiche repräsentative Auftritte in der Öffentlichkeit wahr. Mit dieser Betonung der Repräsentation und der Befolgung des strengen Hofzeremoniells sollte dem Ansehen der Monarchie wieder mehr Beachtung verschafft werden. In der Münchner Residenz empfing der Prinzregent nichtsdestotrotz die Vertreter aller Parteien, auch die Sozialdemokraten. Obgleich Luitpold zur Reichsgründung ursprünglich eine eher distanzierte Haltung eingenommen hatte, hatte sich dies im Lauf der Jahre geändert. Trotz der von ihm akzeptierten Integration Bayerns in das Reich und einer inzwischen durchaus reichsfreundlichen Einstellung hielt er gleichwohl eisern an der Bewahrung der verbliebenen Kompetenzbereiche und der bayerischen Eigenständigkeit fest. Die Politik überließ er nahezu völlig den Ministern und mied den innenpolitischen Tageskampf. Er zeigte sich meist darum bemüht, über allen Parteien und Richtungen zu stehen. Wie bereits unter Ludwig II. wurden die Regierungsgeschicke unter dem fromm-katholischen Regenten genauso von liberalen Beamtenkabinetten bestimmt. Immerhin trat im April 1906 ein neues Landtagswahlrecht in Kraft, das für Männer das allgemeine, geheime und direkte Wahlrecht einführte und damit zu den fortschrittlichsten einzelstaatlichen Wahlgesetzen im Reich gehörte. Nach der Neuwahl 1912 kam es im bayerischen Königreich erstmals zu einem an den konservativen Mehrheitsverhältnissen im Landtag ausgerichteten Kabinett, in dem der Zentrumspolitiker Georg Freiherr von Hertling den Vorsitz innehatte. Dieser zukunftsträchtigen Fortentwicklung der konstitutionellen Monarchie in Richtung einer parlamentarischen Monarchie setzte der Erste Weltkrieg ein Ende. Progressive Kreise hatten schon länger beklagt, dass sich die Veränderungsscheu des Prinzregenten hemmend auf die Geschicke des Königreichs auswirke. Ihnen missfiel gleichermaßen die äußerst einflussreiche Rolle der von Luitpold eingesetzten Geheimkanzlei, über die der ganze Schriftverkehr und weitgehend auch der Informationsfluss an ihn liefen. Diese von den jeweiligen Chefs der Geheimkanzlei betriebene Abschirmung Luitpolds trug nicht unwesentlich zur Wirklichkeitsferne des Staatsoberhaupts bei. Die mitunter fehlende politische Orientiertheit des Prinzregenten entging anderen Fürsten nicht. So konstatierte etwa König Wilhelm II. von Württemberg 1892, »daß es schwierig sei, eine eingehende und politische Unterhaltung mit ihm zu führen«.

Am 12. Dezember 1912 starb der über 91 Jahre alte Luitpold an den Folgen einer Lungenentzündung. Mit seiner über 26 Jahre dauernden Regentschaft stand er nicht nur ungleich länger als sein Nachfolger Ludwig III. an der Spitze des Königreichs Bayern, sondern er übertraf damit auch alle seine Vorgänger auf dem bayerischen Königsthron. In der Rückschau stellte die Hofdame Marie von Redwitz fest: »Mit ihm ging der letzte Kavalier des Hauses Wittelsbach im alten Sinn zu Grabe. Sein Wohlwollen und die Grazie seiner Liebenswürdigkeit fehlte der jüngeren Generation.«

Ludwig III.

* 1845 in München
† 1921 in Sárvár

König von Bayern

Ludwig III. war Bayerns letzter König. Mit seiner Flucht aus München und der Proklamation des Freistaates Bayern endete im November 1918 nicht nur die konstitutionelle Monarchie, sondern auch die 738 Jahre währende Herrschaft der Wittelsbacher in Bayern. Im Vergleich zu seinem schillernden Vetter, dem »Märchenkönig« Ludwig II., und zu seinem grandseigneuralen Vater, dem Prinzregenten Luitpold, genießt Ludwig III. heutzutage kaum Beachtung.

Er kam am 7. Januar 1845 als ältester Sohn des bayerischen Prinzen Luitpold und der Erzherzogin Auguste Ferdinande von Österreich-Toskana zur Welt. Bei seiner Geburt war er der erste Enkel und damit für kurze Zeit auch der potenzielle künftige Thronfolger König Ludwigs I., was sich im August 1845 mit der Geburt des späteren Königs Ludwig II. wieder änderte. Prinzessin Auguste Ferdinande soll daraufhin enttäuscht zu ihrem Sohn gesagt haben: »Ludwig, bisher warst du etwas, jetzt bist du nichts mehr.« Wie seine drei jüngeren Geschwister erhielt er eine ausgesprochen strenge Erziehung, bei der neben einer vielseitigen Bildung die katholische Religion eine herausgehobene Rolle spielte, was ihn zeitlebens stark prägte. Anders als sein Großvater und Vater zeigte Ludwig nur wenig Kunstverständnis, sondern interessierte sich mehr für Wirtschafts-, Verkehrs- und Landwirtschaftsfragen. Ab dem Wintersemester 1862/63 studierte er für ein paar Jahre an der Münchner Ludwig-Maximilians-Universität Rechtswissenschaften, Geschichte und Nationalökonomie.

Seine Begeisterung und sein Engagement für wissenschaftliche und technische Neuerungen, die ihn als einen typischen Vertreter der Gründerzeit auswiesen, führten später u. a. zur Gründung des Deutschen Museums in München. Seit 1868 hatte er das Ehrenpräsidium des Zentralkomitees des Landwirtschaftlichen Vereins in Bayern inne. Gerade auf diesem Sektor erwies er sich als Fachmann. 1875 kaufte er das Schloss Leutstetten am Starnberger See und funktionierte die dazugehörige Landwirtschaft zu einem Mustergut um. Die dort betriebene ertragreiche Milchwirtschaft brachte ihm die spöttische Bezeichnung als »Millibauer« ein.

Da die Ehe des wittelsbachischen Hellenenkönigs Otto kinderlos geblieben war, zeichnete sich für seinen Neffen Ludwig zeitweilig die Aussicht auf eine Thronnachfolge in Griechenland ab. Als das griechische Königspaar im Herbst 1862 durch eine Militärrevolte ins Exil gezwungen wurde, hatte sich das Thronfolgethema für Ludwig jedoch endgültig erledigt. Der Tod seiner Mutter im April 1864 traf den Prinzen hart. Nur wenige Wochen zuvor war sein Onkel König Maximilian II. gestorben, und sein Vetter, zu dem er in einem schwierigen Verhältnis stand, hatte als Ludwig II. den bayerischen Thron bestiegen. Wenngleich Prinz Ludwig ein Studium der militärischen Karriere vorzog, war er auch in die bayerische Armee eingetreten. Er wurde allerdings nie ein leidenschaftlicher Soldat. Im Deutschen Krieg von 1866, in dem Preußen über Österreich, Bayern und einige weitere deutsche Mittelstaaten triumphierte, wurde Ludwig am 25. Juli bei Helmstadt im Ehringstal durch einen Schuss in den linken Oberschenkel schwer verwundet und zog seitdem sein linkes Bein nach.

Wie einst sein Vater entschied sich Ludwig für eine Habsburgerin als Ehegefährtin, was seiner politischen Orientierung im großdeutschen Sinn und seiner österreichfreundlichen Haltung entsprach. Am 20. Februar 1868 heiratete er die vier Jahre jüngere Erzherzogin Marie Therese von Österreich-Este in Wien. Es war eine Liebesheirat, obwohl seine Braut für ihn auch in finanzieller Hinsicht eine glänzende Partie darstellte. Zwischen 1869 und 1891 bekam das Paar 13 Kinder, von denen drei früh starben. Ludwig erwies sich als ein guter Familienvater und Ehemann, war aber zugleich ein strenger Patriarch, sodass sich vor allem das Verhältnis zu seinem ältesten Sohn Rupprecht schwierig gestaltete.

Im Gegensatz zu seinem Vater zeigte sich Ludwig politisch ambitioniert. Seit er mit Erreichen der Volljährigkeit 1863 Mitglied der Kammer der Reichsräte, der ersten Kammer des bayerischen Landtags, geworden war, engagierte er sich auf vielfältige Weise. Mit der Kammer der Abgeordneten stand er in engem Kontakt, wo er sich erst der Bayerischen Patriotenpartei und nach 1887 der katholisch-konservativen Zentrumspartei verbunden fühlte. 1867 zog er sich den Zorn König Ludwigs II. zu, als er gegen Bayerns Beitritt zum Norddeutschen Zollverein eintrat. Trotz seiner Vorbehalte gegenüber Preußens Dominanz und seiner Kritik an der Benachteiligung Bayerns sprach sich der Prinz 1870 für die Annahme der Bundesverträge aus, die das Deutsche Reich begründeten. Ihn bewogen dazu vor allem die vielversprechenden wirtschaftlichen und machtpolitischen Perspektiven, die sich dem Königreich Bayern dadurch eröffneten. Bei der Wahl zum ersten deutschen Reichstag 1871 bewarb er sich für die Bayerische Patriotenpartei um einen Abgeordnetensitz, was für ein Mitglied eines regierenden Fürstenhauses ungewöhnlich war und wofür er die Erlaubnis von König Ludwig II. benötigte. Im Nachhinein war der Prinz erleichtert darüber, dass er mit seiner Kandidatur gescheitert war, da ihn der aufkommende Kulturkampf in eine heikle Position gegenüber der Reichsregierung und der bayerischen Regierung gebracht hätte.

Seit der Regentschaftsübernahme des Prinzen Luitpold für König Ludwig II. und nach dessen Tod für dessen geisteskranken Bruder, König Otto I., rückte Ludwig im Juni 1886 faktisch zum Thronfolger auf. Nicht selten erregte er das Misstrauen Berlins, wenn er gegenüber zentralistischen oder borussifizierenden Anwandlungen den föderativen Charakter des Kaiserreichs hervorhob wie etwa bei dem sogenannten Moskauer Vorfall im Juni 1896. Bei den Krönungsfeierlichkeiten des Zaren Nikolaus II., zu denen Ludwig entsandt worden war, verwahrte sich der Prinz dagegen, dass es bei einem Festabend in der Begrüßungsrede hieß, er und andere bundesfürstliche Repräsentanten würden zur Gefolgschaft des Kaiserbruders Heinrich gehören, der Wilhelm II. vertrat. Ludwig protestierte demgegenüber mit dem Hinweis: »Wir sind nicht Vasallen, sondern Verbündete des deutschen Kaisers.« Der Eklat endete mit einem Entschuldigungstelegramm an den Kaiser und einem Bußgang Ludwigs nach Kiel, wo er eine demütigende Belehrung durch Wilhelm II. über sich ergehen lassen musste. Verstimmt stellte er fest: »Er hat mir einen Marsch geblasen«. Das Verhältnis zwischen den beiden Fürsten blieb zeitlebens ein kühles.

Gegen Ende der Regentschaft seines Vaters sorgte Ludwig im Februar 1912 mit dafür, dass Georg von Hertling, ein führender Parteipolitiker des Zentrums, zum Vorsitzenden im Ministerrat berufen wurde. Dies bedeutete einen Bruch mit der bisherigen Tradition der liberalen »Beamtenministerien«. Erstmals gehörten Landtagsmehrheit und Regierung derselben politischen Richtung an. Nach Luitpolds Tod am 12. Dezember 1912 trat der politisch erfahrene Ludwig im Alter von 67 Jahren dessen Nachfolge als Regent für den unheilbar kranken König Otto an. Im November 1913 nahm er die Königswürde an. Der vorzeitigen Beendigung der Regentschaft waren langwierige Debatten vorausgegangen, ging es doch um das für die monarchische Idee bedeutsame Legitimitätsprinzip. Damit bei der dafür notwendigen Verfassungsänderung nicht der Eindruck entstand, es handele sich um eine Krone von Gnaden des Parlaments, ging der Thronwechsel vor der Beschlussfassung im Landtag vonstatten. Erst nachdem das verfassungsändernde Gesetz am 4. November 1913 verkündet und am 5. November die Regentschaft für beendet und Ludwigs Regierungsantritt als König erklärt worden war, erfolgte am 7. November die nachträgliche Zustimmung der beiden Kammern des Landtags. Am 8. November leistete Ludwig den vorgeschriebenen Eid auf die Verfassung. Mit ihm bekam Bayern einen nüchternen, pflichtbewussten sowie betont einfach und leutselig auftretenden Monarchen, der aber bloß geringes Talent im Umgang mit höfischer und besonders militärischer Repräsentation zeigte. Dem mitunter eigensinnigen und wenig diplomatischen Ludwig III. blieb kaum Zeit, sich als König auf dem Gebiet des inneren Staatsausbaus zu entfalten, weil im Sommer 1914 der Erste Weltkrieg ausbrach.

Die euphorische Stimmung in weiten Kreisen der Bevölkerung bei Kriegsausbruch kippte bald, als sich herausstellte, dass der Krieg nicht rasch gewonnen werden würde. Im Spätherbst 1918 bildeten die Lebensmittelknappheit, die Ausschöpfung aller Reserven, der Vorwurf einer ungleichen Verteilung der Kriegslasten, die Zunahme antipreußischer Ressentiments, die vielen Kriegstoten sowie die generelle Kriegsmüdigkeit und Friedenssehnsucht die Ausgangslage für einen revolutionären Umsturz. Die bayerische Monarchie hatte einen zu hohen Autoritätsverlust erlitten und zu spät auf die Zeichen der Zeit mit den Verfassungsreformen vom 2. November reagiert. Ludwig III. hatte sich zu lange den Realitäten gegenüber verschlossen und an illusorischen Annexionsplänen festgehalten. Aus der anfänglichen Friedensdemonstration auf der Münchner Theresienwiese am Nachmittag des 7. November entsprang der revolutionäre Funke. Am Abend dieses Tages floh der König zusammen mit Familienmitgliedern aus München nach Schloss Wildenwart am Chiemsee. Ludwig III. betrachtete dies lediglich als vorläufige Sicherheitsmaßnahme. Er wurde aber der erste deutsche Monarch, der seinen Thron in der Novemberrevolution verlor. Als sich überraschend schnell eine revolutionäre Regierung in München bildete und die Republik ausgerufen wurde, setzte Ludwig seine Flucht bis zu dem bei Salzburg gelegenen Schloss Anif fort. Er wollte nicht zu einem formellen Thronverzicht gezwungen werden. Immerhin entband er am 13. November 1918 alle Beamten, Offiziere und Soldaten von ihrem ihm geleisteten Treueid. Er tat dies laut seiner Tochter Helmtrud, um »Chaos und Blutvergießen« zu vermeiden. Der Ministerrat des neuen Freistaates Bayern interpretierte dies als Thronverzicht und stellte dem ehemaligen Monarchen und seiner Familie anheim, »sich wie jeder andere Staatsbürger frei und unangetastet in Bayern zu bewegen, sofern er und seine Angehörigen sich verbürgen, nichts gegen den Bestand des Volksstaates Bayern zu unternehmen«. Der rasante Sturz der Wittelsbacher, die als besonders volksverbunden galten, erstaunte viele. Der Schriftsteller Ludwig Thoma stellte im Januar 1919 fest, dass selbst in Oberbayern niemand Ludwig III. und seinem Haus wirklich nachtrauerte: »Auch bei unsern Bauern ist keine Spur von ›angestammter Treue‹ zu merken.«

Am 18. November kam Ludwig mit seiner Familie nach Schloss Wildenwart zurück, wo seine Ehefrau Marie Therese am 3. Februar 1919 starb. In Bayern trieben die Ereignisse inzwischen auf eine Zweite Revolution zu. Aus Sorge vor einer eventuellen Verhaftung durch Spartakisten floh der Exkönig am 23. Februar ins Ausland, bevor er im April 1920 wieder nach Wildenwart zurückkehrte. Bis zu seinem Lebensende hoffte Ludwig auf eine Rückkehr auf den Thron und haderte mit seinem Schicksal: »Alle haben mich in jener Unglücksnacht verlassen, alle liefen davon! Ich kann das nicht begreifen. [...] Ich bin in ehrlicher Arbeit für das Volk alt geworden, habe immer das Beste für das Volk gewollt und alles mir Mögliche für das Volk getan. Man hat mich aber doch verjagt! Ich weiß nicht warum.« Im Herbst 1921 reiste der schon länger gesundheitlich angegriffene Ludwig auf sein Landgut Sárvár in Ungarn, wo er am 18. Oktober an Herzversagen starb. Zusammen mit seiner zweieinhalb Jahre zuvor verstorbenen Gattin wurde er im November 1921 unter großer öffentlicher Anteilnahme in der Münchner Frauenkirche beigesetzt. Die Feierlichkeiten gerieten zwar zu einer monarchistisch aufgeladenen Demonstration, dessen ungeachtet änderte dies aber nichts mehr am Ende der Herrschaft der Wittelsbacher in Bayern.

Therese

* 1850 in München
† 1925 in Lindau am Bodensee

Prinzessin von Bayern

Die am 12. November 1850 als Tochter des späteren bayerischen Prinzregenten Luitpold und der aus dem toskanischen Zweig der Habsburger stammenden Erzherzogin Auguste Ferdinande geborene Prinzessin Therese führte als Naturforscherin, Forschungsreisende und Schriftstellerin ein für ein weibliches Mitglied des Hochadels im 19. Jahrhundert außergewöhnliches Leben. Sie war darüber hinaus die erste Frau in Bayern, die die Ehrendoktorwürde erhielt. Als ihr die Ludwig-Maximilians-Universität München am 9. Dezember 1897 diese Ehrung wegen ihrer wissenschaftlichen Verdienste zuteilwerden ließ, war Frauen ein offizielles Studium in Bayern generell noch nicht gestattet. Erst zum Wintersemester 1903/04 öffneten sich ihnen die Tore der bayerischen Universitäten. Therese kannte dieses Problem ihrer Geschlechtsgenossinnen aus eigener Erfahrung, denn auch sie hatte ihre wissenschaftlichen Kenntnisse größtenteils im Selbststudium erwerben müssen. Sie reagierte daher auf die Verleihung der Ehrendoktorwürde mit Verlegenheit: »Damals waren solche Ehrungen für Frauen noch etwas ganz Unerhörtes, und es schien mir, als wäre ich vor der ganzen Welt bloß gestellt, als wären gewaltsam Aller Augen auf mich gerichtet worden u. als hätte man mich, ohne zu wollen, lächerlich gemacht.«

Gemeinsam mit ihren drei Brüdern hatte die Prinzessin eine glückliche Kindheit erlebt. Ihre von der Mutter geleitete und ganz von der Tradition bestimmte Erziehung, die im standesgemäßen Privatunterricht erfolgte, beschrieb Therese im Rückblick selbst als »einfach praktisch, streng und konsequent; es wurde getrachtet, Selbständigkeit, Entschlossenheit, vor allem Religiosität und

Pflichtgefühl zu entwickeln«. Zum Teil wurde sie zusammen mit ihrem um zwei Jahre jüngeren Lieblingsbruder Arnulf unterrichtet, wobei Therese an der für Mädchen als unschicklich geltenden Unterweisung in Latein und Mathematik nicht teilnehmen durfte. Erst später erhielt sie von ihrem Vater die Erlaubnis, sich näher mit Mathematik zu beschäftigen. Diese Kenntnisse durfte sie ebenso wie das Lernen unüblicher Fremdsprachen nur unter der Auflage erwerben, dass darüber nichts an die Öffentlichkeit drang. Die sprachbegabte Therese erlernte so im Laufe ihres Lebens elf Fremdsprachen, was ihr auf ihren Forschungsreisen von großem Nutzen war. Frühzeitig bildete sich bei ihr Interesse an naturwissenschaftlichen Fragestellungen heraus, während sogenannte typische Mädcheninteressen wie die Freude an Schmuck und Kleidern sie nicht begeistern konnten. Weitgehend erfolgte die Aneignung dieses für Frauen damals als unstatthaft betrachteten Wissens im Selbststudium.

Das Ende ihrer unbeschwerten Kindheit markierte der frühe Tod der Mutter. Auguste Ferdinande, deren Gesundheit schon immer labil gewesen war, starb 1864 im Alter von nur 39 Jahren an Lungentuberkulose. »In meinem Herzen ging etwas entzwei«, bekannte Therese, »das nie mehr ganz wurde«. Den ihr von der Mutter zurückgelassenen Auftrag, sich um den Vater und die Brüder zu kümmern, empfand die Prinzessin als lebenslange Verpflichtung, der sie sich nicht entziehen durfte.

Als Therese ins heiratsfähige Alter kam, ließ sie sich entgegen den Konventionen nicht von ihrer Familie in eine standesgemäße Ehe mit einem unerwünschten Bewerber zwängen. Bitter vermerkte sie es, als einer ihrer Brüder sie darauf verwies, »daß es der Familie wegen doch wohl nothwendig sei. Wir befanden uns in kleinen Verhältnissen, u. wenn ich zu Haus bliebe, war dies eine Last für Alle. Dieser Standpunkt quälte mich namenlos durch Monate u. Jahre. Ich sollte mich für die Familie opfern«. Ihr hartnäckiger Widerstand war zum Teil in ihrer heimlichen Liebe zu ihrem zwei Jahre älteren Vetter Prinz Otto begründet, dem jüngeren Bruder König Ludwigs II. von Bayern. Trotz seiner früh ausgebrochenen psychischen Erkrankung blieb Otto zeitlebens ihre ebenso große wie unerfüllbare Liebe. Außerdem drängte es die bildungshungrige und freiheitsbesessene Prinzessin danach, die Welt zu sehen und zu erforschen. Sie lehnte sich deshalb dagegen auf, sich in die starren Konventionen und engen Gestaltungsspielräume des höfischen Lebens pressen zu lassen. Nachdem die Familie ihre Ehelosigkeit akzeptiert hatte, wurde Therese 1880 Vorsteherin und Äbtissin des Münchner Damenstifts zur heiligen Anna. Zufrieden stellte sie fest: »Ich habe meine Freiheit nicht an einen Mann verkauft, den ich nicht lieben konnte«.

Zwar hatte sie zuvor schon Reisen nach Italien und Griechenland unternommen, doch ihre erste große Reise, die keinen rein privaten Charakter behalten sollte, führte Therese 1875 nach Tunis. Sie begleitete dabei ihren älteren Bruder Leopold und dessen Gattin Gisela auf einer fünfmonatigen Fahrt, die über Frankreich, Spanien und Portugal nach Nordafrika ging. Ihre davon mitgebrachten Eindrücke und Notizen verarbeitete sie auf Anregung der Jugendschriftstellerin Isabella Braun für deren *Jugendblätter für christliche Unterhaltung und Belehrung* in einem Aufsatz mit dem Titel »Ausflug nach Tunis«, der 1880 erschien. Diese erste positiv aufgenommene Publikation wurde zum Wendepunkt in Thereses Leben. In der Rückschau konstatierte sie: »Dieser geographische Aufsatz gab meiner ganzen späteren, schriftstellerischen Thätigkeit die entscheidende Richtung. Nun hatte ich das meiner geistigen Veranlagung angemessene Arbeitsfeld gefunden. […] Schon der erste Wurf auf diesem Gebiet gelang u. es erschloß sich mir eine wissenschaftliche Thätigkeit, welche ausschlaggebend u. bis in mein hohes Alter restlos beglückend für mich wurde.«

Ihre erste wissenschaftlich vorbereitete Reise nach dem Vorbild des weltberühmten Naturforschers Alexander von Humboldt erfolgte 1881. Mit einer dreiköpfigen Begleitung bereiste sie in zweieinhalb Monaten Nordeuropa, wo sie nicht bloß die Tier- und Pflanzenwelt und die Geologie erkundete, sondern sich auch für das Leben der skandinavischen Nomaden interessierte. Bei all ihren Forschungsreisen zog sie es vor, inkognito unterwegs zu sein, um von hinderlichen höfischen Standesvorschriften unbehelligt zu bleiben. Unter dem geschlechtsneutralen Pseudonym »Th. von Bayer« publizierte sie ihren Reisebericht 1889 mit dem Titel *Über den Polarkreis*. 1882 reiste sie nach Russland, wo ihr u. a. der fortschrittliche Stand der dortigen Frauenbildung und die berufliche Leistung der russischen Ärztinnen imponierten. In ihrem 1885 herausgegebenen Buch *Reiseeindrücke und Skizzen aus Rußland* hob sie dies eigens hervor; denn »[...] die Frau wird auf eigene Füße gestellt und in die Lage gebracht, sich selbständig ihr Brot zu verdienen, indessen in Ländern, in denen die Frauenbildung im argen liegt, Tausende von weiblichen Wesen, die nicht durch Heirat versorgt werden, ihre Tage unter größten Entbehrungen und im bittersten Elende dahinschleppen.«

Obwohl ihr »Feste, Dîners u. der ganze Hofapparat [...] von jeher äußerst zuwider« waren, ergaben sich für Therese mit dem Regentschaftsantritt ihres Vaters Luitpold im Juni 1886 mehr offizielle Verpflichtungen und Repräsentationstermine, als es bisher für sie nötig gewesen war. Große Überwindung kostete es sie, dass sie außerdem vom Palais Leuchtenberg, ihrem Elternhaus, in die Residenz umziehen musste. Dieser Umzug war jedoch für Prinzregent Luitpold unumgänglich. Trotz der veränderten Situation war es für sie dennoch möglich, insgesamt drei ausgedehnte Forschungsreisen auf den amerikanischen Kontinent zu unternehmen. Diese Expeditionen waren nicht ganz ungefährlich, doch Therese bewies in solchen Fällen Mut und Ausdauer. 1888 erfolgte ihre Reise in die Brasilianischen Tropen. 1898 ging es ins westliche Südamerika. Bei ihren immer sehr sorgfältig vor- und nachbereiteten Studien verfolgte die Prinzessin einen universalwissenschaftlichen Forschungsansatz und bediente sich dabei der Methode der beschreibenden Naturwissenschaften. Von all ihren Reisen brachte sie zahlreiche zoologische, botanische und anthropologische Sammelobjekte mit nach Hause, die laut Therese dazu bestimmt waren, »einmal alle Staatseigenthum zu werden«. Neben einer Reihe von Aufsätzen und Beiträgen veröffentlichte sie 1897 das Buch *Meine Reise in den Brasilianischen Tropen* sowie 1908 ihre *Reisestudien aus dem westlichen Südamerika* in zwei Bänden. Zwischen den beiden Expeditionen durch Südamerika bereiste Therese 1893 noch Nordamerika. Eine vierte für das Jahr 1914 geplante Reise, die vornehmlich nach Zentralamerika führen sollte, verhinderte der Ausbruch des Ersten Weltkriegs.

Außer durch die eingangs erwähnte Ehrenpromotion von 1897 wurden Thereses wissenschaftliche Arbeiten und Verdienste durch Ehrenmitgliedschaften und Auszeichnungen gewürdigt. So erhielt die Prinzessin bereits 1892 die Ehrenmitgliedschaft in der Königlich Bayerischen Akademie der Wissenschaften. 1908 wurde ihr das Österreichisch-ungarische Ehrenzeichen für Wissenschaft und Kunst verliehen. Ein Jahr später folgte die Ehrung als »Officier de l'instruction publique« durch das französische Unterrichtsministerium. Daneben war sie Mitglied in mehreren wissenschaftlichen Gesellschaften.

Mit dem Tod ihres Vaters, des Prinzregenten Luitpold, am 12. Dezember 1912 begann für Therese ein neuer Lebensabschnitt. Besonders in Luitpolds letzten Lebensjahren hatte sie für ihn immer öfter repräsentative Pflichten übernommen. Zwar konnte sie ihr Leben jetzt mehr nach eigenen Vorstellungen gestalten, doch dies stellte sie auch vor bisher nicht gekannte Herausforderungen; denn »in meinem fortgeschrittenen Alter sollte ich an Alles denken, sollte ich einen Haushalt gründen, mein Budget aufstellen, eine eigene Dienerschaft haben, mit allen sich daran knüpfenden Verantwortungen. Es war dies keine leichte Aufgabe.« Therese zog wieder in das Familienpalais Leuchtenberg, aber meist lebte sie in der am Bodensee gelegenen Villa Amsee, die ihr der Vater schon 1906 übereignet hatte. In dieser Sommervilla verbrachte sie größtenteils den von ihr von Anfang an abgelehnten Ersten Weltkrieg. Sie konnte die Kriegsbegeisterung weiter Kreise nicht teilen, was Grund für Anfeindungen war. Therese gab ihre wissenschaftliche Tätigkeit fast ganz auf, richtete in einem Nebengebäude ihrer Villa ein Lazarett ein und widmete sich karitativen Aufgaben. Bis zu seinem Tod im Oktober 1916 besuchte sie außerdem weiterhin regelmäßig ihren kranken Vetter Otto, der in Schloss Fürstenried interniert war. Dass es ihr ältester Bruder Ludwig nicht wie einst der Vater bei einer stellvertretenden Regentschaft beließ, sondern sich 1913 zum bayerischen König proklamieren ließ, fand nicht ihre Billigung. Therese empfand die Absetzung des rechtmäßigen Königs Otto als illegitimen Akt.

Mit dem Ende des Ersten Weltkriegs ging die jahrhundertealte Monarchie der Wittelsbacher unter. Therese traf die Nachricht von der Revolution von 1918 »wie ein Donnerschlag«. Gegenüber den veränderten Verhältnissen nahm sie eine ambivalente Haltung ein. Sie habe nicht an ihrer »prinzlichen Stellung gehangen«, erklärte sie. Sie war »für mich nicht Freude gewesen wie für manche Andere, im Gegentheil, ich hatte sie immer als Last empfunden, u. nur das Pflichtgefühl veranlaßte mich, diese Bürde gewissenhaft zu tragen. [...] Für mein ureigenstes Wesen empfand ich den Verlust meiner bisherigen Stellung eher als Gewinn, als Erlösung. Aber für meine Familie kränkte mich die Umwälzung zutiefst; tausendjährige Bande, die Fürst u. Volk verbinden, können nicht zerrissen werden, ohne schmerzliche Wunden zu hinterlassen.« In den kommenden Jahren beschäftigte sie sich nun hauptsächlich mit der Sichtung und Ordnung ihres Nachlasses. Darüber hinaus verfasste sie das sogenannte »Biographische Material«, das wahrscheinlich als Vorarbeit zu einer Autobiografie gedacht war, und die »Geschichte meines Herzens«, die sich ihrer unglücklichen Liebe zu ihrem Cousin Otto widmete.

Am 19. September 1925 starb Therese nach langer Krankheit. Sie war seit Jahrzehnten lungenleidend gewesen und wurde zuletzt auch noch von einem Gichtleiden gequält. Im April 2009 erfuhr sie posthum eine besondere Ehrung, als man ihre Büste in München in der Ruhmeshalle aufstellte. Sie war erst die vierte Frau, die in dem bayerischen Ehrentempel Aufnahme fand. Bereits 1997 war die »Therese von Bayern-Stiftung an der Ludwig-Maximilians-Universität zur Förderung von Frauen in der Wissenschaft« gegründet worden.

Wittelsbacher auf fremden Königsthronen

Der Erwerb von Königskronen spielte für alle Dynastien in Europa durch die Jahrhunderte hinweg eine wichtige Rolle. Sahen doch alle Fürstenhäuser in einer territorialen Ausdehnung samt einer Rangerhöhung einen enormen Macht- und Prestigegewinn für ihre Familien. Die Wittelsbacher bildeten dabei keine Ausnahme. Insgesamt viermal gelang ihnen für mehr oder weniger lange Zeit der erfolgreiche Griff nach einem ausländischen Königsthron.

Als im Jahr 1301 das ungarische Königshaus der Arpaden im Mannesstamm ausstarb, gehörte der seit 1290 im Herzogtum Niederbayern regierende Otto III. zu den drei berechtigten Erben der Stephanskrone. Er war der Sohn der Arpadenprinzessin Elisabeth. Daneben gab es noch zwei weitere Kandidaten, die Enkelsöhne in mütterlicher Abstammung von den Arpaden waren: den jungen Karl Robert von Anjou sowie König Wenzel II. von Böhmen. Durch das rasche Eingreifen von Papst Bonifaz VIII. wurde der Thronprätendent der Anjou-Partei noch 1301 zum König von Ungarn gekrönt, was jedoch nicht die Zustimmung der Mehrheit der ungarischen Stände fand. Als eine ungarische Gesandtschaft daraufhin Otto III. die Königskrone anbot, lehnte er diese zunächst ab. Die Gründe dafür sind nicht bekannt. Statt seiner nutzte König Wenzel die Chance und nahm die angebotene Krone für seinen blutjungen gleichnamigen Sohn an. Der böhmische Königssohn konnte sich allerdings nicht gegen die Anjou-Partei in Ungarn behaupten und kehrte 1304 nach Prag zurück. Gänzlich ungeklärt ist, warum es dann 1305 zu einem Meinungsumschwung bei Herzog Otto III. kam und er gegen die Empfehlung seiner Räte die ungarische Königskrone jetzt für sich beanspruchte. Offenbar erwartete er sich inzwischen gute Erfolgsaussichten gegenüber dem Anjou-Regiment. Inwieweit er tatsächlich über die Situation in Ungarn orientiert war, muss offenbleiben. Auf jeden Fall nahm er nun das erneute Angebot an, sich zum ungarischen König krönen zu lassen. Das böhmische Königshaus überließ ihm aus einer gemeinsamen Opposition gegen die Habsburger heraus den Anspruch auf Ungarn. Trotz des Widerstands der Habsburger gelang es dem Wittelsbacher, sich am 6. Dezember 1305 in Stuhlweißenburg zu König Otto I. von Ungarn krönen zu lassen. Erfolgreich verteidigen konnte er seine Herrschaft in Ungarn gegen Karl Robert von Anjou aber nicht, der vom Papst und den Habsburgern unterstützt wurde, sondern geriet 1307 in Siebenbürgen sogar in Gefangenschaft, aus der er sich teuer freikaufen musste. Seinen Anspruch auf die Krone Ungarns behielt er auch nach seiner Rückkehr nach Niederbayern Anfang 1308 aufrecht und trug zeit seines Lebens den ungarischen Königstitel. Dieses formale Anrecht erlosch mit Ottos Tod im September 1312. Wegen der enormen Kosten, die sein ungarisches Thronabenteuer verursacht hatte, musste er den Ständen im Jahr vor seinem Tod in der sogenannten Ottonischen Handveste wichtige Zugeständnisse wie etwa das Steuerbewilligungsrecht einräumen.

Im 15. Jahrhundert glückte es einem Abkömmling einer Pfälzer Seitenlinie in Skandinavien Fuß zu fassen. Nachdem König Erich VII. von Dänemark, Schweden und Norwegen von seinen Ständen vertrieben worden war, wurde sein Neffe, Christoph von Pfalz-Neumarkt, als Reichsverweser in den Norden gerufen. Zwischen 1440 und 1441 wurde der junge Wittelsbacher in den drei zur Kalmarer Union zusammengeschlossenen nordischen Reichen zum jeweiligen König gewählt. Von Kopenhagen aus regierte er als nordischer Unionskönig über ein Reich, das sich von Grönland, Island und den Shetlandinseln bis Finnland erstreckte. Da Christoph bereits 1448 kinderlos verstarb, endete die erste Herrschaftsperiode der Wittelsbacher im Norden schon nach wenigen Jahren.

Etwa 200 Jahre später verlief die Erwerbung einer Königskrone in Skandinavien für einen der zahlreichen Zweige der wittelsbachischen Linie Pfalz-Zweibrücken wesentlich erfolgreicher. Der 1611 bei einer Teilung entstandenen Linie der Pfalzgrafen von Kleeburg, die bloß über eine schmale territoriale Basis verfügte, glückte damit im Gegensatz zu den anderen um vieles mächtigeren Linien der Wittelsbacher der Aufstieg zu europäischer Geltung: Sie stellten dank ihrer Verwandtschaft mit dem schwedischen Königsgeschlecht der Wasa für drei Generationen die Könige dieser seinerzeitigen nordischen Großmacht.

1615 heiratete der Kleeburger Pfalzgraf Johann Casimir die schwedische Prinzessin Katharina, eine Halbschwester König Gustav II. Adolfs. Seitdem richtete er seine Aufmerksamkeit hauptsächlich auf Schweden, die damalige protestantische Führungsmacht in Europa. Sein ältester überlebender Sohn Karl Gustav, der 1622 in Nyköping geboren und zusammen mit Gustav Adolfs einziger Tochter Christine aufgewachsen war, durchlief in der Endphase des Dreißigjährigen Kriegs nicht nur eine eindrucksvolle Karriere in schwedischen Militärdiensten – 1647 war er der Oberbefehlshaber aller schwedischen Truppen in Deutschland –, sondern avancierte 1649 auch durch Proklamation des schwedischen Reichstags zum Thronfolger in Schweden. Die ursprünglich geplante Heirat mit seiner Cousine, der Königin Christine, zerschlug sich zwar, doch durch deren Thronverzicht konnte er im Juni 1654 als König Karl X. Gustav den schwedischen Thron besteigen. Dem geschickten Feldherrn und Heerführer gelang es, in Kriegen gegen Polen und Dänemark die Machtbasis seines Königreichs zu erweitern. Schweden erreichte unter seiner Herrschaft die größte territoriale Ausdehnung in seiner Geschichte und dominierte die Ostsee. Außerdem schaffte es der energische Karl X. Gustav, ein begabter Wirtschaftspolitiker und Organisator, die zerrütteten Staatsfinanzen zu sanieren.

Dieser Erfolg ging durch seinen frühen Tod im Februar 1660 wieder verloren. Da Karl Gustavs einziger Sohn Karl XI. damals noch minderjährig war, übernahmen für diesen seine Mutter Hedwig Eleonora und die fünf höchsten Staatsbeamten die Regentschaft. Ihre schlechte Haushaltsführung ruinierte abermals die schwedischen Finanzen. Auch das Militärwesen verfiel, was sich dann im Schwedisch-Brandenburgischen Krieg drastisch offenbarte. Der 1672 durch die Stände für mündig erklärte König Karl XI. griff erst nach der verlorenen Schlacht von Fehrbellin im Juni 1675 selbst nach den Zügeln der Regierung, die er bis dahin seinem Kanzler überlassen hatte. Es gelang ihm, Schwedens abhandengekommene Positionen zurückzugewinnen und es als Großmacht zu stabilisieren. Dadurch gestärkt konnte er den Reichstag fast vollständig entmachten und seitdem als absolutistischer Herrscher von Gottes Gnaden in Schweden regieren. Er sorgte für einen Schuldenabbau, führte eine Militärreform durch und setzte Schwedens einflussreichen Adel schachmatt.

Nach den gerade gemachten unguten Erfahrungen mit einer Regentschaftsregierung wurde beim frühen Tod Karls XI. im April 1697 sein ältester Sohn, obwohl erst 15 Jahre alt, vorzeitig für mündig erklärt. Karl XII., der bestrebt war, die väterliche und großväterliche Politik fortzusetzen, sah sich im März 1700 von Dänemark, Sachsen-Polen und Russland angegriffen. Die alten Gegner Schwedens glaubten mit dem jungen und unerfahrenen König leichtes Spiel zu haben. Der Große Nordische Krieg nahm seinen Anfang, der den Monarchen schließlich den Hauptteil seiner Regierungszeit von Schweden fernhielt. Karl XII. entpuppte sich jedoch zur Überraschung seiner Kontrahenten als ein wahrer »Kriegerkönig«, dem nach ersten glänzenden militärischen Erfolgen der Ruf der Unbesiegbarkeit vorauseilte. Nach dem gescheiterten Angriff auf Russland 1709 wendete sich allerdings das Blatt für ihn, der Großteil der väterlichen Gewinne ging verloren. Dank seiner ausgeprägten Rachsucht und seiner sturen Weigerung, die sich ihm bietenden Chancen zu einem vorteilhaften Siegfrieden zu nutzen bzw. später einen erträglichen Verzichtfrieden zu akzeptieren, erwies sich der geniale Schlachtenlenker zu seinem und Schwedens Nachteil als ungeschickter politischer Stratege. Die Umstände seines frühen Todes durch eine Kugel bei der Belagerung der norwegischen Festung Frederikshald bei Halden 1718 sorgten immer wieder für heftige Kontroversen darüber, ob es sich dabei um den »erfolgreichen« Treffer eines norwegischen Schützen oder um einen Mordanschlag aus den eigenen Reihen handelte.

Da der unverheiratete Karl XII. kinderlos gestorben war, konnte ihm seine einzige noch lebende jüngere Schwester Ulrike Eleonore, die sich während seiner langen Abwesenheit von Schweden zu dessen Stellvertreterin entwickelt hatte, auf den Thron nachfolgen. Sie wurde aber erst nach dem Verzicht auf die Ausübung absolutistischer Macht und unter Aufgabe ihres Erbanspruchs vom Reichstag 1719 zur Königin gewählt. Schon im Februar 1720 dankte sie zugunsten ihres Ehemannes Friedrich von Hessen-Kassel ab, der ihr dies freilich schlecht zu danken wusste. Zutiefst verletzt über seine außerehelichen Eskapaden starb sie 1741 kinderlos. Nicht nur die wittelsbachische Herrschaft war damit nach drei Generationen in Schweden endgültig beendet. Bereits 1721 hatte Schweden mit dem Ende des Großen Nordischen Kriegs seine bisherige Großmachtstellung in Europa unwiderruflich verloren.

Im 19. Jahrhundert gelang es nochmals einem Prinzen aus dem Hause Wittelsbach, einen ausländischen Königsthron zu besteigen. Die Gelegenheit bot sich, als sich die europäischen Reichsteile des im Zerfall begriffenen Osmanischen Reichs von der türkischen Herrschaft zu befreien begannen und zu souveränen Staaten wurden. König Ludwig I. von Bayern, ein begeisterter Philhellene, hatte die Griechen 1821 in ihrem Freiheitskampf in vielfältiger Weise unterstützt. Dieses Engagement des Monarchen spielte mit eine Rolle, als es 1832 zur Wahl seines zweitgeborenen Sohnes Otto zum ersten König des unabhängigen Griechenlands kam. Im Wesentlichen verdankte der junge Wittelsbacher seine Krone indessen dem Kalkül der europäischen Großmächte, die sich davon entsprechende Einflussmöglichkeiten versprachen. Der ehrgeizige Versuch König Ludwigs, eine weitere Königskrone für die wittelsbachische Dynastie zu gewinnen und dem Haus damit größeres europäisches Prestige zu verschaffen, endete nach einer durchaus wechselvollen 30-jährigen Herrschaft seines Sohnes unglücklich. Eine dauerhafte Etablierung einer griechischen Linie der Wittelsbacher scheiterte. Als enorme Belastungen erwiesen sich von Beginn an die großen finanziellen und wirtschaftlichen Probleme Griechenlands, das permanent auf ausländisches Kapital angewiesen war. Hinzukamen die politischen Interventionen der untereinander konkurrierenden »Schutzmächte« Großbritannien, Frankreich und Russland. Als besonders schädlich für Ottos Königtum erwies sich vor allem, dass es ihm nicht gelang, jene weiterhin noch unter türkischer Herrschaft lebenden Griechen zu befreien. Auch die ungeklärte Frage der Thronfolge für den kinderlosen Monarchen wirkte sich negativ aus. 1862 setzte ein Militärputsch Ottos Regierung ein abruptes Ende. Er musste mit seiner Gattin Amalie und seinem ihm verbliebenen Hofstaat Griechenland verlassen. Seine letzten Lebensjahre verbrachte der griechische Exmonarch, der nicht formell abgedankt hatte, in Bamberg.

Griechenland verdankt Ottos Königtum allerdings mehr als heute davon wahrgenommen wird. Das Land, das durch die osmanische Herrschaft jahrhundertelang von der europäischen Entwicklung abgetrennt gewesen war, erfuhr mit bayerischer Unterstützung einen ersten Entwicklungsschub und den Aufbau eines modernen Staates. Namentlich die neue Hauptstadt Athen profitierte von Ottos Regierung, nicht allein durch die Errichtung repräsentativer klassizistischer Bauwerke, sondern auch durch die Erklärung der Akropolis zur schutzwürdigen archäologischen Zone und die Gründung der Athener Universität.

Karl XII.

* 1682 in Stockholm
† 1718 bei Halden

König von Schweden

Schwedens berühmter, aus der Pfälzer Linie der Wittelsbacher stammender »Kriegerkönig« Karl XII., der selbst aber keinen Krieg begonnen hat, kam am 17. Juni 1682 im alten Stockholmer Stadtschloss zur Welt. Seine Mutter, die dänische Königstochter Ulrike Eleonore d. Ä., kümmerte sich persönlich um die Pflege und Erziehung ihrer Kinder, was damals an den europäischen Fürstenhöfen eher ungewöhnlich war. Nachdem die kränkelnde und durch die schnelle Folge von sieben Schwangerschaften geschwächte Königin im Juli 1693 gestorben war, widmete sich stattdessen nun Karls Vater, der schwedische König Karl XI., der Ausbildung seines einzigen überlebenden Sohnes und Thronfolgers. Der Monarch, der Schweden zu einem absolutistischen Großmachtstaat geformt hatte, unterwies seinen Erben nicht nur im Reiten, Fechten und Schießen, sondern vermittelte ihm auch Disziplin und Selbstüberwindung. Dass ihm sein Sprössling emsig nacheiferte und ihm mehr und mehr ähnlich wurde, erfüllte den König mit Befriedigung. Zeitlebens bewahrte Karl XII. seinem Vater ein bewunderndes Andenken. Der intellektuell äußerst begabte Prinz wurde gemäß dem väterlichen Willen zum potenziellen Alleinherrscher erzogen. Bereits früh las er die Kriegs- und Heldenbeschreibungen der Römer im lateinischen Original und sah sich offenbar als Nachfolger Alexanders des Großen, jenes legendären Herrschers der Antike.

Als König Karl XI. am 15. April 1697 nach schwerem Krebsleiden starb, war der Kronprinz noch keine 15 Jahre alt, jedoch immerhin dank einer guten Erziehung schon mit Regierungs- und Staatsfragen vertraut. Am 9. November wurde Karl XII. durch die

Stände für mündig erklärt. Am 14. Dezember 1697 erfolgte seine Krönung in Stockholms Hauptkirche. Zur Beunruhigung der schwedischen Aristokratie bekundete der junge Monarch sogleich deutlich, in welchem Sinn er sein souveränes Königtum verstand: Da er sich nur Gott verantwortlich fühlte, weigerte er sich, den traditionellen Königseid zu leisten, weshalb den anwesenden Adeligen, wie es hieß, »ein bestürzend qualvoller Schmerz durch Mark und Bein gegangen« sei.

Sein Vater hatte Karl XII. ein äußerst effektives Heerwesen hinterlassen. Auf die Anordnung des neuen Königs hin wurde die Armee vergrößert und ein umfangreiches Rüstungsprogramm aufgelegt. Karls Verlangen nach Kriegsruhm befeuerte wohl noch die Zuspitzung der nordeuropäischen Konflikte um die Herrschaft in der Ostsee und ihren Randländern. Es waren aber Schwedens Kontrahenten, die die Feindseligkeiten eröffneten. Seit Längerem belasteten bereits die Spannungen um die Herzogtümer Schleswig und Holstein die Beziehungen zwischen Dänemark und Schweden, das mit dem Haus Holstein-Gottorp alliiert war. Nachdem Dänemark und Russland im August 1699 ein geheimes Bündnis gegen Schweden geschlossen hatten, folgte im September ein Bündnis zwischen Dänemark und Sachsen-Polen und schließlich im November ein solches zwischen Russland und Sachsen-Polen. Karl XII. wurde zu Jahresbeginn 1700 vom Ausbruch des Großen Nordischen Kriegs überrascht, als sächsische und dänische Truppen in Livland bzw. in Holstein einmarschierten.

Am 14. April 1700 verließ Karl XII. mit seiner Armee Stockholm. Er sollte seine Residenzstadt nicht mehr lebend wiedersehen. Mit britisch-holländischer Flottenhilfe landete er im Juli auf dem dänischen Seeland. Sein Ziel war es, in Kopenhagen einzurücken. Nachdem es jedoch der dänische König Friedrich IV. vorzog, in den Frieden von Traventhal einzulenken, in dem die Souveränität des Herzogs von Holstein-Gottorp anerkannt und damit der Vorkriegszustand wiederhergestellt wurde, wandte sich Karl seinen Gegnern August dem Starken von Sachsen, der seit 1697 auch König von Polen war, und Zar Peter I. von Russland zu. Am 20. November 1700 errang König Karl XII. bei der schwedischen Grenzfestung Narwa in Livland einen vernichtenden Sieg über die zahlenmäßig weit überlegene russische Armee. Statt den Zaren nun zu einem Siegfrieden zu drängen, wie es ihm seine Generäle und Räte nahelegten, wollte Karl hingegen seine beiden Gegenspieler, von denen er sich im Vorfeld des Kriegs hintergangen fühlte, völlig in die Knie zwingen. In den Folgejahren siegte der schwedische König wiederholt über die Truppen von August dem Starken und Peter I. Uneinsichtig verweigerte er sich immer wieder den Chancen, diese für ihn so günstige Situation in einen vorteilhaften Frieden umzumünzen, sondern verfolgte seine Rachepläne. Offensichtlich hielt sich Karl XII. als Schwedens gottgegebener König für unbesiegbar, da der Allmächtige mit ihm war. Sein späterer Beichtvater, der Hofprediger Anders Rhyzelius, betonte allerdings, dass sich der tief religiöse Monarch andererseits auch ernsthaft gegenüber »Gott rechenschaftspflichtig« gefühlt habe. Im Juli 1704 wurde der polnische Aristokrat und Magnat Stanislaus Leszczyński mit Karls Unterstützung anstelle des aus Polen vertriebenen August des Starken zum neuen polnischen König und litauischen Großfürsten gewählt.

Nachdem Karl XII. seinen Kontrahenten August den Starken 1706 endgültig geschlagen hatte, konzentrierte er sich 1708 auf seinen russischen Gegenspieler und plante einen Vorstoß auf Moskau. Trotz des vom Königlichen Rat vorgebrachten Hinweises auf Schwedens totale Erschöpfung war er zu keinem Friedensschluss bereit. Er verschloss sich der dringlichen Bitte, »das Reich vor seinem Untergang zu retten«. Am 28. Juni 1709 erlitt Karl XII. in der Schlacht bei Poltawa eine vernichtende Niederlage gegen Peter den Großen. Die schwedische Kapitulation bei Perewolotschina bedeutete den Anfang vom Ende der Stellung Schwedens als Großmacht und erwies sich als eine entscheidende Zäsur im Leben Karls. Der Schwedenkönig galt jetzt nicht mehr als unbezwingbar und verlor seinen Nimbus als junger »Heldenkönig«.

Der schwerverwundete Karl XII. entkam mit einem kleinen Korps in die Türkei, wo er in den kommenden Jahren versuchte, sich Bundesgenossen und Geld für einen Vergeltungskrieg gegen Russland zu verschaffen. Dass er bereits auf der Flucht begann, Kriegsvorbereitungen zu treffen, wirkte selbst auf seine nächste Umgebung verstörend. Man attestierte ihm völlige Gefühlskälte gegenüber dem Leid seiner Soldaten und Untertanen. Es gelang Karl zwar, Sultan Ahmed III. zu Kriegserklärungen gegen Russland zu treiben, aber als die angekündigte neue schwedische Armee ausblieb, ließ der osmanische Herrscher den schwedischen König im Februar 1713 vorübergehend festnehmen. Karl war für die Osmanen nur noch eine Belastung, als es im Juni 1713 zu einem Friedensvertrag zwischen ihnen und Russland kam. Das inzwischen politisch gänzlich isolierte und ausgepowerte Schweden stand derweil am Rande des Zusammenbruchs. Es drohte ein Bürgerkrieg. Als die Stände auf einem Reichstag im Frühjahr 1714 unmissverständlich seine Rückkehr nach Schweden forderten, entschied sich Karl XII. aus Sorge um seine Krone endlich, die Türkei zu verlassen, und ritt in weniger als zwei Wochen inkognito nach Stralsund, dem letzten Vorposten Schwedens auf dem Kontinent, wo er in der Nacht des 10. November eintraf. Diese einzigartige Leistung beeindruckte seine Zeitgenossen immens. Karls Ankunft in Pommern weckte bei seinen Untertanen die Hoffnung auf einen nahen Frieden.

Schon bald mussten die Schweden erkennen, dass ihr eigensinniger König keineswegs vorhatte, ihnen den dringend benötigten und ersehnten Frieden zu bringen. Er verblieb vorerst in Stralsund, von wo aus er sich u. a. der Reformierung des Behördenapparats, aber vor allem dem Aufbau einer neuen Armee und der Aufrüstung widmete. Die pommerschen Besitzungen indessen konnte er 1715 nicht gegen eine preußisch-dänisch-sächsische Allianz halten. Kurz vor der Kapitulation von Stralsund im Dezember verließ Karl XII. die belagerte Stadt und betrat nach mehr als 15 Jahren Abwesenheit in Ystad wieder schwedischen Boden. Sein neues Hauptquartier wurde Lund. Neben politischen und besonders militärischen Angelegenheiten ging Karl zusätzlich noch wissenschaftlichen Fragen und Architekturprojekten nach. Mit einem schnellen, aber letztlich ergebnislosen Feldzug gegen das dänische Norwegen 1716 verhinderte er immerhin in Südschweden eine Landung der Alliierten, zu denen seit 1714 auch Hannover und damit Großbritannien gehörte.

Während er mit Russland über Friedensbedingungen verhandeln ließ, befasste sich Karl XII. zunächst mit seinem Kontrahenten Dänemark, den er vom südlichen Norwegen aus mit einer neuen Armee in die Schranken weisen wollte. Im Juli 1718 erfolgte abermals ein Einmarsch in Norwegen. Bei der Belagerung der Festung Frederikshald bei Halden schonte sich der asketische und zu tollkühnen Aktionen neigende König selbst wie üblich nicht, um seinen Offizieren und Soldaten Mut und Kampfbereitschaft einzuflößen. Als er am 30. November 1718 den vordersten Laufgraben vor der Festung überprüfte und sich dabei scheinbar ungerührt zur Beunruhigung seiner Offiziere dem feindlichen Beschuss aussetzte, wurde er von einer Kugel in die linke Schläfe getroffen. Der 36 Jahre alte Karl XII. war sofort tot. Prompt wurden Stimmen laut, der Monarch sei nicht durch eine gegnerische Kugel, sondern durch Mörderhand aus den eigenen Reihen gefallen. Es wurde ein aristokratisches Mordkomplott vermutet. Bis heute beschäftigt deshalb die Frage seiner Todesumstände immer wieder Wissenschaftler. Der norwegische Feldzug wurde zwei Tage nach Karls Tod offiziell beendet. Nach 18-jähriger Abwesenheit kehrte der tote König nach Stockholm zurück, um in der dortigen königlichen Begräbnisstätte, der Riddarholmskirche, beigesetzt zu werden. Zar Peter I. zeigte sich vom Tod seines großen Rivalen betroffen: »Mein lieber Karl, wie bedauere ich dich!« Da Karl XII. unverheiratet und demgemäß ohne legitime Nachkommenschaft verstarb, folgte ihm seine jüngere Schwester Ulrike Eleonore d. J., die sich wegen Karls ständiger Abwesenheit im Lauf der Jahre zu seiner Stellvertreterin entwickelt hatte, als Königin nach. Sie musste allerdings zuvor auf alle absolutistischen Bestrebungen verzichten und eine von den Ständen ausgearbeitete Regierungsvereinbarung unterzeichnen. 1720 dankte sie zugunsten ihres Gatten Friedrich von Hessen-Kassel ab. Die kinderlose Ulrike Eleonore war die letzte regierende Wittelsbacherin auf Schwedens Thron.

Der Große Nordische Krieg wurde bis 1721 fortgeführt, verlief aber für Schweden nicht erfolgreicher als zuletzt unter Karl XII., mit dem die Epoche der Vormachtstellung Schwedens in der Ostsee ihr Ende fand. In den Friedensschlüssen von Stockholm, Frederiksborg und Nystad verlor Schweden neben einem Großteil seiner deutschen Territorien, die an Hannover und Preußen gingen, vor allem Livland, Estland, Ingermanland und das östliche Karelien mit Viborg an Russland, das zur Großmacht aufstieg. Außerdem war Schweden gezwungen, an Dänemark wieder den Sundzoll zu zahlen.

Otto I.

* 1815 in Salzburg
† 1867 in Bamberg

König von Griechenland

Der ehrgeizige Versuch König Ludwigs I. von Bayern mit seinem zweitgeborenen Sohn Otto eine wittelsbachische Sekundogenitur in Griechenland zu begründen und auf diese Weise das dynastische Ansehen des Hauses Wittelsbach wie auch die Bedeutung des Königreichs Bayern zu steigern, endete 30 Jahre später mit Ottos Vertreibung vom hellenischen Thron. Otto mangelte es an der nötigen staatsmännischen Begabung, um sich behaupten zu können und der permanenten Intrigen seitens des In- und Auslandes Herr zu werden.

Friedrich Otto, der am 1. Juni 1815 als Sohn des bayerischen Kronprinzen Ludwig und der Prinzessin Therese von Sachsen-Hildburghausen zur Welt kam, erhielt eine solide Bildung auf christlich-humanistischer Grundlage. Da er nicht für einen Thron vorgesehen war, wurden vor allem seine musischen und religiösen Anlagen gefördert. Als 1821 der Unabhängigkeitskampf der Griechen gegen das Osmanische Reich ausbrach, hatte niemand diesen bayerischen Prinzen als künftigen Herrscher der Hellenen auf der Rechnung. Der griechische Befreiungskampf stieß auf weltweite Sympathie. Dieser sogenannte Philhellenismus speiste sich ursprünglich aus der Verehrung des antiken Griechenlands. Hinzukam die Anteilnahme am Schicksal der christlichen Glaubensbrüder. Schließlich griffen Russland, Großbritannien und Frankreich ein und entschieden den Kampf zugunsten der Griechen. Ohne diese miteinzubeziehen, verfügten die drei siegreichen Großmächte 1830/31 über Griechenlands Zukunft. Da die Briten und Franzosen die Türkei als Gegengewicht zu Russland erhalten wollten, wurde der neue Staat auf ein Gebiet begrenzt, in dem bloß ein verhältnismäßig kleiner Teil der griechischen Bevölkerung lebte. Dies barg von Beginn an jenen Zündstoff, der bis ins 20. Jahrhundert hinein Anlass für militärische Konflikte mit dem Osmanischen Reich und für Einmischungen der Großmächte lieferte. Nach dem Willen Großbritanniens, Frankreichs und Russlands sollte in Griechenland eine Erbmonarchie errichtet werden. Die Suche nach einem passenden Kandidaten für den neu kreierten Thron gestaltete sich kompliziert. Machtpolitische Erwägungen sprachen gegen einen Angehörigen aus einem der Herrscherhäuser der drei »Schutzmächte«. Letztendlich fiel die Wahl auf den Prinzen Otto. Ausschlaggebend hierfür war wohl das große Engagement Ludwigs I. von Bayern für die griechische Sache gewesen.

Ludwig I. nahm die griechische Krone für seinen minderjährigen Sohn an. Der zwischen den drei Schutzmächten Griechenlands und Bayern geschlossene Staatsvertrag vom 7. Mai 1832 bildete die Grundlage für die neue griechische Erbmonarchie. Bis zu Ottos Volljährigkeit am 1. Juni 1835 sollte Ludwig für diesen als Vormund agieren und einen Regentschaftsrat bestellen. Des Weiteren sah der Vertrag die Anwerbung eines bayerischen Hilfskorps vor. Außerdem sollte das griechische Königreich eine Auslandsanleihe von 60 Millionen Francs erhalten. Nachdem der türkische Sultan die Errichtung dieses souveränen Königreichs gebilligt hatte, folgte am 8. August 1832 die Zustimmung einer nach Nauplia einberufenen griechischen Nationalversammlung. Am 1. November kam es zu einem Allianzvertrag zwischen den beiden Königreichen Bayern und Griechenland. Am 6. Dezember brach der 17-jährige Otto in Begleitung von drei griechischen Deputierten, von bayerischen Verwaltungs- und Finanzexperten sowie von 3500 Soldaten gen Griechenland auf. Das Land, in das er reiste, war ihm völlig unbekannt. Im Grunde wusste der politisch kaum erfahrene Wittelsbacher nicht, was ihn dort erwarten würde. Griechisch musste er erst lernen, was ihm recht schnell gelang. Ebenfalls rasch passte er sich in seinem Auftreten den dortigen Sitten an. Anfang Februar 1833 erfolgte Ottos feierlicher Einzug in Nauplia, der damaligen Hauptstadt Griechenlands. Dass dann Athen 1834 zur Haupt- und Residenzstadt wurde, lag hauptsächlich an dessen großer Bedeutung in der Antike und dessen außerordentlichem Kulturerbe. Neben der Wiederherstellung der antiken Monumente wurden während Ottos Herrschaft in Athen mehrere wichtige öffentliche Gebäude und vor allem das Königsschloss errichtet.

Griechenlands wirtschaftliche und politische Verhältnisse befanden sich 1833 in einem zerrütteten Zustand. Immer wieder sorgten um die Macht konkurrierende Gruppierungen und Parteien für Unruhen und bürgerkriegsähnliche Zustände, woran sich nicht viel ändern sollte. Die starke finanzielle Abhängigkeit des jungen Königreichs eröffnete Großbritannien, Russland und Frankreich die Möglichkeit, sich immer wieder in Griechenlands Belange einzumischen. Um Finanzierungslücken zu überwinden, beschaffte König Ludwig I. 1835/37 ein Darlehen aus Bayern. Zunächst übernahm es der Regentschaftsrat, eine moderne Staatsverwaltung und eine zeitgemäße Gesetzgebung einzuführen. Viele seiner aus Unkenntnis der griechischen Gepflogenheiten getroffenen Maßnahmen stießen auf Ablehnung. Hinzukam das ungute Bild, das dieses in sich zerstrittene Gremium abgab, was zum massiven Ansehensverlust der bayerischen Herrschaft beitrug, die als »Bavarokratie« geschmäht wurde. Am 1. Juni 1835 trat König Otto I. selbst die Regierung an. Er erwies sich als pflichtbewusster und redlicher, aber nicht sehr durchsetzungsfähiger und nicht selten überforderter Herrscher, der zur Selbstüberschätzung neigte. Außerdem litt er seit seiner Kindheit an Schwerhörigkeit. Zu seinen geistig-kulturellen Aufbauleistungen zählen neben Verbesserungen im griechischen Schulwesen die Gründung der Athener Universität 1837 und der griechischen Akademie der Wissenschaften 1859. Der Ausbau der öffentlichen Verwaltung wurde unter ihm fortgesetzt, Reformen auf dem Gebiet des Militärwesens sowie bei Land- und Forstwirtschaft erfolgten. 1839 konnte dank bayerischer Unterstützung die griechische Nationalbank ins Leben gerufen werden.

Um die Dynastie Wittelsbach fest in Griechenland zu etablieren, musste sich Otto rasch verheiraten. Wegen der ständigen Konkurrenz Großbritanniens, Frankreichs und Russlands durfte die künftige Königin nicht einem Fürstenhaus entstammen, das zu eng mit einem der drei Schutzmächte verwandt war, da dies zu einem Ungleichgewicht der Kräfte führen würde. Ebenso wichtig war eine gewisse Anpassungsfähigkeit der Braut an die schwierigen äußeren Bedingungen Griechenlands, die nicht den europäischen Standards entsprachen. Die Wahl fiel auf die evangelische Prinzessin Amalie von Oldenburg. Otto zeigte sich gegenüber seinem Vater zufrieden: »Auch wenn ich mich noch nicht ganz in dieses anbetungswürdige Geschöpf verliebt habe, nichts desto weniger gefällt sie mir. Es gibt keinen Zweifel, dass bald eine echte Liebe in mir erwachsen wird.« Im November 1836 fand die Hochzeit in Oldenburg statt. Die intelligente und tatkräftige Amalie unterstützte ihren eher passiven und zögerlichen Mann nicht nur mit zahlreichen Initiativen auf sozial-karitativem Gebiet, sondern auch bei den Regierungsgeschäften. Seit 1850 übernahm sie in Zeiten von Ottos Abwesenheit die Regentschaft in Griechenland. Tragischerweise blieb die glückliche Ehe nach einer ungünstig verlaufenen Schwangerschaft Amalies kinderlos, was die Frage der Thronnachfolge zu einem brisanten Dauerthema werden ließ.

Otto verstand sich als Monarch von Gottes Gnaden und wollte nahezu unumschränkt herrschen. In diesem Aspekt sicher von seinem Vater beeinflusst, lehnte er die Einführung einer Verfassung ab, was die Griechen jedoch seit dem Beginn ihres Freiheitskampfs angestrebt hatten. Ludwig I. hatte ihn etwa 1835 gewarnt: »Nicht zu reiflich überdacht kann die Einführung einer Verfassung werden; es ist die Höhle des Löwen, aus der keine Fußstapfen gehen; sie hat Folgen, die man gar nicht voraussieht.« Durch einen unblutigen Aufstand im September 1843 erzwangen die Griechen von Otto das Versprechen einer Verfassung, wodurch Griechenland zu einer konstitutionellen Monarchie wurde. Obwohl Otto seit 1837 nur mehr Griechen als Minister berief, mussten nun alle im Staatsdienst und in der Armee verbliebenen Nicht-Griechen entlassen werden. 1844 trat die von einer Nationalversammlung erarbeitete, aber auch vom König geprägte griechische Verfassung in Kraft.

Griechenlands schwierige Position zwischen Großbritannien, Frankreich und Russland, die vielfach konträre Interessen, gerade auch hinsichtlich des Osmanischen Reichs vertraten, besiegelte letztlich das Ende von Ottos Königsherrschaft. Seit der Staatsgründung war es ein Hauptanliegen der Griechen, ihr Staatsgebiet um jene türkischen Provinzen zu erweitern, in denen überwiegend Griechen lebten. Otto stand diesem Bestreben durchaus aufgeschlossen gegenüber. Während des 1853 ausgebrochenen Krimkriegs neigte Griechenland zur russischen Seite, da es sich von dem türkisch-russischen Streit die Möglichkeit erhoffte, diese noch unter osmanischer Herrschaft stehenden Territorien zu gewinnen. Durch eine militärische Intervention Großbritanniens und Frankreichs wurde jedoch Griechenlands Neutralität erzwungen. Blockade und Okkupation dauerten bis Februar 1857 an. Das Scheitern der hochfliegenden griechischen Expansionspläne wurde Otto angelastet. Seit dem Krimkrieg waren Großbritannien und Frankreich an einer politischen Ausschaltung des in ihren Augen unzuverlässigen Ottos interessiert. Den Griechen wurde klar, dass mit Otto als König keine Realisierung der *Megali Idea* möglich sein würde. Diese ›Große Idee‹ mit dem Ziel, alle Teile der griechischen Welt zu vereinen und so das 1453 untergegangene Byzantinische Reich wieder zu errichten, war bei der Gegnerschaft der Westmächte nicht zu verwirklichen. Darüber hinaus wirkte sich die immer noch ungeklärte Frage der Thronfolge nachteilig für Otto und die Dynastie Wittelsbach aus. Da Ottos jüngere Brüder Luitpold und Adalbert weder für sich selbst noch für ihre Söhne einen Konfessionswechsel akzeptieren wollten, den die griechische Verfassung von 1844 mit ihrer Forderung nach einem orthodoxen Thronfolger vorschrieb, gab es keinen legalen Thronerben. Otto selbst hatte seine Position von Anfang an durch seine Weigerung geschwächt, zur orthodoxen Kirche überzutreten, woran auch seine Krönung gescheitert war, die somit nicht ihre symbolische und emotionale Wirkung entfalten konnte.

Als sich das griechische Königspaar im Oktober 1862 auf einer Rundreise auf der Peloponnes befand, kam es zu einer Militärrevolte und zur Einsetzung einer provisorischen Regierung in Athen. Um einen Bürgerkrieg zu vermeiden, entschied sich Otto am 23. Oktober dafür, das Land zu verlassen. Bevor er ins Exil aufbrach, verkündete er: »Ich wünsche, daß Griechenland glücklich wird.« Ohne formal abgedankt zu haben, kehrte er mit seiner Frau und Angehörigen des Athener Hofstaates nach Bayern zurück. Sein neuer Wohnsitz wurde die ehemals fürstbischöfliche Neue Residenz in Bamberg. Obwohl sich Otto und Amalie zu Sparmaßnahmen genötigt sahen, pflegten sie weiterhin die Traditionen des griechischen Hoflebens. Bei offiziellen Anlässen etwa blieb das Tragen der Fustanella und der Nationaltrachten Pflicht. Anfänglich hoffte der entthronte Monarch noch auf eine Rückkehr auf seinen Thron. Seiner großen Liebe zu Griechenland taten die Ereignisse offenbar keinen Abbruch; denn er unterstützte auch aus dem Exil den Aufstand der Griechen auf Kreta. 1865 ließ er den Befreiungskämpfern großzügig Geld zukommen. Bis zuletzt wünschte er sich, Griechenland wiederzusehen. Nachdem sich Otto auf einer Reise eine Maserninfektion zugezogen hatte, starb er nach kurzer Krankheit am 26. Juli 1867.

Ausblick

Als im Zuge der Novemberrevolution 1918 die Monarchien im ganzen Deutschen Reich in rascher Folge zerfielen, wurde aus dem bisherigen bayerischen Königreich ein demokratischer Freistaat. Bayern war sogar das erste Land, in dem der angestammte Thron hinweggefegt und das jahrhundertalte Herrscherhaus abgesetzt wurde, als der Sozialdemokrat Kurt Eisner am 7. November in München die Republik ausrief. Der ins österreichische Exil geflohene König Ludwig III. entband mit der »Anifer Erklärung« am 13. November zwar alle bayerischen Beamten, Offiziere und Soldaten von dem ihm geleisteten Treueid, doch gab er keinen grundsätzlichen Thronverzicht ab. Faktisch stellte es aber sehr wohl einen Machtverzicht dar. Unter den Mitgliedern der entmachteten Dynastie rief die Revolution recht widersprüchliche Gefühle hervor.

Dass der monarchische Gedanke in Bayern mit der Revolution keineswegs untergegangen war, zeigte sich eindrucksvoll am 5. November 1921, als Ludwig III. und seine bereits vor ihm 1919 verstorbene Ehefrau Marie Therese in der Familiengruft der Wittelsbacher in der Münchner Frauenkirche beigesetzt wurden. Obwohl es sich offiziell um kein Staatsbegräbnis handelte, entsprachen die Beisetzungsfeierlichkeiten in ihrem Ablauf, ihrem Zeremoniell und ihrer Prunkentfaltung ganz dem Gepränge der vergangenen Königszeit. Sie fanden unter enormer Anteilnahme der Bevölkerung statt, was als ein Indiz für die damalige Stärke der monarchistischen Bewegung in Bayern angesehen werden kann. Der als überzeugter Monarchist und loyaler Anhänger der Wittelsbacher bekannte Erzbischof von München und Freising, Michael Kardinal von Faulhaber, hielt im Dom eine Trauerrede, die so sehr dem Gottesgnadentum und der Monarchie verpflichtet war, dass viele Monarchisten mit der Ausrufung der Monarchie rechneten. Putschgerüchte lagen in der Luft. Der Hoffnungsträger der Monarchisten, der einstige bayerische Kronprinz Rupprecht, war aber für eine Restauration der Monarchie mittels Handstreich nicht zu gewinnen. Entgegen mancher Erwartung unterblieben nach dem Begräbnis jedoch Rufe aus der Bevölkerung nach einem neuen König.

Rupprecht, der zu keiner Zeit einen Thronverzicht ausgesprochen hatte, trat als wittelsbachischer Thronprätendent nach dem Tod seines Vaters offiziell in dessen Rechte ein, wie er öffentlich verlautbaren ließ. Angesichts der in den Augen vieler Menschen wenig glanzvollen Entwicklung der jungen Republik, die – anders als das Königreich – auf keine früheren Erfolge verweisen konnte und von bürgerkriegsartigen Zuständen erschüttert wurde, gewann die Erinnerung an die angeblich »gute, alte Zeit« an Gewicht. So mancher Zeitgenosse fühlte sich der abgesetzten Dynastie der Wittelsbacher noch immer innerlich verbunden und trauerte der zusammengebrochenen bürgerlichen Ordnung des 19. Jahrhunderts nach. Trotz dieser nostalgisch verbrämten Reminiszenzen stand eine Wiedererrichtung der Monarchie in Bayern allerdings kaum ernsthaft zur Debatte. Im Zuge des Hitlerputsches von 1923 gab es in monarchischen Kreisen zwar entsprechende Überlegungen, genauso wie vor der nationalsozialistischen Machtübernahme 1932/33, doch letztlich kam es nie zu einer Umsetzung dieser Pläne, deren erfolgreicher Ausgang zudem mehr als zweifelhaft geblieben wäre.

Eine Ordnung der Vermögensverhältnisse zwischen dem einstigen Herrscherhaus und dem bayerischen Freistaat erfolgte 1923. Es galt das Hausvermögen der Familie vom Staatsvermögen Bayerns zu trennen, die bis 1918 eng miteinander vermengt waren. Nach langen Verhandlungen fand man eine Kompromisslösung in der Gründung des »Wittelsbacher Ausgleichsfonds« und der »Wittelsbacher Landesstiftung für Kunst und Wissenschaft«.

Der Wittelsbacher Ausgleichsfonds, in den das Familienvermögen einging, sicherte einerseits den Familienmitgliedern den Unterhalt, andererseits blieb das kulturelle Erbe des Hauses Wittelsbach im Ganzen gewahrt und für die Öffentlichkeit zugänglich. Bis heute gehört es zu den Aufgaben dieses Fonds, den ansehnlichen Grund- und Immobilienbesitz, die Kunstsammlungen und den Archivbesitz der Familie, die Schlösser Berchtesgaden,

Hohenschwangau, Grünau und Sandersdorf zu verwalten. Nicht Bestandteil des Wittelsbacher Ausgleichsfonds war von Anfang an das reine Privatvermögen einzelner Familienangehöriger gewesen.

Im Zuge der komplizierten Vermögensauseinandersetzung zwischen Staat und ehemaligem Königshaus wurde 1923 auch noch die Wittelsbacher Landesstiftung für Kunst und Wissenschaft errichtet, in die die vor 1800 entstandenen Kunst- und Büchersammlungen der Wittelsbacher als unveräußerliches Staatsgut überführt wurden. Die jüngeren Kunstsammlungen der Dynastie gehören dagegen bis heute zum Wittelsbacher Ausgleichsfonds. Bei der Wittelsbacher Landesstiftung handelt es sich wie beim Ausgleichsfonds um eine Stiftung des öffentlichen Rechts. Die zu dieser Stiftung gehörigen Kulturgüter befinden sich alle in der Obhut der staatlichen Museen und Sammlungen, der Bayerischen Staatsbibliothek sowie der Bayerischen Schlösserverwaltung.

Im Unterschied zu anderen ehemaligen deutschen Fürstenhäusern mieden die Wittelsbacher während des Dritten Reichs die Veranstaltungen und Organisationen der NSDAP. Sie waren allerdings nicht in Widerstandsgruppen aktiv. Angesichts der Repressalien seitens der Nationalsozialisten zogen es mehrere Familienmitglieder vor, ins Ausland zu gehen. Nach dem gescheiterten Attentat des Obersten Claus Schenk Graf von Stauffenberg auf Hitler gerieten zwölf Angehörige von Kronprinz Rupprecht, die sich nach Italien bzw. Ungarn zurückgezogen hatten, 1944 in die Fänge der Gestapo. Sie wurden in die Konzentrationslager Sachsenhausen, Flossenbürg und Dachau verschleppt, wo sie als »Sonderhäftlinge« zwar einen privilegierten Status genossen, aber trotzdem Angst um ihr Leben haben mussten. Sie wurden 1945 von den Alliierten befreit. Nur Rupprecht selbst und seinem jüngeren Sohn Heinrich war es gelungen, sich dem Zugriff des NS-Regimes zu entziehen und in Florenz unterzutauchen.

Nach dem Ende des Zweiten Weltkriegs gab es abermals Stimmen, die für die Wiederherstellung einer Erbmonarchie in Bayern plädierten. Diese monarchistischen Tendenzen, die nicht selten eng mit separatistischen Bestrebungen verknüpft waren, blieben letztlich eine vorübergehende Erscheinung. Die amerikanische Militärregierung stand der monarchistischen Bewegung sowieso äußerst kritisch gegenüber. Mit der am 8. Dezember 1946 nach einem Volksentscheid in Kraft getretenen Verfassung wurde Bayern erneut zum Freistaat erklärt, womit die republikanische, nichtmonarchische Staatsform festgelegt wurde. Rupprecht, der sich während seines italienischen Exils in Denkschriften mit der Wiederaufrichtung des bayerischen Königtums in einem deutschen Staatenbund beschäftigt hatte, nahm dies resigniert zur Kenntnis. Bei seinem Tod erfuhr Bayerns einstiger Kronprinz durch den Freistaat die besondere Ehrung eines Staatsbegräbnisses – einem König gleich wurde er im August 1955 zu Grabe geleitet.

Als neuer Familienvorstand trat sein Sohn Albrecht, das einzige überlebende Kind aus Rupprechts erster Ehe mit Herzogin Marie Gabriele in Bayern, die Nachfolge an. Ganz bewusst vermied er politische Stellungnahmen in der Öffentlichkeit. Bis heute beanspruchen die Wittelsbacher generell für sich keine politische Rolle im modernen Bayern. Anders als sein Vater führte Albrecht die Bezeichnung »Kronprinz« nicht fort, vielmehr nahm er als Familienoberhaupt den Titel »Herzog von Bayern« an, was bis heute so üblich ist. Seit seinem Tod im Jahr 1996 fungiert sein ältester Sohn Franz als Chef des Hauses Wittelsbach. Er tritt nicht nur als Schirmherr und Förderer vieler kultureller und sozialer Initiativen in Erscheinung, sondern gilt auch als ein angesehener Sammler zeitgenössischer Kunst. Andere Familienmitglieder übernehmen ebenfalls karitative und repräsentative Aufgaben in der Öffentlichkeit.

Auswahlbibliografie

Adalbert Prinz von Bayern, Die Wittelsbacher. Geschichte unserer Familie, München ^{3}1980.

Bäumler, Suzanne et al. (Hg.), Von Kaisers Gnaden. 500 Jahre Pfalz-Neuburg, Augsburg 2005.

Brunner, Andreas, Die Wittelsbacher. Glanz und Glorie einer Dynastie, Berlin 2011.

Ellrich, Hartmut, Die Wittelsbacher in Bayern und am Rhein, Petersberg 2014.

Erichsen, Johannes und Heinemann, Katharina (Hg.), Bayerns Krone 1806. 200 Jahre Königreich Bayern, München 2006.

Färber, Konrad Marie, Bayern wieder ein Königreich? Die monarchistische Bewegung nach dem Zweiten Weltkrieg, in: Wolfgang Benz (Hg.), Neuanfang in Bayern 1945 bis 1949. Politik und Gesellschaft in der Nachkriegszeit, München 1988, S. 163–182.

Findeisen, Jörg-Peter, Die schwedische Monarchie. Von den Wikingerherrschern zu den modernen Monarchen, Bd. 2: 1612 bis heute, Kiel 2010.

Fischer, Ernst und Kratzer, Hans (Hg.), Unter der Krone. Das Königreich Bayern und sein Erbe, München 2006.

Glaser, Hubert (Hg.), Wittelsbach und Bayern, 3 Bde. in 6 Teilbänden, München und Zürich 1980.

Glaser, Hubert und Baumstark, Reinhold (Hg.), Wittelsbach. Kurfürsten im Reich – Könige von Bayern. Vier Kapitel aus der Geschichte des Hauses Wittelsbach im 18. und 19. Jahrhundert, München 1993.

Hagenow, Elisabeth von et al. (Hg.), Museum der Bayerischen Könige Hohenschwangau. Katalog, München 2014.

Henker, Michael et al. (Hg.), FürstenMacht & wahrer Glaube – Reformation und Gegenreformation. Das Beispiel Pfalz-Neuburg, Regensburg 2017.

Hesse, Werner, Hier Wittelsbach, hier Pfalz. Die Geschichte der pfälzischen Wittelsbacher von 1214–1803, Landau 1986.

Holzfurtner, Ludwig, Die Wittelsbacher. Staat und Dynastie in acht Jahrhunderten, Stuttgart 2005.

Huber, Gerald, Die Reichen Herzöge von Bayern-Landshut. Bayerns goldenes Jahrhundert, Regensburg ²2017.

Immler, Gerhard, Die Wittelsbacher, Darmstadt 2013.

Körner, Hans-Michael, Die Wittelsbacher. Vom Mittelalter bis zur Gegenwart, München ²2015.

Körner, Hans-Michael, Geschichte des Königreichs Bayern, München 2006.

Kohnle, Armin, Kleine Geschichte der Kurpfalz. Land an Rhein und Neckar, Karlsruhe ⁵2014.

Kraus, Andreas, Geschichte Bayerns. Von den Anfängen bis zur Gegenwart, München ⁴2013.

Kreutz, Wilhelm et al. (Hg.), Die Wittelsbacher und die Kurpfalz in der Neuzeit. Zwischen Reformation und Revolution, Regensburg 2013.

Krickl, Gudrun Maria, Brautfahrt ins Ungewisse. Lebenswege württembergischer Herzoginnen, Tübingen 2012.

Liebhart, Wilhelm, Altbayerische Geschichte, Dachau 1998.

Maß, Sandra und Tippelskirch, Xenia von (Hg.), Faltenwürfe der Geschichte. Entdecken, entziffern, erzählen, Frankfurt am Main und New York 2014.

Nöhbauer, Hans F., Die Wittelsbacher. Eine europäische Dynastie – eine deutsche Chronik, Bern und München 1979.

Ottomeyer, Hans et al. (Hg.), Heiliges Römisches Reich Deutscher Nation 962 bis 1806. Altes Reich und Neue Staaten 1495 bis 1806. Katalog, Dresden 2006.

Panzer, Marita A., Wittelsbacherinnen. Fürstentöchter einer europäischen Dynastie, Regensburg 2012.

Panzer, Marita A. und Plößl, Elisabeth, Bayerns Töchter. Frauenporträts aus fünf Jahrhunderten, München 2015.

Peltzer, Jörg et al. (Hg.), Die Wittelsbacher und die Kurpfalz im Mittelalter. Eine Erfolgsgeschichte?, Regensburg 2013.

Puhle, Matthias und Hasse, Claus-Peter (Hg.), Heiliges Römisches Reich Deutscher Nation 962 bis 1806. Von Otto dem

Großen bis zum Ausgang des Mittelalters. Katalog, Dresden 2006.

Rall, Hans und Marga, Die Wittelsbacher in Lebensbildern, München und Zürich 2005.

Schaab, Meinrad, Geschichte der Kurpfalz, 2 Bde., Stuttgart u. a. 1988 und 1992.

Schad, Martha, Bayerns Königinnen, Regensburg [4]2006.

Schad, Martha (Hg.), Die Wittelsbacher, Augsburg 2014.

Schindling, Anton und Ziegler, Walter (Hg.), Die Kaiser der Neuzeit. 1519–1918. Heiliges Römisches Reich, Österreich, Deutschland, München 1990.

Schmid, Alois (Hg.), Von Bayern nach Italien. Transalpiner Transfer in der Frühen Neuzeit, München 2010.

Schmid, Alois und Rumschöttel, Hermann (Hg.), Wittelsbacher-Studien. Festgabe für Herzog Franz von Bayern zum 80. Geburtstag, München 2013.

Schmid, Alois und Weigand, Katharina (Hg.), Bayern mitten in Europa. Vom Frühmittelalter bis ins 20. Jahrhundert, München 2005.

Schmid, Alois und Weigand, Katharina (Hg.), Schauplätze der Geschichte in Bayern, München 2003.

Schmid, Alois und Weigand, Katharina (Hg.), Die Herrscher Bayerns. 25 historische Portraits von Tassilo III. bis Ludwig III., München [2]2006.

Schneidmüller, Bernd und Weinfurter, Stefan (Hg.), Die deutschen Herrscher des Mittelalters. Historische Portraits von Heinrich I. bis Maximilian I. (919–1519), Darmstadt 2003.

Schwarzenbeck, Engelbert, Wittelsbacher auf Europas Thronen, Regensburg 2014.

Spindler, Max und Kraus, Andreas (Hg.), Handbuch der bayerischen Geschichte Bd. II–IV, München [2]1981–2004.

Straub, Eberhard, Die Wittelsbacher, Berlin 1994.

Wagner, Willi, Die Wittelsbacher der Linie Pfalz-Simmern. Ihre Vorfahren, ihre Familien und ihre Grabdenkmäler, Simmern 2003.

Wieczorek, Alfried et al. (Hg.), Die Wittelsbacher am Rhein. Die Kurpfalz und Europa. Begleitband zur 2. Ausstellung der Länder Baden-Württemberg, Rheinland-Pfalz und Hessen, 2 Bde., Mannheim und Regensburg 2013.

Das Haus Wittelsbach und die europäischen Dynastien, in: Zeitschrift für bayerische Landesgeschichte 44, 1981, Heft 1.

FSC
www.fsc.org
MIX
Papier aus verantwortungsvollen Quellen
FSC® C083411

Bibliografische Information der Deutschen Nationalbibliothek
Die Deutsche Nationalbibliothek verzeichnet diese Publikation in der Deutschen Nationalbibliografie; detaillierte bibliografische Daten sind im Internet über
http://dnb.d-nb.de abrufbar.

Covergestaltung: Anja Carrà, Weimar
Bildnachweis: Joseph Vivien, *Allegorie auf die Wiedervereinigung Kurfürst Max Emanuels mit seiner Familie,* 1733,
© picture alliance / Sueddeutsche Zeitung Photo | Wildgruber, Josef
Satz und Bearbeitung: SATZstudio Josef Pieper, Bedburg-Hau
Der Titel wurde in der Palatino Linotype gesetzt.
Gesamtherstellung: CPI books GmbH, Leck – Germany

ISBN: 978-3-7374-1137-0

Mehr über Ideen, Autoren und Programm des Verlags finden Sie auf www.verlagshausroemerweg.de und in Ihrer Buchhandlung.